ファーストステップ教養講座

ストーリーから学ぶ
民法ナビ

JN122887

みらい

は じ め に

　民法に関連する入門書は、数多く存在します。学生だったころ、大学の講義でよく教えていただいたのは、「民法はまず全体を簡単に理解し、それから細かな点を勉強すると、理解できる」ということでした。それを聞くと、まずは入門書で全体を勉強しようと考えます（この本を手に取ったみなさんも、そうではないでしょうか）。そして、入門書を読んでみて思うのは、「わからない」ということなのではないかと思います。そこで挫折する方もいらっしゃるでしょう。

　本書は、「結局、入門書もわからないし、つまらない」という、編者が学生時代に感じた気持ち、そして、実際に大学で学生と話をしてみて感じた気持ちを発端として、企画がはじまりました。要は、読むのに苦がなく、民法に興味を持ってもらえる本を目指しました。つまり、本書はいわゆる「入門書」ではなく、「入門書の入門書」といえます。

　そのため、民法を網羅する内容にはできませんでした。民法っておもしろいよ、ということを伝えるには、著者も興味を持ち、楽しく書けなくてはいけません。そこで、ご協力いただける先生のご専門、あるいは、ご希望に近い分野をご執筆いただきました。書いている人が楽しそうだな、とみなさんにも伝わることを祈ります。そして、本書で民法に興味がわきましたら、入門書、さらにより専門的な教科書・体系書というように、少しずつ勉強をしてもらいたいと思います。

　本書は、ストーリーで疑問を感じてもらい、それを本文で解決し、最後に問題が解けるかを確認してもらう体裁となっています。ストーリーの疑問点をチェックし、また、最後の問題がわからなければ、本文に戻ってもらうことを企図しています。みなさんの民法の入門の扉を開ける鍵が、本書になってくれれば嬉しいです。

　末筆ながら、本書の発行にあたっては、株式会社みらい企画編集課小川眞貴子様に企画段階から多くのご協力をいただきました。記して御礼を申し上げます。また、ご協力いただきました著者のみなさまにも、編者一同、心より御礼を申し上げます。

　2020年12月

編 者 一 同

執筆者一覧

50音順、＊印は編者

阿　部　純　一　鹿児島大学法文学部准教授　　　　　　第11章、第12章１節・３節

＊出　雲　　　孝　日本大学法学部准教授　　　　　　　第１章、第９章１節、
　　　　　　　　　　　　　　　　　　　　　　　　　　Column②③

李　　　采　雨　帝京大学法学部助教　　　　　　　　　第５章

＊内　田　　　暁　帝京大学法学部講師　　　　　　　　　第３章、第８章

＊梶　谷　康　久　朝日大学法学部講師　　　　　　　　　第７章、第９章２節、
　　　　　　　　　　　　　　　　　　　　　　　　　　Column④⑤

喜友名　菜　織　兵庫県立大学環境人間学部講師　　　　第12章２節・４節、第13章

近　藤　優　子　流通経済大学法学部助教　　　　　　　第４章

杉　浦　林太郎　名城大学法学部准教授　　　　　　　　第６章、第10章

中　山　洋　志　青森中央学院大学経営法学部講師　　　第２章、Column①

目　　　次

タヌキのイラスト…イケナオミ

本書の使い方

◎本書の特徴・構成

　本書は、初めて民法を学ぶ人にとって、ストーリーから興味をもって読み進めていけるように、工夫しています。全体のおもな構成は下記のとおりです。

第Ⅰ編「債権法」 (日常の契約を理解しよう)	→	第Ⅱ編「物権法」 (物の権利を理解しよう)	→	第Ⅲ編「不法行為法」 (事故等の責任を理解しよう)	→	第Ⅳ編「親族・相続法」 (人や家族の法を理解しよう)

　＊　ストーリーは編ごとに登場人物や設定が変わります。ストーリーや人物はすべてフィクションです。

◎学習の流れ

① ストーリー……日常生活のなかで起こり得そうな架空のストーリーをあげていますが、ここには法的問題がひそんでいます。まずは問題意識をつかんでください。

② Question……ストーリーを読んで、そのなかの法的問題について考えてみましょう。

③ 本　　文……ストーリーにまつわる法的問題やポイントを説明しています。

④ 注　　釈

　　　○○法△条 …………本文の内容に関連する法律の条文を掲載しています。

　　　★ポイント★ ……本文の内容の重要ポイントを追加で解説しています。

　　　＼ここも／CHECK …………本文ではふれられなかった点を補足して説明しています。

　　　用語解説 ………専門的な語句をわかりやすく解説しています。

⑤ まとめの問題……………章末に○×問題と演習問題をあげています。その章をしっかり読んで考えてみてください。解答は巻末にあります。

ストーリーから民法の世界をのぞいてみよう！

★法を学ぶにあたっての基本ルール★

・　**法令略語**　　法令名や条約名の長いものについては、一般的な通称(略称)を用いています。

(例)「特定商取引に関する法律」→「特定商取引法」

　　なお、民法については、表記を省略しています。

・　**判例略語**

　　　最判→最高裁判所判決　　　最大判→最高裁判所大法廷判決　　　大判→大審院判決

　　　最決→最高裁判所決定　　　最大決→最高裁判所大法廷決定　　　大連判→大審院連合部判決

　　　高判→高等裁判所判決　　　地判→地方裁判所判決

＊　たとえば、「日産自動車事件」(最判昭和56年3月24日)は、企業における男女別の定年年齢が違法であることを訴えた訴訟に対して、昭和56年3月24日に最高裁判所で出された判決を意味します。

第 I 編

日常のなかの契約──債権法

民法は、市民生活における私人（市民）間の権利や義務を規定する基本ルールで、財産法と家族法から構成されます。本編では、財産法のなかでも、日常生活にもっとも身近な「人」に対する権利についてのルールを概説します。具体的には、大学生ケンタの日常生活を通して、契約や民法の基本的な考え方について学びます。

【ストーリーの主な登場人物】

ケンタ
（大学生）

ミユ
（ケンタの妹）

ケンタの
おばあちゃん

高校生

ゴロウ
（ケンタの大学の友人）

マサキ先輩
（ケンタの大学の先輩）

タケヨシ
（ケンタの友人）

ミサキ
（ケンタとタケヨシの友人）

契約の成立

第 1 章

ストーリー

夏休みのキャンプ

　大学生のケンタは、夏休みにサークルの友人たちとG県の山奥でキャンプをすることになった。ある日曜日、ケンタはキャンプでの食料品の買い出しに行く。「肉、ソーセージ、野菜と……飲み物もいるな」準備はばっちりだ。

　キャンプ当日、川の近くにテントを張り、友人5人でバーベキューをしていると、少し離れたところから高校生らしい少年がやってきた。

高校生
「すみません。ぼくたち向こうで釣りをしてるんですが、水を少し分けてもらえませんか」

　ペットボトルの水をあげると、少年はお金を差し出そうとしたが、ケンタは「いいよ」と断った。少年は「じゃあ、お礼のしるしにこれを受け取ってください」と小さなかたまりを無理やりケンタの手に押し込んだ。それは半透明でうっすら黄色く光っていた。

ケンタ
「これはなに？　ガラスの破片じゃないね」

高校生
「川原で拾ったんです。ピカピカきれいで、ただの石じゃなさそうなんです」

　翌朝、家に帰って、おばあちゃんにこのことを話した。そして、小さなかたまりを見せた。

おばあちゃん
「まぁ、これトパーズじゃない？」

ケンタ
「え？　本物の宝石なの？」

　水をあげただけなのに、ケンタはあの少年に悪いことをしてしまったと後悔した。ところが、おばあちゃんは笑うばかりである。

おばあちゃん
「もらっておいてもいいんじゃないのかい。誰だかわかりようもないんだし。その子もまさか本物とは思ってなかっただろうよ」

Question
① この物語のなかに「契約」の場面はいくつありますか。またどの部分ですか。
② トパーズはケンタのものになるのでしょうか。
③ 少年が石を返してほしいと言ったら、ケンタは返さないといけないでしょうか。

keywords　契約　法律行為　意思表示

1 契約と約束とのちがい

1 約束という言葉のふしぎ

(1) 日常会話で「契約」という言葉を使いますか

　《契約》という日本語には、どこか堅苦しいところがあります。私たちがなにかを取り決めるとき、ふつうは《約束》という言葉を使います。たとえば、親から「次の誕生日にゲームを買ってあげる」と告げられたとします。私たちはこれを「次の誕生日にゲームを買ってもらう契約を結んだ」とは言わないで、「次の誕生日にゲームを買ってもらう約束をした」と言うのではないでしょうか。同じように、友だちと「来週はサッカーをしよう」と取り決めたとき、ふつうは「友だちと約束した」と言うのであり、「友だちと契約を結んだ」と表現することはほとんどないでしょう。冒頭のストーリーでも、《契約》という言葉は一度も出てきません。

　このように、《契約》という日本語は、私たちがふだん聞き知っているにもかかわらず、どこかよそよそしい感じがする言葉です。私たちはこのよそよそしい言葉を使わずに、やわらかく《約束》と表現するのです。ここから、ひとつの疑問がわきます。私たちはふだん、契約をしているのでしょうか。親が子どもに「次の誕生日にはゲームを買ってあげる」と告げたとき、これは約束であって契約ではないということになるのでしょうか。それとも、契約であるにもかかわらず、なんとなく大げさなので約束と言いかえているだけなのでしょうか。

　これを考えていくと、最後には、約束と契約とはどう違うのだろう、という問題に行きつきます。まったく別の意味で使っているのでしょうか。そうではありません。「私は自動車を買う契約を結んだが、約束はしていない」という言い方は、どこかおかしく感じられます。「だれだれと契約をした」という表現は、「だれだれと約束をした」と言いかえられるはずです。では、すべての約束は契約でしょうか。これは先ほどよりもむずかしい質問です。「私は○○を約束する」というとき、それは常に「私は○○について契約を結んだ」と言えるのでしょうか。

　この章では、まず、契約とはそもそもなにか、そして契約はどのようにすれば成立したと言えるのかを考えていきます。

(2) 走れメロス！

　私たちが約束をするとき、ざっくばらんに行うこともあれば、とても深刻なかたちで行うこともあります。たとえば、太宰治の有名な作品に『走れメロス』があります。国語の教科書にも載っている有名なお話です。主人公のメロスは、暴君ディオニス王の暗殺に失敗し、死刑を宣告されました。メロスは、妹の婚礼に

太宰治『走れメロス』
新潮文庫　2005年

参加するため、3日後の日没までには必ず帰ってくると約束します。王様は、メロスがそのまま逃げるつもりだと考えて、これを認めません。そこで、もしメロスが帰って来ないときは、彼の親友のセリヌンティウスを代わりに処刑するという取り決めになりました。この約束は人命がかかっているので、とても深刻なものです。メロスが約束を破れば、セリヌンティウスはその命を奪われてしまいます。これに対して、日常的にはざっくばらんな約束が散見されます。たとえば、「今日の夕方5時に駅へむかえに行く」という家族のあいだの約束は、よほどの事情がない限り、メロスほど深刻ではありません。もしかすると、あとで「買い物に行かないといけなくなったから、5時には駅につけない」というふうに、撤回されてしまうかもしれません。とはいえ、その撤回もすこしばかりがっかりさせられるだけで、命にかかわるものではありません。

　このように考えていくと、どうも約束のなかには、ぜひとも守ってもらわないと困るものと、必ずしもそうではないものとがあるように思われます。このことは、私たちがふだん見聞きする契約という言葉の使い方とも一致しています。プロスポーツ選手とチームとの契約、芸能人と芸能事務所との契約は、一方が気まぐれで破っていいものではありません。生活がかかっているのですから、ぜひとも守ってもらわないと困るのです。つまり、私たちが《契約》という言葉をあえて使うときは、それは確実に守ってもらわないと困る、というニュアンスをこめているのです。私たちが日常生活で《契約》という日本語をあまり使わずに《約束》ですませているのは、なるべく撤回のチャンスを残しておこうとしているのかもしれません。

② 契約と裁判

(1) 大事な約束は人それぞれ

　しかし、この区別の仕方には、ひとつの問題点があります。なにを守ってもらわないと困るかが、人によって異なることです。むかし、ドイツにカントというとても有名な哲学者がいました。カントは時間に正確な人間でしたが、彼の友人もそれに輪をかけて厳格でした。あるとき、カントが待ち合わせ時間に来なかったので、友人は1分も待たずに彼を置いて出発してしまいました。もちろん、カント自身も時間にきびしい人間でしたから、友人に対しては怒らなかったのでしょう。しかし、だれもがみんなそういう生き方をしているわけではありません。カントとその友人が「待ち合わせ時間について約束をしたら、それは絶対に守らないといけないのだ」と言いたてても、世の中はそういうふうには回りません。反対に、約束をルーズにとらえられても困ります。たとえば、タクシー会社にタクシーを予約したとします。午後の3時に自宅の前へ来てもらうことにしました。

イマヌエル・カント
(1724-1804)

ところが、タクシーの運転手さんは15分ほど遅れてきて、「世の中、そんなにせっかちに生きてもしょうがないですよ」と言いました。3時にタクシーに乗れば間に合うと計算して予約しておいたのに、間に合わなくなっているかもしれません。運転手さんはのんびりした人生観を持っているのかもしれませんが、ここでそのような人生観を披露されては困るのです。

(2)　おおやけの強制力のあるものが契約

このように、約束した人がその約束を重視しているのかどうかは、トラブルの解決基準にはなりません。そこで、ある約束を守らせるか守らせないかを判断するために、第三者の仲介が求められます。つまり、以下のようにするのです。ある特定の第三者が「これは守りなさい」と判断した場合には、当事者のどちらかが拒絶しても強制的に守らせます。また、その第三者が「これは守らなくてよい」と判断した場合には、当事者のどちらかが守るようにわめきたてても無視してよいのです。近代国家においてこの仕組みの中核に位置するのが、いわゆる裁判所をはじめとした司法制度です。裁判所は、約束をした人たちのあいだで、それを守らなければならないか否かについて紛争が起こったとき、公権力を使いながら処理します。

以上の考察から、契約と約束との違いが明らかになりました。約束をしてもらった人が、法律上の救済を求めることができるか否かと関係しているのです。そこで、以下では、司法を通じて救済を受けられる約束を《契約》といい、そうでない約束は《単なる約束》ということにしましょう。

［2］　法　律　行　為

［1］　法律行為ってなんだろう？

(1)　法律行為の定義

契約を結ぶとは、その約束に法的な効力を付与するかたちで約束することにほかならない、ということがわかりました。法律が実現を助力してくれるように行為することを、民法学では**法律行為**といいます。したがって、ある約束が契約なのかそれとも単なる約束なのかは、その約束が法律行為なのかそうではないのかという問題に帰着します。裁判官は、ある約束を保護してほしいと訴えてきた当事者に対して、まずその約束が法律行為であったのかどうかを判断します。

裁判官は、この約束はこれこれのタイプの取引であるから契約ではないとか、この約束はこれこれの言葉づかいをしているから契約であるとか、そういう画一的な認定基準を持っているわけではありません。大まじめに約束をしたから契約だ、とは言えませんし、そっけない態度で約束をしたから契約ではない、とも言

えません。また、ありきたりなことを約束したから契約ではない、とも言えませんし、重大なことを約束したから契約だ、とも言えません。たとえば、他人の子どもの面倒をみるという約束であっても、当事者の関係、報酬の有無、面倒をみる場所、依頼の経緯などを考慮して、個別具体的に判断していかなければなりません。[*1]ここに、裁判官のむずかしい立場があります。

(2)　3種類の法律行為——単独行為、合同行為、契約

ここですこし、法律行為と契約との関係について確認しておきましょう。法律行為とは、司法に対して救済を求めることができる行為一般を意味します。では、法律行為と契約は同じ意味であり、法律行為＝契約なのでしょうか。答えはノーです。たとえば、私たちは亡くなる前に遺言をすることがあります。[*2]この遺言について相続人間でトラブルが発生したときは、裁判所において決着がつけられます。つまり、遺言も法律行為の一種です。また、会社を設立するときも、その会社の設立についてトラブルが起こった場合は、裁判所において決着をつけることになります。したがって、会社を設立する行為も法律行為の一種です。しかしながら、遺言も会社の設立も契約ではありません。遺言のように、相手方の承諾なしに一方的に法的効果を発生させることができる行為を**単独行為**といいます。また、会社の設立のように、複数人が同じ目的に向かって共同で行為をすることを**合同行為**といいます（図1-1）。

法律行為には、単独行為、合同行為、契約という3種類があることがわかりました。そこで、法律行為のなかでも契約とはとくにどのような法律行為であるのかを確認しておきましょう。私たち人間は、おたがいの心の中を読むことができません。それぞれの人がどのような法律行為を望んでいるかは、外部に表示され

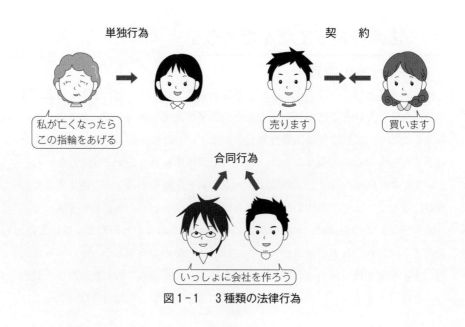

図1-1　3種類の法律行為

なければならないのです。たとえば、いくら私が心の中で「あのパンを売ってください」と考えても、売り手は超能力者ではないのでわかりません。私が口で「このパンをください」と告げるか、あるいは行動でそれを示さない限り、法律行為は成立しないのです。遺言も会社の設立もそうであり、いくら心の中で念じても相続人たちがそれを察知してくれたり、社会が会社の設立を承認してくれたりするわけではありません。法律行為を成立させるためには、単に心の中にそのような意思があるというだけでは足らず、外部への表示が必要です。この表示を**意思表示**といいます。表示の目的は相手方への意思の伝達ですから、言葉によってもいいですし、言葉をともなわない体の動きによってもかまいません。コンビニでいちいち「売ります」「買います」と口頭で告げないことからも明らかです。

　そして、この意思表示の仕方が、単独行為、合同行為、契約をそれぞれ区別するメルクマール（指標）になります。まず、AがBに一方的な意思表示を行い、これによって法的な効果が発生する場合が、単独行為です。このとき、Bがそれを承諾するのかしないのか、ということは問題になりません。遺言は単独行為ですから、自分が相続人に指定されていることをBが知らなくても、Aの遺言は有効に成立します。これに対して、契約の場合には承諾が必要です。AがBに意思表示を行い、Bがこれを承諾することが成立の要件になります。売買は契約ですから、AがBに「これを100円で売れ」と一方的に要求したり、BがAに「これを１万円で買え」と一方的に要求したりしても、それだけでは法律行為として有効になりません。最後に、ABが共同で会社を設立するという意思を表示した場合、これが合同行為にあたります。

②　意思表示の仕組み

(1)　申込みと承諾

　契約とは、法律行為の一種であり、当事者のあいだでの双方向的な意思表示に基づくものであることがわかりました。これが民法における契約の理解です。では、この双方向的な意思表示とは、いったいどのようなことを述べているのでしょうか。

　先ほどの例から明らかであるように、契約においては、「買え」とか「売れ」というふうに相手方に命令することができるわけではありません。そこでは、一方がまず契約を打診して、相手方がその是非を吟味したうえで返答するというプロセスを踏みます。民法学においては、前者を**申込み**、後者を**承諾**といいます。契約をする人のどちらが申込みをしてどちらが承諾をするかは、そのときどきの事情によります。たとえば、「この自転車を３万円で売ってくれ」と買主が先に告げて、売主が「いいよ」と答えたならば、買主が申込みを、売主が承諾をして

います。反対に、売主が「この自転車を 3 万円で買ってくれ」と先に告げて、買主が「いいよ」と答えたならば、売主が申込みを、買主が承諾をしています。

申込みも承諾も、口頭で行われることを要しません。たとえば、コンビニの客がレジに商品を置くことは売買の申込みであり、店員がそのバーコードを読み取って代金を請求することは売買の承諾です[*3]。もちろん、明確な言葉をともなわない行動は、意味があいまいになりがちですから、金額の大きい重要な売買では、正式に契約書を残すことになるでしょう。ここでは、契約が成立したかどうかと、裁判所にその成立を納得させられるかどうかをきちんと区別しましょう。

(2) 意思表示理論

さて、契約における意思表示は申込みと承諾の合致であるというと、なにやら単純なことであるかのように思われるかもしれません。しかし、人間の思考や心理は、常に揺れ動いています。また、自分の考えを常に明確に意識しているわけでもありません。私たちはコンビニで、「今からこのペットボトルのジュースを消費税込みの150円で買おう」と明確に意識しながらレジへ出向いているわけではないのです。日常生活になればなるほど、行動は無意識になり、そこに明確な申込みや承諾を発見することはむずかしくなります。そこで、民法学においては伝統的に、意思表示のプロセスを段階分けして、ノイズの多い現実の意思からクリアな部分を抜き出すことになっています。

まず、私たちは、なにかを購入しようとするとき、その動機を持っているのがふつうです。たとえば、「お腹が空いた」「新商品だ」「友だちにプレゼントしたい」「パーティーの買い出しだ」という具合です。民法学は、原則として、これらの動機を意思表示の一部とは見ません。したがって、「のどが渇いた」から「ペットボトルの水を100円で買おう」と思ったAと、「パーティーの買い出し」として「ペットボトルの水を100円で買おう」と思ったBとのあいだには、原則的に違いはないことになります。ただし、例外はあります。このことは、第 4 章で扱われますから、頭の片隅においてください[*4]。

☑✔ \ここも/ CHECK

*3 値札が売買の申込みであるかどうかは当事者の意思解釈の問題に帰着します。売主が申込みのつもりで貼っている場合には、買主がレジに持ち込んだ時点で売買契約が成立します。反対に、売主が買主からの申込みを待つつもりで貼っている場合は、買主がレジに持ち込んだ時点では契約は成立せず、売主の最終的な承諾が必要になります。この区別は、まちがった値札を見た買主が商品をレジに持ち込んだときに契約は不成立となるのか、それとも契約は有効に成立したうえで錯誤の問題になるのかという違いにも現れます。なお、錯誤については、第 4 章 (p.52) を参照。

*4 第 4 章の意思表示 (p.45~) を参照。

図 1 - 2 意思表示のプロセス

　では、意思表示の始まりはどこになるのでしょうか。これは、契約が法律行為であることから導き出されます。すなわち、ある約束をしたとき、法律によって守ってもらいたい部分です。売買の場合には、代金の支払いと商品の引渡しです。Aが「お腹が空いたから、このパンを200円で買おう」と思い、Bが「もうけになるから、このパンを200円で売ろう」と思い、ふたりの意思表示が合致したとしても、その意思表示の内容は「このパンを200円で売買する」という部分に限定されます。この法的効果を目指す本体の部分を**効果意思**といいます[5]（図1−2）。「お腹が空いた」とか「もうかる」という部分は動機にすぎません。

（3）　意思主義と表示主義

　契約とは、効果意思を本体とする意思表示であることがわかりました。契約の成立・不成立を見るためには、効果意思の状態を見ることが中心になります。しかし、当事者たちが念入りに準備をしようとも、効果意思そのものについて意見のくい違いが生じることはあります。たとえば、次のような場合を考えてみましょう。AはBが所有している自動車甲を日ごろから気に入っていました。ある日、Aは思いきってBに「きみが所有している自動車を売ってくれないか」と尋ねました。Bはこれを快諾して100万円で売ってくれることになりました。翌月、Bがまったくタイプの違う自動車乙に乗って現れたので、Aが驚いて問いただすと、「先月、甲を下取りに出して乙に買い換えたんだ」という答えが返ってきました。この乙がAにはまったく気に入らない自動車だったので、代金の支払いを拒絶しました。AB間で契約は成立しているのでしょうか。いちおう、Bはこの会話を録音していて、裁判所に提出する証拠は十分に残っていると仮定しましょう。

　この問題でむずかしいのは、Aが内心で考えていたことと、Aが外部に表明したこととがくい違っていることです。まず、Aが内心で考えていたのは、「Bが所有している自動車甲を買いたい」ということでした。したがって、Aの内心の意図に配慮するならば、Aは乙を買う契約など結んでいないことになります。ところが、Bは甲をすでに処分していたので、「きみが所有している自動車」の指示対象は、甲ではなく乙になっていました。したがって、AがBに伝えた言葉を文字どおりに受け取るならば、Aは乙を買う契約を結んだことになります。このため、裁判官は、Aが内心で考えていたことに着目するのか、それともAが実際に口頭で述べたことに着目するのかを決めなければなりません。これを民法学で、**意思主義**と**表示主義**との対立といいます。意思主義に従うならばAB間では契約は成立しておらず、表示主義に従うならばAB間で契約は成立していることになります。

　では、どちらが正しいのか、ということになりますが、日本の民法典は、意思主義と表示主義との対立が問題になる代表的なケース（心裡留保、虚偽表示、錯誤、詐欺、強迫）について[6]、それぞれ適用の順序を決めています。すなわち、日

🔍★ポイント★

*5　民法学では、効果意思を外部に表示しようとする意思を、**表示意思**といい、実際に表示することを、**表示行為**といいます。「『このパンを200円で売買する』という意思を表示しよう」というのが表示意思で、「このパンを200円で売ってください」と口に出していうのが表示行為です。

*6　心裡留保、虚偽表示などについては、第4章（p.47〜）を参照。

本の民法典は、意思主義と表示主義のいずれかが正しいという立場をとっていないのです。

(4)　契約自由の原則

　契約の成立が司法制度を前提としたものであり、第三者によって成立・不成立が判断される以上、そこにはなんらかの基準が必要になります。このことは、スポーツの勝敗が、一定の基準を満たしたか否かで判断されることと似ています。たとえば、サッカーではより多くのボールを敵のゴールに放り込んだほうが勝ちですし、マラソンでは他の選手よりも先にゴール地点を通過することが勝ちになります。これと同様に、むかしから、契約の成立・不成立を明確に判断するために、さまざまな基準が考案されてきました。たとえば、一定の言葉づかいをしないといけない、公衆の面前で儀式をしないといけない、しかるべき書式で紙に書いて残しておかないといけない、などです。

　けれども、現代社会においては、これらの古い規制は撤廃されています。その代わりに、**契約自由の原則**という考え方が導入されています（521条・522条）。契約自由の原則とは、①契約を結ぶかどうかを自分で決定することができる（締結の自由）、②だれを契約の交渉相手にするかを自分で決定することができる（相手方の自由）、③どのような契約にするのかを当事者間の合意で決定することができる（内容の自由）、④どのような方法で契約を締結するかを当事者間の合意で決定することができる（方式の自由）という４つの自由の総称です。

　たとえば、スーパーのお惣菜コーナーで「コロッケはいかがですか」と声をかけられて、無視をするのかしないのかを決めるのが、①の締結の自由です。甲スーパーと乙スーパーがあって、どちらのお惣菜コーナーでコロッケを買うのかを決めるのが、②の相手方の自由です。安いほうを選ぼうが、おいしいほうを選ぼうが、家から近いほうを選ぼうが、好きなように決めてよいのです。コロッケを買おうとしたとき「１個で100円だけど５個買うから450円にまけてくれ」と頼んで店主が「いいですよ」と言うのが、③の内容の自由です。④の方式の自由とは、たとえば店主が自分でウェブサイトを運営していて、そこからネット注文をしてもよいし、店頭へ直接買いに行ってもよいという場合です。なぜこのような自由が認められているかというと、近代においては、自分のことは自分で決めるという大原則が働いているからです。これを**私的自治の原則**といいます。契約自由の原則は、私的自治の原則のあらわれのひとつです。

(5)　自由は不自由？

　契約の成立・不成立の判断がむずかしいことはすでにお話ししましたが、どのような内容で成立したのかの判断も、実際にはむずかしいところがあります。たとえば、次のような場合を考えてみましょう。Bくんの誕生パーティーで、AくんはBくんにお菓子をプレゼントしました。そこで、Bくんはお返しに、Aくん

の誕生パーティーでAくんにお菓子をプレゼントしました。プレゼントの契約を、民法では**贈与**といいます。このケースでは、AくんがBくんにお菓子を贈与し、後日、BくんがAくんにお菓子を贈与したので、2個の贈与契約の成立が認められます。

　では、最初のパーティーにおいて、AくんがBくんに「このお菓子をあげる」と言った時点で、Bくんが即座にAくんに「だったらこのお菓子をお礼にあげる」と言った場合は、2個の贈与契約でしょうか。それとも、1個の物々交換が成立しているのでしょうか。どちらでもよいではないか、と思われるかもしれませんが、じつは大きな違いがあります。日本の民法典において、口頭での贈与であれば、物を渡す前は撤回することができるのです（550条）。しかし、物と物との交換には、このルールは適用されません。したがって、AB間の契約が贈与であるのか交換であるのかは、Aくんが「やっぱりあげない」と言えるかどうかを決める重要な判断材料になります。

　さらに、Aくんがお菓子をあげるときに、「今度ぼくの誕生パーティーのときは必ずお菓子をちょうだいね」と言った場合には、問題はますます複雑になります。これは明らかにただのプレゼントではないのですが、物々交換かと言われると、どこか違うような気がするからです。[7] そこで、契約書をきちんとつくっておくとか、取引慣行をだいじにするなど、契約の内容をわかりやすくする努力が必要になります。企業法務の大切な仕事のひとつに契約書チェックがふくまれているのは、このためです。契約自由の原則とは、テキトウにやっていればモノゴトがウマくいくというお話ではありません。

3　契約における法律の役割

1　契約の分類

（1）　なぜ契約を分類するの？

　契約の分類というと、読者のなかには、次のように思われる人もいるでしょう。日本では契約自由の原則が妥当しているのだから、個別のケースごとに考えるしかないのではないか、と。この指摘は、部分的に正しいものです。私たちには、これまでだれも考えなかった新しい契約を考える自由があります。また、それはビジネスチャンスにもなるでしょう。

　しかし、次のように考えてみてください。私たちは、ある大きな観光地にやってきています。自由行動の時間になりました。最初になにをするでしょうか。ふつうは地図を手にいれて、とりあえず有名なスポットを確認すると思います。このとき、あなたのとなりにいた人が、次のように言ってきたら、どうなるでしょ

民法550条
書面によらない贈与は、各当事者が解除をすることができる。ただし、履行の終わった部分については、この限りでない。

★ポイント★
*7　3番目のケースのように、プレゼントをする代わりになにかをしてほしいとお願いすることを**負担付贈与**といいます。負担付贈与の場合には、単なる贈与のときと違って、プレゼントを受け取った人にも一定の義務が生じます（553条を参照）。

うか。私たちは自由行動なのだから、観光スポットに行かないこともできる、だから、観光スポットなんて知っていても意味がない、と。これは、一見しておかしいところがあります。私たちがどこへ行ってもいい、ということは、地図などまったく見なくていい、ということとは違うのです。もちろん、本当に自由な旅行をしたい、と思っている人もいるでしょう。そういう人はかまいませんが、知らずに危険なエリアに迷い込んだり、集合場所へ帰れなくなったりするリスクを負わなければなりません。

契約の自由についても、同じことが言えます。私たちが自由に契約をしてよいことと、私たちが契約についてなにも知識を得なくてよいこととは違うのです。そこで、民法典および民法学では、とくに重要だと思われる契約の分類方法を、あたかも観光スポットの紹介であるかのように紹介することになっています。その分類方法は時代がくだるにつれてどんどん増えていますが、今回は基本的なものだけをおさえておきましょう。

(2) 典型契約と非典型契約

契約は自由ですから、すべての契約を民法典に書きこむことはできません。そこで、とくに厳選する必要が生じます。現在の日本の民法典には第3編第2章に「契約」という項目が置かれ、そこには、贈与、売買、交換、消費貸借、使用貸借、賃貸借、雇用、請負、委任、寄託、組合、終身定期金、和解の13種類が採用されています（表1-1）。これらの契約を**典型契約**といい[8]、ここにあがっていないものを**非典型契約**といいます。典型契約の特徴は、民法典を見れば、その契約

表1-1 典型契約の一覧

名称	主な内容	開始条文
贈　与	一方が他方に財産を無償で譲渡する	549条
売　買	一方が金銭以外の財産権を譲渡し、他方が金銭を支払う	555条
交　換	双方が金銭以外の財産権を譲渡し合う	586条
消費貸借	同じ種類、品質及び数量で物を返すことを約束したうえで、一方が他方から金銭その他の物を受け取る	587条
使用貸借	一方が他方に無償で物の使用収益を許可する	593条
賃貸借	一方が他方に物の使用収益を許可し、その対価を受け取る	601条
雇　用	一方が労働に従事することを約し、他方がその報酬を支払う	623条
請　負	一方が仕事の完成を約し、他方がその報酬を支払う	632条
委　任	一方が法律行為をすることを委託し、他方がこれを承諾する	643条
寄　託	一方が物の保管を委託し、他方がこれを承諾する	657条
組　合	各当事者が出資をして共同の事業を営むことを約する	667条
終身定期金	ある者が死亡するまで定期的に物を給付することを約する	689条
和　解	当事者がお互いの間で発生した紛争につき譲歩することを約する	695条

に関する基本的なルールがわかることです。観光名所の説明がくわしいことに似ています。もっとも、非典型契約に関するルールは、民法典以外の法律で定められていたり、実務慣行として定着したりしていることもあるので注意しましょう。

(3)　諾成契約、要物契約、要式契約

契約をいつ成立させるかは当事者の自由ですが、その日時を明確に取り決めないことがあります。コンビニで「今、この時点で売買契約が成立しました」などという確認はしません。しかし、成立の日時を取り決めなかったから契約は無効だ、というのでは困ります。

そこで、民法典は、契約のタイプに応じて、当事者が特別な合意をしないかぎり、契約の成立時期を一律に定めるものとしました[9]。まず、当事者たちが合意に達した時点で、ほかになにもしていなくても契約が成立する場合を、**諾成契約**といいます。売買は諾成契約の一種です。したがって、売買の申込みと承諾が合致したときは、代金をまだ支払っていなくても、また、商品がまだ引き渡されていなくても、契約は有効に成立します。

次に、当事者の合意だけでは足りず、一方の当事者が物の引渡しをしなければならない契約を**要物契約**といいます。要物契約の代表例は、お金の貸し借り（金銭消費貸借）です。ただし、書面を通じて合意することにより、物の引渡しがない段階であっても消費貸借を有効に成立させることができます（587条の2）。貸主と借主とのあいだで、口頭で「10万円を貸す」「10万円を借りる」という取り決めをするだけでは、契約は原則的に成立しません。貸主があとから「やっぱり貸さない」と言い出したとき、借主は裁判所に訴え出ても、貸し出しを強制させることはできないのです。

最後に、一定の方式でなければ契約が有効に成立しない**要式契約**というものも存在します。たとえば、他人が借金をするときにその保証人[10]になってあげる保証契約は、書面という方式でなければ契約が成立しないので、要式契約です（446条2項）。

2　契約自由の原則の例外

(1)　拒否できない契約

私たちが住む社会には、契約自由の原則に対する例外が存在しています。最後に、この例外を説明しておきましょう。

まず、私たちの身のまわりには、締結を拒絶できない契約があります（締約強制）。この契約は、おおまかに、①契約の締結を強制することで国民の生活を保障するタイプと、②公平な費用負担などの観点から契約の締結を強制するタイプとに分かれます。

☑ここも CHECK
*9　契約の成立要件とまぎらわしいルールとして、非効力規定というものがあります。非効力規定とは、あることをしないとなんらかのかたちでペナルティを受けるのですが、契約の成立には影響をおよぼさないものです。たとえば、宅地建物取引業法における、いわゆる37条書面の交付義務がこれにあたります。法律違反→即無効ではないので、注意が必要です。

🕊 民法446条
2項　保証契約は、書面でしなければ、その効力を生じない。

*10　保証人について、詳しくは、第2章の注29（p.28）を参照。

　①にあてはまるのは、電気、ガス、水道、交通機関、医療機関の契約であり、電気会社、ガス会社、水道会社、各種交通機関、各種医療機関は、利用の申込みがあった場合には必ず承諾しなければならないことになっています。②にあてはまるのは、NHKからの受信契約締結の申込みです。特定の受信機を設置し、これに対してNHKが受信契約締結の申込みをしてきた場合には、その承諾を拒絶することができません（放送法64条１項）。

⑵　法律で禁止されている契約

　次に、契約を締結することが法律で禁止されている場合もあります。民法90条は「公の秩序又は善良の風俗に反する法律行為は、無効とする」と定めています。教科書などでは、「公序良俗」と略されるルールです。これに違反する契約としては、契約そのものが人権侵害にあたるケース[*11]、契約そのものは違法であるとは言えないけれども諸事情によって無効にする必要があると判断されたケースなどがあります。[*12]

☑ここも／CHECK
*11　日産自動車事件（最判昭和56年３月24日）では、会社の定年年齢が男性は60歳、女性は55歳と定められていましたが、性別にもとづく差別に根拠がないとされ、公序良俗違反であるとして就業規則は無効になりました。

☑ここも／CHECK
*12　たとえば違法なギャンブルの開催資金だとわかっていてお金を貸す契約がそうです（最判昭和61年９月４日）。

まとめの問題　‥‥‥‥‥‥‥‥‥‥‥‥‥‥‥‥‥‥‥‥‥

【○×問題】
①　契約とは、契約書などの一定の形式をととのえた約束のことである。　　□
②　契約内容は自由であるから、法律がこれに介入することはできない。　　□
【演習問題】
　あなたの身のまわりで、「これはただの約束ではなく契約だ」と考えられるものをあげ、その理由を述べなさい。

☕ Column①……契約するとどうなるの？──債権・債務

【契約によって法律的に起こっていること】

　みなさんがもっともよく契約を行っているのは、スーパーやコンビニでの売買契約でしょう。その契約によって、みなさんは食品や日用品など欲しいものを手に入れることになるわけですが、法律的にはどのような過程を経ているのでしょうか。

　契約を結ぶことによって生じる法律的な効果というのは、契約当事者に「債権」および「債務」を発生させることです。**債権**とは、特定の人（債務者）に対して一定の行為を行うことを求める権利です。この権利を持っている者を「債権者」といいます。逆に、特定の人（債権者）に対して一定の行為を行うことを義務づけられることを**債務**といい、行為を求められる者を「債務者」といいます。通常は、債権と債務は裏返しの関係にあります。

　このように、契約によって生じる債権というのは、人に対してなんらかの行為を求める権利にすぎません。契約によって直接的に物の所有権を取得するという効果が生じるのではなく、あくまでも所有権を引き渡すという債務を売主に課すだけであり、売主がその債務を履行することで（所有権を渡すという行為を行うことで[13]）、買主は所有権を取得することになるのです。

　なお、民法上では人に対する権利である「債権」以外に、物に対する権利である「物権」があり、両者は対比されることが多くあります。「所有権」はこの物権に該当します。

【債権ってどういうもの？】

　債権には4つの権能があるとされます。1つめは**給付保持力**というもので、債務を履行してもらったことによって得た財物や利益に関して、不当利得ではなくなります。2つめは**請求力**というもので、債務者が債務を履行しないときに、履行するように請求することができます。また、請求に留まらず、裁判所に訴えたいという場合もあるでしょう。これを可能にするのが、3つめの権能である**訴求力**というものです。最後が、**掴手力**というもので、債務を履行しない債務者に対して強制執行を行う権能です。

　もし、債務者が債務を履行してくれないときにはどうなるでしょうか。債務が履行されないときには、「請求力」によって債務者に履行をするように請求し、それでも履行しないときには「訴求力」によって裁判所に訴え、なおそれでも履行しないときには「掴手力」によって強制執行を行い、債務の内容を強制的に実現することになります。

【契約の拘束力】

　実現のためには最終的に裁判所まで出てくるほどに、契約には当事者を拘束する力があります。契約には、なぜこのような**拘束力**が認められるのでしょうか。1つは、法律で定めているからだと説明できます。法律には、〇〇をしたら契約が成立し、〇〇の権利や義務が生じると規定されています。法律で規定されている以上は従わなければ（守らなければ）ならないというわけです。もう1つは、契約当事者の意思だからだと説明できます。当事者は自ら債務を負うことを望んで、約束したのですから、その約束は守られてしかるべきであるというわけです。もっとも、どちらか一方の説明だけでは十分に説明できない場合もあり、2つの説明方法を組み合わせながら説明するものもあります。

*13　債務の履行について、詳しくは、第2章 (p.17) を参照。

第2章 契約の効力・履行

ストーリー

クロスバイクが欲しくって

大学生ケンタの自宅は、大学から徒歩で片道1時間のところにある。

ケンタ「毎日歩いて大学に行くのはちょっと大変だなぁ。来月からはコンビニでアルバイトを始めることになったし、自転車でも買おうかな。クロスバイクがいいな！バイトすればお金が入ってくるだろうから先行投資だ！」

ケンタは、早速クロスバイクに乗っている友人のゴロウ君に話を聞く。

ゴロウ「そういうことなら、僕が今乗っているのを売ってあげるよ。ちょうど新しいのに買い替えようと思ってたんだ。5万円でどうだい？」

ケンタ「よし、買った！ 今は手元にお金がないから、明後日に持ってくるよ。そのときにクロスバイクを渡してもらえるかな」

明後日になり、ゴロウ君にお金を持っていこうとしたとき、ケンタは大事なことを思い出した。「そういえば、今日はサークル費の支払い日だった。3万円だったっけ。どうしよう……」

ゴロウ君の家に着いたケンタは、ダメもとで、お金はもう少し待ってほしいけど、通学に使いたいからクロスバイクだけ先に渡してもらえないか聞いてみる。

ゴロウ「わかった。お金を先延ばしにするのはいいけど、先にクロスバイクを渡すのはちょっとな」

ケンタ「そうだよね、ごめんごめん。それじゃあ、もう少し待ってくれるかな」

帰宅したケンタは、事情を聴いたおばあちゃんが「代わりに払ってあげようか」というのを丁寧に断り、どこかにお金を保管していなかったか探してみた。すると、机の引き出しから3年前のお年玉5万円が見つかった。そしてケンタは、後日この5万円をゴロウ君に支払い、クロスバイクを無事に手に入れることができた。

ケンタ「そういえば、1年前に、すぐに返すからと言われてゴロウ君に5万円貸したよな。それでチャラにできたんじゃ……。でもお金渡しちゃったし、もういいか。今度、返してもらおう。貸したのは結構昔だけど、返してもらえるよな……」

Question

① クロスバイクの代金を支払う義務はなにをすれば消滅するでしょうか。

② お金を払わないとクロスバイクは渡せないという、ゴロウ君の主張は妥当でしょうか。

③ ケンタがゴロウ君にお金を貸したのは結構昔のことですが、ケンタはお金を返してもらえるでしょうか。

keywords 弁済 同時履行の抗弁権 第三者弁済 相殺 消滅時効

① 契約の効力

　冒頭のストーリーでは、ケンタとゴロウ君のあいだでクロスバイクの契約が成立していますね[*1]。契約が成立すると債権と債務が発生します[*2]。では、発生した債権・債務はどうなるでしょうか。約束どおり代金を支払うなど、「**債務の履行[*3]**をすれば、それで終わりでしょう」と思われる人もいると思います。しかし、契約は、締結された後にすんなり履行が完了するとは限りません。履行が終わるまでにいろいろと問題が生じる場合があります。

　民法は、それらの場合についてさまざまな規定を設けていますが、本節では、そのような規定のなかでも、相手が自分の債務を履行せずに一方的にこちらの債務の履行を求めてきた場合（同時履行の抗弁権）と当事者の一方の債務が履行できなくなった場合（危険負担）について見ていきたいと思います。

① 同時履行の抗弁権

　ストーリーでは、お金は用意できなかったけど先にクロスバイクを引き渡してもらいたいケンタに対して、ゴロウ君は、ケンタが約束の期日にお金を用意できなかったことを理由にこれを断っています。しかし、そもそもゴロウ君は、ケンタとの契約によってクロスバイクを引き渡す債務を負っています。債権者であるケンタから「クロスバイクを引き渡せ」という債権が行使されているのに、これを債務者であるゴロウ君が拒むことは民法上認められるでしょうか[*4]。このようなときに登場するのが、**同時履行の抗弁権**です。

　同時履行の抗弁権とは、互いが債務を負う双務契約において[*5]、その契約当事者

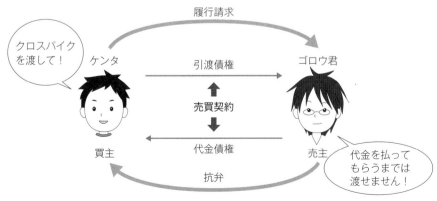

図2-1　同時履行の抗弁権

*1　契約の成立について、詳しくは、第1章（p.2〜）を参照

*2　債権と債務について、詳しくは、コラム①（p.15）を参照。

用語解説

*3　債務の履行
　債務の履行とは、債務者が債務の内容を実現することを指します。たとえば、お金を支払うという債務を負っている場合には、相手にお金を支払うことが債務の履行となります。なお、後に出てくる「弁済」（p.23）と同じ意味で用いられます。

*4　債権者および債務者については、コラム①（p.15）を参照

★ポイント★

*5　契約には、双務契約と片務契約という分類の方法があります。**双務契約**とは、契約の当事者双方に債務が発生し、両債務がそれぞれの対価となっている契約を指します。具体的には、売買契約がこれにあたります（物を譲渡する債務の見返りとして代金を支払う債務を負います）。他方で、**片務契約**とは、一方の当事者のみが債務を負うような契約のことを指します。具体的には、贈与契約がこれにあたります（贈与者のみが財産を譲渡する債務を負います）。

は、相手方が債務の履行を提供するまでは自身の債務の履行を拒むことができる制度です（533条）（図2-1）。つまり、ゴロウ君が行使したのはこの権利なのです。

(1) 同時履行の抗弁権の成立要件

では、同時履行の抗弁権が認められるためには、どのような要件を満たさなければならないのでしょうか。

(a) 両当事者の債権が同一の双務契約から生じていること　まず、両当事者の債権が**同一の双務契約**から生じていなければなりません。ストーリーでは、ケンタとゴロウ君はクロスバイクの売買契約を結んでいます。このとき、この1つの売買契約によって、ケンタには「クロスバイクを引き渡してもらう」という債権、ゴロウ君には「代金を払ってもらう」という債権が生じます。このような状態を、「両当事者の債権が同一の双務契約から生じている」といいます。

たとえば、ケンタとゴロウ君のあいだで、クロスバイクの売買契約のほかに、ゴロウ君を貸主とするお金の貸し借りをする契約を結んでいたときには、どうでしょうか。この場合、ゴロウ君が、クロスバイクの代金は払ってもらったけれど貸したお金を返してもらっていないからクロスバイクは引き渡さないというように、別の契約から生じた債権・債務をもって同時履行の抗弁権を主張することは認められません（図2-2）。

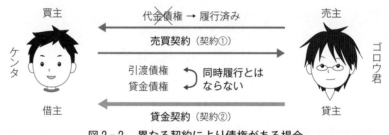

図2-2　異なる契約により債権がある場合

なお、同時履行の抗弁権を主張する相手は、必ずしも双務契約を締結した当事者に限られません。たとえば、売買契約が行われ、ゴロウ君が代金債権を関係のない第三者に譲渡し、[*6] 債権を譲り受けた第三者がその債権に基づいて代金の支払いをケンタに求めてきたとき、今度はケンタが「クロスバイクの引渡しをまだ受けていないため、代金は支払いません」ということができます（468条1項）（図2-3）。

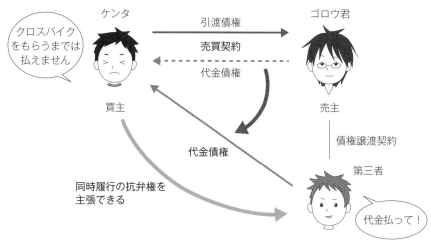

図 2 - 3 債権を第三者に譲渡した場合

Mini Column ……債 権 譲 渡

　私たちは、日常生活においてさまざまなものを取引しますが、取引の対象は物に限られません。債権も取引の対象として売買や譲渡ができるのです（**債権譲渡**）。たとえば、友人に1万円を貸していた場合、1万円を返してという権利（貸金債権）を知らない人に売却するなどして譲渡することができるわけです（この場合、お金を借りている友人は、債権を譲り受けた人に返済をしなければなりません）。

　もっとも、債権譲渡は常に認められるわけではありません。例外的に、①債権の性質上、譲渡が制限されている場合があげられます。詳細に言うと、肖像画を描くなど、債権者が変わってしまうと履行内容が変わってしまう場合（466条1項）や、賃貸借契約を結んだ際に生じる賃借権も賃貸人の承諾がない限り、譲渡は認められません（612条1項）。

　次に、②当事者が譲渡を禁じた場合はどうでしょうか。契約当事者は、契約の内容を決定する自由がありますので、債権の譲渡を禁止する取り決めもできます。ただ、それによって債権譲渡ができなくなるわけではありません（466条2項）。もっとも、取り決めは意味のないものなのかというとそうではなく、債権を譲り受けた人が、債権譲渡が禁止されていることを知っていた場合、または重大な過失により知らなかった場合（ちょっと注意すれば譲渡が禁止されていることを知ることができた場合）には、債務者は譲受人からの支払いの請求を拒否することができます（466条3項）。また、すでに譲渡人にお金を返すなどの債務を履行していたような場合には、譲受人にそれを主張することができます（466条3項）。

　(b)　**相手方の債務の履行期が到来していること**　　次に、相手方の**債務の履行期が到来**していなければなりません。これは、履行を求めてきた相手方の債務も履行しなければならない時期になっているということであり、裏を返すと相手方の債務の履行期がまだ来ていない場合には同時履行の抗弁権を主張できないとい

うことです。ストーリーでは、クロスバイクの引渡し時期も代金の支払い時期も同じ時期でした。これが、もしゴロウ君がケンタの懐事情を知っており、「代金を払うのはもっと後でいいよ」と言って代金の支払い時期を後にしていた場合には、ゴロウ君は同時履行の抗弁権を主張することができないことになるわけです。ここで同時履行の抗弁権を認めてしまうと、本来は代金の支払いはもっと後でよいのに、クロスバイクを引き渡してもらうために約束した期日よりも前に代金を支払わざるを得ず、代金を後払いにした意味がなくなってしまいます。[*7]

（c）　相手方が自分の債務の履行（履行の提供[*8]）をせずに、履行を請求してきたこと　最後に、相手方が自分の債務の履行あるいは履行の提供をせずに、**履行を請求してきた**ことが必要になります。自分の債務の履行を拒絶できるのは、相手が債務の履行をしないのに自身の債務の履行だけを求めるのは不公平だからです。そのため、相手が債務の履行をすでに終えている場合や、あるいは、履行を求めるとともに自身の債務の履行を同時に提供してきた場合（クロスバイクの引渡しを求めるとともに代金を差し出したような場合）には、不公平はなくなりますから、同時履行の抗弁権を主張できません。

(2)　同時履行の抗弁権の効力

　同時履行の抗弁権が認められると、以下の3つの効力が生じます。

（a）　自己の債務の履行の拒否　同時履行の抗弁権の効力の主たる効力として、自身の債務の履行を拒むことができます。このとき、両者の債務はなくなってしまうわけではなく、いぜんとして存続はしています。そのため、一度履行を拒否した後に、相手方が改めて自身の債務の履行をし、あるいは履行の提供をしつつこちらの債務の履行を求めてきたときには、これを拒否できません。

（b）　自身の債務について履行遅滞とならない　同時履行の抗弁権を主張すると自身の債務の履行を拒めるとしても、債務の履行期が到来していることには変わりはないわけですから、債務の履行期に債務を履行しなかったということで履行遅滞になりそうです。[*9]この点について、同時履行の抗弁権によって自身の債務の履行を拒否する場合には、拒否した債務について履行遅滞にはなりません。拒否したからといって履行遅滞により契約の解除や損害賠償を求められることにはならず、安心して抗弁権を主張できるわけです。

（c）　履行が拒否されている債権を使って相殺することができなくなる　民法には、簡易な決済手段として**相殺**という規定が定められています。相殺は、簡単にいえば相手の債権と自分の債権をたがいに「チャラ」にする制度です。[*10]たとえば、AさんがBさんに1万円を貸しており、BさんもAさんに別の機会に1万円を貸していたという場面を考えてみます。AさんがBさんから1万円を取り立てようと思ったときに、Bさんから現実に1万円を支払ってもらい、債権の回収を図るのではなく、たがいの債権をチャラにしようという意思表示を行うことで、た

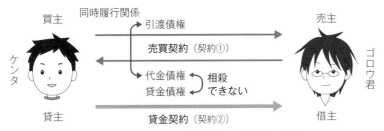

図 2 - 4　同時履行関係と相殺関係がある場合

がいの債権は消滅させて実質的に債権の回収を図る制度が相殺なのです（裏を返せば、自分の債務を消滅させるために相殺制度を使うこともできます）。なお、このとき、相殺を主張する側が持っている債権を**自働債権**（じどうさいけん）、主張される側が持っている債権を**受働債権**（じゅどうさいけん）といいます[*11]。しかし、相殺をしようとしている者が持っている債権に対して、相手が同時履行の抗弁権を主張できるときには、相殺を行うことができません（図 2 - 4[*12]）。

*11　自働債権・受働債権については、本章 2 ②（p.26）を参照。

*12　大判昭和13年 3 月 1 日。

　ところで、これまでは、ゴロウ君が同時履行の抗弁権を主張できることをお話ししてきましたが、逆に、ゴロウ君がクロスバイクの引渡しをせずに代金の支払いを求めてきたときには、今度はケンタが同時履行の抗弁権を主張できます。このことを前提にストーリーに戻ってみると、ケンタは以前ゴロウ君に 5 万円を貸していました。もしゴロウ君が自身の代金債権とケンタの貸金債権を相殺すると主張した場合に、この主張が認められるかというと、認められません。なぜなら、ケンタからすると、相殺が認められてしまうと、本来主張できたはずの同時履行の抗弁権が主張できなくなってしまい、自分の債務の履行だけを求められる一方で、クロスバイクの引渡しはしてもらえないリスクが残るなど、不公平な結果になりかねないからです。

２　危険負担

（1）　相手の債務が履行できなくなったとき

　双務契約が締結された後に両方の債務が履行されれば問題はありませんが、もし一方の債務が履行できなくなったときは、もう一方の債務はどうなるでしょうか。ストーリーを少し変えて、次のような場面で考えてみましょう。

> **CASE①**
> 　ケンタは、ゴロウ君からクロスバイクを買う売買契約を締結しましたが、契約の翌日、クロスバイクは破損して使い物にならなくなってしまいました。

　この場合、ゴロウ君はクロスバイクの代金をケンタに請求できるでしょうか。

　それとも、双務契約は両債務が密接に関連しているものであるため、クロスバイクの引渡債務が履行できなくなったのであれば、その対価的関係にある代金債務も履行しなくてよくなる（履行を拒絶できる）でしょうか（図2-5）。

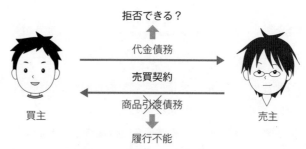

拒否できる？

代金債務

売買契約

商品引渡債務

履行不能

買主　　　　　　　　　　　　　　売主

図2-5　双務契約の債務の一方が履行できなくなった場合

　この問題について定めているのが、**危険負担**という制度です。一方の債務が履行できなくなるということは財産的な価値が消滅するということであり、当事者のどちらかが、その価値消滅による不利益を受け入れなければなりません。この価値消滅の危険性（リスク）をどちらが負担するのかというのが危険負担です。負担の仕方としては、債務を履行できなくなった側（債務者）が負担するという考え方と、本来債務の履行を受けるはずだった側（債権者）が負担するという考え方があります。

　債務者が負担する考え方では、本来の債務を履行できなくなった債務者が反対給付を求めても、債権者はこれを拒絶することができます。CASE①で見ると、クロスバイクの引渡しができなくなったゴロウ君が代金をケンタに求めても、ケンタは支払いを拒むことができます。他方で債権者が負担する考え方では、債務の履行を受けるはずだった債権者は、債務の履行を受けられないばかりか、反対給付をしなければなりません。CASE①で見ると、ケンタはクロスバイクを引き渡してもらえないのに、その代金をゴロウ君に支払わなければならなくなります。

(2)　**債務が履行できなくなったのはだれのせい？**

　危険負担について、日本の民法は、だれのせいで履行ができなくなったのかということによって場面を分けて考えます。すなわち、①債権者（ケンタ）のせいで履行ができなくなった場合、②債務者（ゴロウ君）のせいで履行できなかった場合、③履行できなくなったのはどちらのせいでもない場合の3つです。

　①債権者のせいで債務者が履行できなくなった場合には、債権者が危険を負担することとなり、債権者は反対給付である代金の支払いを拒絶することはできません（536条2項後段）。

　②履行ができなくなったのが債務者のせいである場合には、単なる債務不履行[*13]ですので、債権者は債務者に対して損害賠償ないし契約の解除を求めることがで

きることになります。

③どちらのせいでもない場合には、債権者は債務者からの反対給付の履行請求を拒絶することができます（536条1項）。もっとも、反対給付の履行を「拒絶する」ことができるだけであって、反対給付が消滅するわけではありません。つまり、CASE①のケンタには、履行を拒める代金債務がずっと残り続けるわけです。債権者は、この債務をなくしてしまいたいときには、改めて契約の解除をする必要があります。

2 契約の履行──債務の消滅

前節では契約が締結されてから履行がされるまでに起こる問題について見てきましたが、ここでは、契約によって生じた債権（裏を返すと債務）はどうすればなくなるのかということを見ていきます。

債権・債務が消滅するもっとも典型的な場面は、債務が**弁済**された場合です。もっとも、日本の民法は「弁済」について、債務者が契約どおりに債務の履行を行うような基本となる「弁済」以外に、やや特殊な「弁済」についても規定しています。また、「弁済」以外にも債務を消滅させる方法もありますので、それらのいくつかについて、以下で詳しく見ていきましょう。

1 弁 済

弁済とは、**債務者**が債権者に対して**債務の本旨に従った履行**を行うことをいいます（473条）[14]。弁済によって債務は消滅します。たとえば、みなさんが友人から1万円を借りたとしたら、お金を貸してくれた友人に対して1万円の支払いを履行すれば、1万円の債務はなくなるわけです。

*14 債務の本旨については、第3章（p.31）を参照。

ところで、日常生活で、みなさんは自分の債務を他の人に履行してもらったことはありませんか。もしくは、お金を支払うべきところを、手持ちのお金がなくて代わりに別の物を引き渡したことはありませんか（お宝を鑑定するテレビ番組で、依頼人が「借金の支払いの代わりにこの壺を渡されたんです」なんてことを言う場面がありますね）。これらは債務者自身による履行でもないし、債務の本旨に従った履行でもありませんが、民法は規定を設けて、一定の要件のもとに弁済として認めています。

(1) 第三者弁済「君の借金を代わりに払ってやろう!」

弁済によって債務を消滅させるためには、本来は債務者自身による履行がなされなければなりませんが、債務者以外の第三者が債務者に代わって債務を履行することも認められています（474条1項）。これを**第三者弁済**といいます[15]。

◆★ポイント★

*15 第三者が弁済を行ったときには、第三者は債務者に対して求償権を得ます（「君の債務を私が代わりに弁済したのだから、その分の金銭を私に支払ってね」というものです。本章注17を参照）。「代わりに弁済してもらっちゃった!ラッキー」というわけにはいかないわけですね。

　ただし、第三者による弁済がすべて認められるわけではありません。それでは、第三者弁済が認められないのはどのような場合でしょうか。大きく分けると、①そもそも債務の性質上、第三者が代わりに弁済できない場合、②当事者が反対の意思表示をしている場合、です。

　(a)　債務の性質上、第三者が代わりに弁済できない場合　　債務の内容が、債務者その人が履行しなければ意味のないものであるときは、第三者による弁済はできません（474条4項前文）。たとえば、歌手による出演契約の履行がこれにあたります。好きなアイドル歌手のコンサートに行って、お目当ての歌手が出演できなくなったからといって、代わりに見知らぬおじさんの歌を聞かされても納得できませんよね。

　(b)　当事者が反対の意思表示をしている場合　　債権者および債務者が第三者による弁済を禁止していたときには、第三者は弁済できません（474条4項後段）。当事者がともに反対しているのですから、その意思に反してまで第三者による弁済を認める必要がないのは当然ですね。やや難しいのは、当事者の一方が反対している場合です。

　　①　債務者が反対している場合　　第三者には弁済をすることについての「正当な利益」[*16]がなく、債務者としても第三者に履行されることを望んでいないときには、どうでしょうか。このような「正当な利益」をもたない第三者による弁済は、債務者が拒否すれば認められません（474条2項本文）。

　ただし、債務者が反対していることを債権者が知らなかった場合には、第三者弁済が認められます（474条2項ただし書）。債権者が、債務者が反対していることを知らずに有効な第三者弁済だと思って弁済を受領したら、後になって実は債務者が反対しており、弁済は無効だと言われたとしましょう。こうなると、弁済は無効ですから受領した金銭や物を返還しなければならず、債権者にとっては気の毒な状況になってしまいます。そのため、債務者保護も重要ですが、それよりもなにも知らない債権者の保護を優先させて、弁済は有効であるとしているのです。

　これに対して、第三者が「正当な利益」を有するときには、いくら債務者が反対しようと第三者による弁済は認められることになります。また、第三者が債務者に代わって弁済をした場合には、第三者は債務者に対して求償権[*17]を取得することになります。

　　②　債権者が反対している場合　　債務者が反対している場合と同様に、第三者が弁済について「正当な利益」を有しないときには、債権者は第三者による弁済に反対することができます（474条3項本文）。ただし、第三者が債務者から依頼を受けて債務の弁済をしようとしている場合で、債権者がそのことを知っているときには、債権者は弁済に反対できません（474条3項ただし書）。

🔍 ★ポイント★

*16　弁済をすることについて「正当な利益」を有する第三者とは、①債務者が弁済をしないことで自身の財産に強制執行等をかけられるおそれがある者（物上保証人や抵当不動産の第三取得者など［第7章を参照]）、そして、②弁済がされないことによって自己が得られるはずの利益を失うおそれのある者（後順位抵当権者など［第7章を参照]）を指します。

📝用語解説

*17　求償権
　他人の債務を代わりに弁済したときに、その他人に対して、代わりに弁済した金銭等の返還や支払いを求める権利をいいます。

(2) 代物弁済「これで勘弁してください！」

本来の契約内容と異なり、債務者以外の第三者によっても弁済は可能だということがわかりましたが、それでは、本来行うべき給付（履行）に代えて他の給付を行うことは認められるでしょうか。ストーリーを少し変えた次のような事例をもとに考えてみましょう。

> **CASE②**
>
> 　ゴロウ君とのあいだでクロスバイクを5万円で買い取る契約をしたケンタでしたが、家に帰った後にその5万円をすでに使ってしまっていたことを思い出しました。ふと手元を見ると、5万円相当の腕時計があります。「そういえばゴロウ君、この時計をうらやましがっていたな。これで勘弁してくれないかな……」

お金を支払わないといけないけど手元にお金がないので、なにか別の物を代わりに渡すというシチュエーションは、日常生活でもありますね。実は、民法はこのような場面で利用できる制度を設けており、これを**代物弁済**といいます（482条）。

代物弁済とは、より正確にいえば、代物弁済契約という契約です。つまり、本来の履行とは異なる給付を行うことで当初の債務を消滅させるという合意をし、合意どおりに給付が行われれば、当初の債務が消滅するわけです。

さて、これらをふまえて考えると、代物弁済はいつでも自由にできるというわけではなく、一定の要件を満たす必要があります。代物弁済を行うために必要な要件は、①債権が存在すること、②当事者間に代物弁済の合意があること、③本来の給付とは異なる給付を行うこと、④給付が弁済の代わりになされることです。

①債権が存在することとは、代物弁済はもともとの給付の代わりに別の給付がされることから、もとの給付の根拠となる債権がなければならないということです。債権者からすると本来の給付が受けられなくなりますので、②当事者間に代物弁済の合意（とくに重要なのが、債権者の承諾）が必要となります。[*18]

また、③本来の給付とは異なる給付を行うことが必要となりますが、この異なる給付は、本来の給付と同種のものでなくても構いません。代物弁済の典型例は、お金で弁済すべきところを時計や骨董品などの「物」で弁済するというものです。このように、ある物を「引き渡す」代わりに別のなにかを「引き渡す」という場合だけでなく、「引渡し」に代えて「労務を提供する」ことも認められます。[*19]

さらに、当事者が納得していれば、本来の給付と代わりの給付とで財産的な価値が同じである必要もありません。そのため、本来は10万円を支払うべきところを5万円の腕時計を引き渡すことも認められますし、逆に20万円の壺を引き渡すことも認められます。

最後に、④給付が弁済の代わりになされたものでなければなりません。そのため、譲渡担保[*20]など、担保のために給付がされたときには代物弁済にはなりません。

☑ CHECK ここも

*18 第三者弁済に加えて代物弁済を行うことも可能であり、その際には代物弁済の合意は、債務者本人だけでなく第三者も行うことができるとされています。

🔍 ★ポイント★

*19 テレビドラマなどで、一文無しの主人公が定食屋に入ってご飯を食べた後に「実はお金がなくて…」といって店主が「じゃあ、代わりに皿洗いでもやってもらおうかね」という場面がありますが、これは金銭の引渡しに代えて労働力を提供するという代物弁済を行っていると見ることができます。

*20 譲渡担保について、詳しくは、第7章（p.107）を参照。

　以上の要件を満たせば、代物弁済契約が認められ、実際に給付を行えば本来の債務は消滅します。

② 相殺——借金は貸したお金でチャラに

　債務の消滅原因として、これまでお話してきた「弁済」以外に身近なものとして**相殺**（そうさい）というものがあります（505条）。相殺とは、債務者が債権者に対して同種の債権を持っている場合に、両債務を同じ額で消滅させる意思表示のことをいいます。[21]

　日本の民法が相殺という制度を設けている理由のひとつは、簡単に決済できるようにするためです。お互いがそれぞれの債務を履行しなければならないとなると、それなりの手間がかかります。沖縄に住む人と北海道に住む人のあいだで、お互いが金銭債務を履行するというときには、わざわざ飛行機に乗って相手のもとに行かなければなりません。銀行振込という手段（477条）もありますが、それでも銀行に足を運ぶ必要があります。このような手間を省くために、意思表示だけで債務を消滅させる「相殺」という制度が設けられたわけです。

（1）　相殺の要件

　これまでお話してきた制度と同様に、相殺も一定の要件を満たさなければ利用することができません。相殺の要件は、**相殺適状**（そうさいてきじょう）となっていることです。具体的には、以下の３つのことを満たしていると相殺適状になります。[22]

　(a)　**同一当事者間に対立する債権が存在すること**　相殺適状となるためには、同一当事者間に対立する債権がなくてはなりません。たとえば、AB間で相殺するときにはAからBへの債権とBからAへの債権が存在していなければなりません。前述のとおり、相殺を主張する側が有する債権を自働債権（じどう）、相殺を主張される側が有する債権を受働債権（じゅどう）といいます（図2-6・図2-7）。

　(b)　**対立する両債権が同種の目的を有すること**　自働債権が金銭債権であれば受働債権も金銭債権であるというように、対立する債権の目的が同種のものでなければなりません。そのため、10万円の金銭債権をもって10万円分の米の引渡債権を相殺することはできません。

　(c)　**両債権（債務）の弁済期が到来していること**　両債権（債務）の弁済期が到来しないうちに相殺をしてしまうと、本来の弁済期よりも早く債務の弁済を迫られるのと同じになるため、両債権の弁済期が到来している必要があります。

　もっとも、自働債権の弁済期が到来していれば、受働債権の弁済期が到来していなくとも相殺は可能です。なぜなら、受働債権の弁済期が到来していないのに相殺をする場合には、相殺を主張している側が本来の弁済期よりも早く債務の弁済をしたことになるわけですが、自らの不利益を受け入れたうえでそれでも相殺

[21] 具体例については、本章1①（p.20）を参照。

CHECK　ここも
[22] なお、相殺適状になっていても次のようなときには相殺はできません。
①法律上相殺が禁止される場合（例：扶養料請求権）。
②実際に債務を履行してもらわなければ契約等を締結した意味がないなど、債務の性質上相殺が許されない場合（例：繁忙期が異なる農家がそれぞれの繁忙期に手伝い合うという債務）。
③相殺禁止特約がなされている場合。
④相殺することが権利の濫用となる場合。

図 2 - 6　自ら相殺を主張する場合　　　図 2 - 7　相手から相殺を主張される場合

をしたいというのであれば、それは本人の自由だからです。これに対して、逆の場合（自働債権の弁済期が到来していない一方で、受働債権の弁済期は到来している）には、相手に不利益を強いることになるため、相殺は認められません。

(2)　相殺の方法と効果

　相殺適状になると、自動的に相殺の効果が生じるわけではなく、「相殺します」という意思表示をしなければなりません。なお、相殺の意思表示に際しては、相手方の同意は必要なく、一方的な意思表示で構いません（506条）。

　相殺の意思表示をすると、両当事者の債権（債務）が対等額で消滅します（10万円の自働債権で50万円の受働債権を相殺した場合には、それぞれ10万円の債権が消滅します）。なお、相殺の効力は相殺適状のときまで遡及[*23]します。そのため、相殺適状の後に相殺の意思表示を行った場合には、意思表示をしたときではなく、相殺適状の時点で債権が消滅していたものとされます。

3　消滅時効──昔の借金を今さら返せって言われても

　これまで紹介してきた債務の消滅原因とすこし異なりますが、同じように債務を消滅させる制度として、**消滅時効**というものがあります。

　消滅時効とは、一定の時間の経過により権利を消滅させる制度です。[*24]たとえば、弁済期が過ぎても貸したお金の返済を催促しなかった場合や、商品の売買契約後に商品は渡したけれども代金を支払ってもらうのを忘れていたなどの場合に、それぞれお金を返してもらう権利や代金を支払ってもらう権利が消滅してしまう制度です。消滅時効が成立する要件は時間の経過という単純なものですが、消滅する権利ごとにその期間が異なるため、すこし注意しなければなりません。

(1)　消滅時効の期間

　消滅時効の期間は、「債権」と「債権又は所有権以外の財産権」[*25]で異なる長さが定められています（166条）。

　まず、「債権又は所有権以外の財産権」については、20年間権利を行使しなければ消滅します。

　次に、「債権」については、期間にいくつかのパターンがありますが、そのう

用語解説

*23　遡及
　遡及とは、ある一定のむかしの時期に戻ることをいいます。法律用語として用いる場合には、法的な効果を法律要件がそろったときにさかのぼらせることを指します。たとえば、契約を取り消す場合には、取消しを主張した時点から契約がなくなるのではなく、最初からなかったものとして取り扱われます。

★ポイント★

*24　消滅時効は権利を消滅させる制度であり、債権だけでなく所有権以外の権利も消滅の対象になります。なお、取得時効については、第 6 章（p.89）を参照。

ここも
CHECK

*25　「債権又は所有権以外の財産権」とは、具体的には地上権や地役権などがあります（第5章を参照）。

ちとくに重要な３つのパターンについて見てみます。

１つめは、通常の債権の場合で、これが基本となります。通常の債権の場合は２つの期間があり、１つは債権者が権利を行使できることを知った時[*26]から５年間で、もう１つは権利を行使できる時から10年間です（166条１項１号・２号）。10年の場合には「権利を行使できる時」からであって、債権者は権利を行使できるかどうかを知っている必要はありませんので、債権者が知らないところで権利を行使できるようになり、知らないうちに消滅時効になってしまうこともあり得ます。

２つめは、債権が不法行為[*27]に基づく損害賠償請求権である場合です。この場合も２つの期間があり、１つは被害者またはその法定代理人[*28]が損害および加害者を知った時から３年で、もう１つが不法行為の時から20年です（724条）。

そして３つめが、債権が人の生命または身体への障がいによって生じた損害賠償請求権である場合です。この場合も２つの期間があり、権利を行使できることを知った時あるいは損害および加害者を知った時から５年と、権利を行使できる時あるいは不法行為の時から20年で時効となります（167条・724条の２）。

(2) 消滅時効の効力

時効期間が満了して時効の利益を受けるには、その利益を受ける旨の意思表示をしなければなりません。これを**時効の援用**といいます（145条）。時効の援用ができるのは、基本は債務者です。ただし、消滅時効は債務者以外にも影響を及ぼすことがあるため、債務者以外も時効を援用することができます。もっとも、影響を受ける人すべてが時効の援用をできるわけではありません。債務者への債権が消滅すれば自身も債務を弁済しなくてすむというように、直接的に自身の債務が消滅という利益を受ける保証人[*29]などのほか、債権の消滅について「正当な利益を有する者」に限られます（145条）[*30]。

消滅時効が認められると、権利が消滅します。そして、その裏返しとして、対応する義務もなくなることになります。たとえば、「お金を返してくれ」という債権が消滅すれば、裏返しの「お金を返す」という債務も消滅することになります。なお、消滅の効果は相対的であり、ある人との関係では債権は消滅したものとして扱われる一方で、別の人との関係ではいぜんとして存続しているものとして扱われます。たとえば、保証人が債権の消滅時効を援用したときには、保証人との関係では債権者への債務は消滅するのに対して、債務者との関係ではいぜんとして債権は存続することになります。

また、消滅の効力は、時効期間の最初にさかのぼります（144条）[*31]。たとえば、100万円の貸し借りをしており、その弁済期を2020年７月１日としていたとします。借主が弁済期に弁済をせずに15年が経過し、2035年７月１日に借主が消滅時効を主張して時効の援用をした場合に、100万円の債権・債務は2035年７月１日ではなく2020年７月１日に消滅していたものとされます。2020年でも2035年でも

結局権利が消滅するんだからどちらでもいいじゃないか、との疑問があるかもしれませんが、効力をさかのぼらせることで、たとえば遅延賠償[*32]が生じないといった違いがあります。

まとめの問題

【○×問題】

① AはBが運転する車にひき逃げに遭いケガを負った。事故から11年後、犯人がBだと知ったAだが、消滅時効の期間である10年を経過しているためBに損害賠償は請求できない。 □

② 相殺をするためには、相殺適状になったうえで相手方に相殺の意思を示し、これに対して相手からの同意がなければならない。 □

【演習問題】

AはBに対して100万円の借金をしており、弁済の目途が立たず途方に暮れていたところ、友人Cが代わりに支払ってくれると申し出てくれました。Aは喜んでお願いをしましたが、その後Cは急な支出で現金を用意できなくなってしまいました。CはBに「うちにある著名な画家の絵でなんとかならないだろうか」と相談したところ、Bは快諾しました。CがBに絵画を引き渡したとして、Bの借金は消滅するでしょうか。

ヒント　第三者弁済と代物弁済の2つの制度がからんでいます。まずは第三者弁済が認められるか検討したうえで、代物弁済が認められるか考えてみましょう。

✓ここも CHECK
*31　消滅時効によってなくなるのは債権（債務）の機能のうち、相手に履行を請求する「請求力」と裁判所に訴えるための「訴求力」だけなので、相手からの履行を適法に受け入れる「給付保持力」は残ります。そのため、消滅時効により債務は消滅しますが、完全に消滅するわけではなく、債務者が任意に履行を行えば、それによって得た財産は不当利得にはならないということになります。

✓ここも CHECK
*32　債務の弁済期に弁済できなかった場合、「履行遅滞」という債務不履行になります（第3章を参照）。そして、履行遅滞になったときには損害の賠償を求められることがあり、そのひとつとして「遅延賠償」というものがあります。これは、債務の弁済が遅れたことによって損害が生じたときに、その損害を賠償せよというものです。

第 3 章　債務不履行

ス ト ー リ ー

ケンタの野望？

「なぜだ、人口の半分は女の子なのに、なぜぼくには彼女ができないのだ！？」

「そうねぇ……。まずは女の子と友だちになれるように心がけたら？」

　正論だ。しかし、野望の達成に燃えるケンタの耳に妹の正論は届かない。

「そうだ、車だ！　カッコいい車に乗っていればモテるにちがいない！」

　いつの相場よ？　三葉虫の化石と一緒に埋まっていそうなケンタの発想に、ミユは言葉を失う。

「そういえば、マサキ先輩が中古のスポーツカーの買い手を探していたな。これはいい車を安く手に入れるチャンス！」

　盛り上がるケンタを尻目に、ミユの視線はスマホの画面に注がれていた。

　――マサキ先輩から念願の自動車を買って楽しく乗り回していたある日のこと、ケンタはミユを乗せて運転中に、前を走る車にぶつかりそうになった。

「どうしたのよ、お兄ちゃん！？」

「それがさ、マサキ先輩から買った車なんだけど、しばらくしたら頻繁にエンストするようになってさ。さっきなんか、走ってる途中でブレーキの効きが悪くなってあせったよ……」

「えー！？　これ、欠陥車だったんじゃないの？」

「そう思う。これじゃあ、女の子をドライブに誘うどころじゃないな……。ハハ」

　力なく笑うケンタ。ロクでもない欲をかくから……とは思いつつも、ミユはケンタに同情を禁じ得ない。

「お兄ちゃん！　車のこと、きちんとマサキ先輩と話をしたほうがいいと思う！」

「でも、買ってからしばらく経ってるし言いづらいよ……。ぼくがバカだったんだ」

「そんな……。そんなの、おかしいわよ！」

Question
① 欠陥車を引き渡したマサキ先輩の行為は、どのような問題をはらんでいるでしょうか。
② 欠陥車を渡されたケンタは、マサキ先輩にどのような請求をすることができるでしょうか。

keywords　債務不履行　契約不適合　損害賠償請求　解除　追完請求

1 債務不履行ってなんだろう？

1 ケンタの受難

　ストーリーでは、ケンタは、女の子にモテたいがためにマサキ先輩から自動車を購入したのですが、どうやらアテが外れてしまったようです。マサキ先輩から引き渡してもらった自動車には欠陥があり、ケンタは危うく事故を起こしかけてしまいました。これでは危なっかしくて、とてもデートどころではありません。

　さて、みなさんがケンタの立場だったら、このときどのように感じるでしょうか（ケンタの下心については、とりあえず脇に置いておきましょう）。おそらく、「話が違う！」「約束と違うじゃないか！」と感じる人が多いでしょう。

　一般的に、自動車の売買では、売主は「きちんとした（欠陥のない）自動車」を買主に引き渡すことを請け合っているはずです。ところが、今回マサキ先輩がケンタに引き渡した自動車には欠陥があったわけですから、これは約束違反であると言われても仕方ないでしょう。

　このように、契約の相手が約束に違反することを、**債務不履行**といいます。本章では、債務不履行という現象とその法的効果について学ぶことを通じて、ケンタがマサキ先輩に対してどのような主張をすることができるのかについて考えていきます。

2 いろいろな債務不履行

　債務不履行とは、「債務者がその債務の本旨（ほんし）に従った履行をしない」（415条1項本文）ことです。「債務の本旨」という表現は聞き慣れないかもしれませんが、「債務の目的・内容」のことを指すと思っていただければ十分です。そして債務の目的・内容は契約によって定められます。つまり、「債務の本旨に従った履行をしない」とは、「債務の内容に従った履行をしない」ということと同じ意味で、要するに「契約どおりに債務を履行していない」ということです。

　もっとも、「債務不履行とは債務者がその債務の本旨に従った履行をしない」ことであるといっても、その態様にはさまざまなものがあり得ます。そして民法は、債務不履行の態様がどのようなものであるのかに応じて、異なるルールを用意しています。ここでも、そのような債務不履行の態様に応じて解説していくことにしましょう。[*1]

> **民法415条**
> **1項** 債務者がその債務の本旨に従った履行をしないとき又は債務の履行が不能であるときは、債権者は、これによって生じた損害の賠償を請求することができる。ただし、その債務の不履行が契約その他の債務の発生原因及び取引上の社会通念に照らして債務者の責めに帰することができない事由によるものであるときは、この限りでない。

> **CHECK**
> ＼ここも／
> *1 従来は、「債務不履行」を、履行遅滞、履行不能、不完全履行の三類型に分類する考え方が一般的でした。この類型は、ドイツ民法における議論を参考にしたものでしたが、ドイツ民法と異なり、日本民法では、このような考え方をする必然性はありませんでした。そこで最近では、このような三類型とは異なった整理の仕方をする考え方が多くなりつつあります。

2 履 行 遅 滞

1 履行遅滞とは
りこうちたい

　まずは、**履行遅滞**という債務不履行について見てみましょう。履行遅滞とは、「債務者が定められた期限に債務を履行しないこと」です。たとえば、ケンタが４月１日にマサキ先輩から中古の自動車を買ったとしましょう。この自動車は、契約から１か月後の５月１日に引き渡されるという約束でした。ところが、マサキ先輩は５月１日を過ぎても自動車を引き渡してくれません（お気に入りの自動車を売ってしまったことを後悔して、引き渡すことを渋っているとしましょう）。この場合、約束の日（５月１日）に自動車を引き渡すという債務を履行しなかったわけですから、売主は履行遅滞というかたちで債務不履行をしているということになるのです。

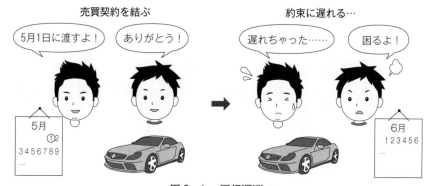

図 3-1　履行遅滞

2 「遅滞」の意味

　債務者が履行遅滞に陥っているかどうかは、次の３つの要件を満たすかどうかで判断されます。第一に、債務の履行が可能であること、第二に、約束の日（履行期）を過ぎたこと、そして第三に、債務の履行がなされないこと、です。

　第一の要件について言うと、履行が不可能となってしまった場合には、履行遅滞ではなく、次に説明する履行不能という債務不履行になります。第三の要件についても、約束どおりに履行がなされるのであればなにも問題はないわけですから、当然の要件です。

　第二の要件については、すこし説明が必要です。というのも、「履行期を過ぎた」と言えるかどうかが微妙な場合があり得るからです。先ほどあげた例のように、当事者のあいだで約束の日を定めておく（５月１日に自動車を引き渡すなど）場合

には、この点は問題になりません（普通は当事者のあいだでそのような約束をしておくことでしょう）。このような場合を、**確定期限のある債務**といいます。この場合、債務者は、その確定期限が到来した時から履行遅滞となります（412条1項）。しかし、当事者がこのように明確なかたちで期限を定めていない場合には、問題が複雑になります。

民法412条
1項　債務の履行について確定期限があるときは、債務者は、その期限の到来した時から遅滞の責任を負う。

③　不確定期限つき債務の場合

　たとえば、次のような場合はどうでしょうか。Aが、知人のBから家屋を購入する契約を結んだとしましょう。ところがその家屋にはBの父親であるCが住んでいました。そこでAとBとのあいだでは、（ちょっと縁起でもない話ですが）Cが亡くなったら、この家屋をAに明け渡すという約束が取り交わされたとしましょう[*2]。このとき、Bが履行遅滞に陥るとしたら、それはいつからでしょうか。

　「Bは、Cが亡くなったら家を明け渡すという約束をしたんだから、Cさんが亡くなっても家を明け渡さなかったら履行遅滞ということになるんじゃないの」と思った人もいるかもしれません。一理ありそうですが、BがCの死亡したことについて知らなかった場合（たとえば、Cが死亡した当時、Bはちょうど仕事で海外にいたため、Cが死亡したという情報がすぐに届かなかった場合など）はどうでしょうか。その場合でも、Cが死亡した以上は、Bは家をAに明け渡すべきであり、それをしなかったら、Bは履行遅滞をしているというべきでしょうか。しかしそれでは、Bにとっては酷ではないでしょうか。

　この点を考慮して、民法は、「債務の履行について不確定期限があるときは、債務者は、その期限の到来した後に履行の請求を受けた時又はその期限の到来したことを知った時のいずれか早い時から遅滞の責任を負う」（412条2項）と定めています。先ほどの例に即していえば、Bは、Cが死亡した事実について知ったときか、あるいはAから（Cが死亡した以上、AはBに家を明け渡すように求めることができますので）家の明渡しを求められたときから履行遅滞に陥ることになります。いずれにしても、Bは、Cが死亡したという事実について知らないあいだは履行遅滞責任を負わないということです。これは、Bがいつの間にか、自分の知らないあいだに履行遅滞の責任を負うことがないようにという趣旨です。逆にBは、Cが死亡した事実を知ったならば、約束どおりAに家を明け渡すべきで、それをしなかったならば履行遅滞責任を追及されても仕方ありません。

④　期限の定めのない債務

　最後に、当事者がそもそも債務の履行について明確な期限を定めていない場合

表 3-1　履行請求可能時期と履行遅滞になる時期

	履行請求可能時期	履行遅滞になる時期
確定期限のある債務	確定期限が到来したとき	
不確定期限つき債務	不確定期限が到来したとき	債権者が債務者に履行を請求したときか、債務者が不確定期限の到来を知ったときかのいずれか早いとき
期限の定めのない債務	債権の発生したとき	債権者が債務者に履行の請求をしたとき

について説明しておきましょう。たとえば、みなさんが友人から中古のマンガを譲ってもらうことになった（マンガの贈与契約が成立した）のですが、具体的にいつ渡してもらうかについては相談しなかったとしましょう（「今度あげるよ！」）。この場合、友人が履行遅滞に陥るとしたら、それはいつからでしょうか。

　これまでの例では、（「5月1日に自動車を引き渡す」とか、「Cが死亡したら家を明け渡す」などのように）いつ債務を履行するかについて、当事者のあいだで取り決めがなされていました。しかし、場合によっては、この例のように、当事者のあいだで債務の履行期について合意していないこともあり得ます。そのような債務を、**期限の定めのない債務**といいます。

　期限の定めがない債務について、債権者は、契約が有効に成立した後はいつでも債務者に履行を請求することができます。しかし、債務者は契約が成立したらただちに履行遅滞に陥るのかというと、そうではありません。「債務の履行について期限を定めなかったときは、債務者は、履行の請求を受けた時から遅滞の責任を負う」（412条3項）のです。

　期限の定めのない債務や不確定期限のある債務についての説明からもおわかりいただけたかもしれませんが、「債権者はいつから債務者に履行を請求することができるか」という問題と「債務者はいつから履行遅滞に陥るか」という問題はいちおう別の問題で、両者のタイミングがズレる場合もあり得るのです。やや複雑に感じるかもしれませんが、注意しておきましょう。

3　履行不能

1　履行不能とは

　履行不能とは、読んで字のごとく、「履行期に債務を履行することができないこと」です。履行遅滞の場合は、履行期が到来していることが前提となっていましたが、履行不能の場合は、履行期の到来は必須ではありません。履行期が到来する前であっても、履行することができなくなれば、その時点で履行不能と評価されます。

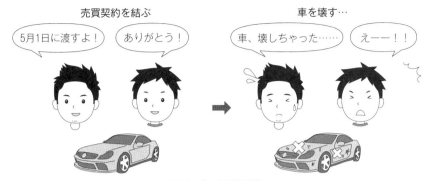

図3-2　履行不能

② 「不能」の意味

　履行「不能」の意味については、いくつか注意が必要です。

　第一に、ここでいう「不能」は、物理的不能に限られません。たとえば、自動車の売買において、売主が売った自動車を事故で廃車にしてしまったような場合、売主はもはや自動車を買主に引き渡すことが（物理的に）できません。このような物理的不能の場合については、とくに問題はありません。

　では、次のような場合はどうでしょうか。Aが、Bから100万円で指輪を購入したとしましょう。ところがその後、Bは、Aに売った指輪を不注意で湖に落としてしまいました。このとき、Bは履行不能に陥っていると言えるでしょうか。

　この場合、売買の目的物である指輪はまだ存在していますので（湖の底に沈んでしまっていますが）、売った自動車を廃車にしてしまった場合とは異なります。もしかしたら、専門の業者に依頼するなどして多額の費用をかければ、湖の底から指輪を探し出すこともできるかもしれません。そうすれば、Bは指輪をAに引き渡すこともできるでしょう（つまり、履行することが物理的には可能です）。

　問題は、Bはそこまでして指輪をAに引き渡さなくてはならないかという点です。Bとしてはどのような費用をかけてでも指輪をAに引き渡すべきであるという考え方もあり得るでしょう。しかしそれは、Bに予想外の負担を強いることになり、妥当ではないのではないでしょうか。

　民法は、債務の履行が不能か否かは、「契約その他の債務の発生原因及び取引上の社会通念に照らして」判断すると定めています（412条の2第1項）。Bは、いくら不注意で指輪を湖に沈めてしまったとはいえ、多額の費用をかけて湖の底をさらってまで指輪を引き渡すことを契約によって引き受けていたとは言えないでしょう。したがって、この場合、もはやAはBに指輪を引き渡すように求めることはできず、Bは履行不能に陥っていると評価されるのです。[3]

民法412条の2
1項　債務の履行が契約その他の債務の発生原因及び取引上の社会通念に照らして不能であるときは、債権者は、その債務の履行を請求することができない。

CHECK
*3　民法では、「履行不能」は履行請求権の限界事由として考えられています。つまり、債務者が履行不能になれば、債権者はもはや債務者に履行を請求できません。このこと自体はあたり前のようですが、「履行不能だから履行を請求できない」というよりも、「履行を請求できない場合を履行不能と評価する」という論理になっている点に注意が必要です。

③ 「不能」になる時期

履行「不能」に関する第二の注意点は、「不能になる時期」についてです。これまでの例では、契約の締結後に履行が不可能になった場合をあげてきました。それでは、契約の締結前から履行が不可能であった場合は、どのように考えられるでしょうか。たとえば、AがBから家屋を購入する契約を締結したとしましょう。ところが家屋は、実はAとBが契約を締結する前日に不審火によって焼失してしまっていたのです。AもBもそのことに気づかず契約を締結してしまったとすると、AB間の法律関係はどうなるでしょうか。

契約の締結時から債務を履行できない場合を、「最初から不可能」という意味で**原始的不能**といいます（これに対して、契約の締結後に履行不能となる場合を**後発的不能**といいます）。かつては、原始的不能の場合は、契約自体が無効になると考えられていました。不可能なことを義務づけることはできないという考えによるものです。

しかし、原始的に不能な場合のすべてを一律に無効として扱うことには批判もありました。そもそも、ある契約が原始的に不能となるか、それとも後発的に不能となるかは、しばしば偶然の事情によって左右されます。家屋の売買の例で言えば、不審火が起こったのが契約締結の前日であれば原始的不能、翌日であれば後発的不能となりますが、これは偶然の事情です。そのような偶然によって法的な効果が大きく異なる（原始的不能の場合は契約が無効となり、後発的不能の場合は債務不履行責任の問題となる）というのも適切とは言えません。そこで現在の民法では、原始的不能であっても債務不履行責任の問題を生じさせるものとして規定されているのです（412条の2第2項）。

4　その他の不履行──契約不適合の問題を中心に

① 債務不履行の多様性

*4　履行不能も「債務の本旨に従った履行をしない」ことに含めてしまえばいいのではないかと考えた人もいるかもしれません。しかし、「履行をしない」ことと「履行できない」ことは違うという意見もあり得ます。履行不能には、履行遅滞等とは異なる特殊な法的効果が付随しますので、民法は履行不能をそれ以外の債務不履行とは別にしているのです。

債務不履行は、これまでに説明してきた履行遅滞と履行不能に限られるわけではありません。そもそも、民法典自体、そのような限定をしていません。ここで改めて民法の規定を見てみると、民法は、債務不履行を「債務者がその債務の本旨に従った履行をしないとき又は債務の履行が不能であるとき」（415条1項）と規定しています。ここで、「債務の履行が不能であるとき」が、すでに説明した履行不能を意味していることは明らかです[*4]。他方で、「債務の本旨に従った履行をしないとき」は、履行遅滞に限られるわけではないのです。

それでは、履行遅滞でも履行不能でもない債務不履行としては、どのようなも

のが考えられるでしょうか。ここでは、そのような債務不履行のひとつとして、いわゆる**契約不適合**の問題を中心に説明しましょう。

② 契約不適合の問題

　ここで改めて、冒頭のストーリーについて考えてみましょう。ケンタはマサキ先輩から中古のスポーツカーを購入したのですが、どうやらこの自動車が欠陥車だったらしいのです。

　このとき、マサキ先輩がきちんと約束の日までに自動車をケンタのもとに届けていたとしたら、マサキ先輩は履行を遅滞したことにはなりません。また、実際にスポーツカーをケンタに渡しているということは、マサキ先輩は債務を履行できたということ、つまり履行不能にはならなかったことを意味します。

　では、マサキ先輩はきちんと債務を履行したのだから、ケンタに対してはなんら責任を負う必要がないと言ってしまってよいでしょうか。たしかにマサキ先輩は履行遅滞でも履行不能でもありません。しかし、マサキ先輩からケンタが買った自動車には欠陥があり、そのためにケンタは契約をした目的を達成できないかもしれないのです。マサキ先輩は、自動車を売った以上は、きちんと走る欠陥のない自動車をケンタに引き渡すべきだったのではないでしょうか。それができていない以上、やはりマサキ先輩の債務の履行には問題があったと言わざるを得ないでしょう。

　この問題に対処するために、民法は、「給付された目的物が契約の内容に適合していない」場合、すなわち契約不適合の場合に関する規定を設けています（562条）。それによれば、契約不適合とは「引き渡された目的物が種類、品質又は数量に関して契約の内容に適合しない」こととされています。[*5]ストーリーに即していえば、マサキ先輩がケンタに引き渡したスポーツカーは、「品質」の点で契約の内容に適合しないものでした。その意味で、マサキ先輩は債務をきちんと履行できていない（債務の本旨に従った履行をできていない）といえるのです。[*6]

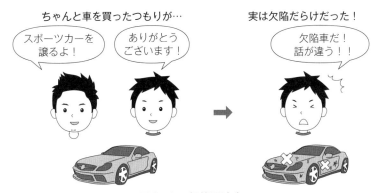

ちゃんと車を買ったつもりが…
スポーツカーを譲るよ！
ありがとうございます！

実は欠陥だらけだった！
欠陥車だ！話が違う！！

図3-3　契約不適合

5 債務不履行の効果

① 3種の神器?

　私たちの身のまわりでは、日々多くの契約が締結されています。そして、その多くは、とくに大きな問題もなくきちんと履行されています。しかし、ときには、これまでに紹介してきたような契約違反・債務不履行が生じる場合もあります。それでは、債務者が債務不履行に陥った場合、債権者としてはどのような措置を講じることができるのでしょうか。

　まず、債務不履行の結果として生じる法的な効果について、ざっと見ておきましょう。債務不履行の効果として、民法は次の3つのものを定めています。第一に、債権者は、債務を履行しない債務者に対して債務を履行するように強制することができます（**履行の強制**：414条）。第二に、債権者は、債務者の債務不履行によってなんらかの損害を被った場合には、債務者に対して、その損害の賠償を求めることができます（**損害賠償請求**：415条）。そして第三に、債権者は、債務不履行をした債務者との契約関係に見切りをつけて、そのような契約から離脱することができます（**契約の解除**：541条・542条）。

② 履行の強制

　みなさんがだれかとなにかを約束して、相手が約束を守ってくれなかったとしたら、どう思うでしょうか。おそらく「約束を守ってほしい」と思うでしょう。このような素朴な思いに応えるために、民法は、債務者が債務を任意に履行しない場合には、債権者は原則として、債務の内容を強制的に実現させることができるとしています。

　「強制的に」というのは、裁判所すなわち国家機関の助力を得て、という意味です。債務者が債務を任意に履行してくれないとしても、債権者が裁判所を通さずに債務の内容を勝手に実現することは許されません（**自力救済の禁止**[*7]）。

　履行の強制の具体的な方法としては、**直接強制**、**代替執行**、**間接強制**の3つがあげられています（414条）。直接強制とは、債務の内容を直接的に実現する強制方法で、たとえば物の引渡しを債務者がしていない場合などに用いられる方法です。

　代替執行とは、債務者以外の者でも債務の内容を実現できる場合には、これを第三者に行わせて、その費用を債務者に負担させる強制方法です。たとえば、Aが自動車の修理をB工場に依頼したところ、Bがいっこうにその修理を行わない

*7　債権者が履行の強制をするためには、まずは債権の存在を証明する文書（**債務名義**）を用意しなければなりません。一般的には、裁判所の確定判決などがこれにあたります。そのうえで債権者は、任意に債務を履行しない債務者に強制執行をかけることになります。このように、履行の強制には、債務名義を取得する手続と、その債務名義に基づいて強制執行をかける手続との二重の手続を要するのです。

民法414条
債務者が任意に債務の履行をしないときは、債権者は、民事執行法その他強制執行の手続に関する法令の規定に従い、直接強制、代替執行、間接強制その他の方法による履行の強制を裁判所に請求することができる。ただし、債務の性質がこれを許さないときは、この限りでない。
2項　前項の規定は、損害賠償の請求を妨げない。

という場合を考えてみましょう。このとき、Aにとって大事なのは、「自動車の修理が行われること」であって、「Bが」自動車を修理してくれることではないはずです。そこでAとしては、いつまでも修理してくれないBをあてにするのではなく、別の修理業者Cに依頼して自動車を修理してもらうほうが合理的だということになります。Cに依頼しなおすと余分な費用がかかってしまう（Bは50万円で修理してくれるはずだったところ、Cに依頼しなおしたために60万円の修理代となってしまった場合など）可能性もありますが、そのような余分な費用はBに負担してもらえばいいのです。こうすることによって、Aは当初の費用負担のみで債務の内容（自動車を修理してもらう）を実現することができます。

　間接強制とは、債務が履行されるまで一定額のお金を強制的に債務者に支払わせて債務の履行を強制する方法です。債務者は、債務を履行しないあいだは強制的にお金を支払わされることになります。もし債務者がお金を支払いたくなければ、債務を履行するほかありません。このように、金銭の支払いを強制することによって債務者に心理的な負担を課し、間接的に債務の履行を促すのです。この方法は、「なにかをしないこと」を内容とする債務[*8]の履行を強制する場合などに用いられます[*9]。たとえば、夜の8時以降はお互いに楽器を弾かないという約束をお隣さんどうしでしたとして、一方の家の人がその約束を守ってくれない場合には、他方の家の人は、「夜8時以降の楽器の演奏を止めないなら、一日あたり○○円ずつ支払ってもらう。それが嫌なら約束を守ってくれ」というかたちで履行を強制することができるのです。

　このように、債権者は、さまざまな方法によって履行を強制することができるのが原則です。もっとも、債務の性質が履行の強制を許さない場合には、履行の強制はできません（414条1項ただし書）。このような場合として、たとえば、画家に自画像を描いてもらう債権などがよくあげられます。この場合、画家が自画像を描いてくれなかったとしても、無理やり手と筆を取って書かせる（直接強制をする）わけにはいきませんし、ほかの人に描いてもらう（代替執行をする）わけにもいきません（画風が違ってしまいます）。自画像を描くまでは一定の金銭を支払うように強制したとしても、そのような心理的圧迫を受けて（イヤイヤながら）描いた絵がすばらしいものになるとも思えません。よって、この場合には、いずれの方法によっても履行の強制をすることができないのです。

　また、債務者が履行不能に陥った場合にも、債権者は履行を強制することはできません。このような場合の債権者は、次に説明する損害賠償の請求といった救済手段に訴えるしかないのです。

★ポイント★

*8　なにかをしないことを内容とする債務のことを**不作為債務**といいます。これに対して、なにかをすることを内容とする債務を**作為債務**といいます。

✓CHECK　＼ここも／

*9　かつては、債務者に心理的な圧迫を加えて履行を強制する間接強制は、その他の強制方法が使えない場合の最後の手段として考えられていました（間接強制の補充性）。しかし現在では、他の強制方法に比べて間接強制が特に債務者に対して過酷であるというわけではないとして、この考え方は放棄されています。

③ 損害賠償請求

　債務者の債務不履行によって債権者になんらかの損害が発生した場合は、その損害は債務者が負担するのが筋でしょう。そこで民法は、「債務者がその債務の本旨に従った履行をしないとき又は債務の履行が不能であるときは、債権者は、これによって生じた損害の賠償を請求することができる」（415条１項本文）と規定しています。

　たとえば、AがBから1,000万円で土地を購入し、その土地をさらにCに1,200万円で売却することを予定していたとしましょう。ところがBは、この土地を約束の日までにAに明け渡しませんでした。そのためAは、土地をCに売却することもできず、結果として200万円の転売利益を得そこなってしまいました。このときAは、Bの債務不履行によって200万円の損害を被ったと言えます。そこでAは、Bに対して、この損害を賠償するように求めることができるのです。

　ここで、民法415条の「損害」という言葉について整理しておきましょう。というのも、ここでいう「損害」にはさまざまなものが含まれるためです。まず、**財産的損害**と**精神的損害**を区別しましょう。財産的損害とは、債務不履行によって債権者が被った財産的な損害のことを指し、精神的損害とは、債務不履行によって債権者が被った精神的な損害のことを指します。上で言及した土地の転売利益分の損害は財産的損害と言えます。これに対して、たとえば、美容院で髪を整えてもらう契約をしたところ、美容師の不注意のせいでひどい髪型になってしまった場合などには、債権者に精神的な損害も発生していると言えるでしょう。

　次に、財産的損害のなかでも、**積極的損害**と**消極的損害**の区別があります。積極的損害とは、債務不履行によって債権者が支出することになった余計な出費を指し、消極的損害とは、債務不履行によって債権者が得そこなった利益（債務不履行がなければ債権者が得られたであろう利益）分の損害を指します。たとえば、冒頭のストーリーでケンタがマサキ先輩から購入した自動車の欠陥を修理するために出費を余儀なくされたとしたら、これは積極的損害と言えるでしょう。他方

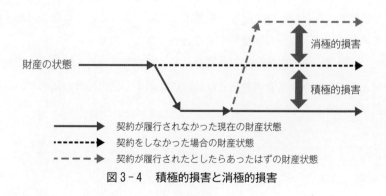

図3-4　積極的損害と消極的損害

で、先の土地の転売利益分の損害は消極的損害と言えます。

このように、債権者は、債務不履行によって生じるさまざまな損害の賠償を債務者に求めることができます。もっとも、債務不履行によって生じる損害のすべてを債務者に負担させてよいか否かについては、むずかしい問題があります。たとえば、ストーリーを少し変えた次の例を考えてみてください。

> **CASE**
>
> 　マサキ先輩から自動車を購入したケンタが、その自動車の欠陥のせいで事故を起こし、ケガをしてしまいました。幸い事故によるケガ自体はたいしたものではなかったのですが、運ばれた先の病院での医療ミスのせいでケガが重症化してしまい、長期間の療養と安静を余儀なくされました。このためケンタは、アルバイトを辞めざるを得なくなりました。大学も休学せざるを得なくなり、卒業するために必要な授業の単位を取ることもできず、留年することになってしまいました。

このとき、マサキ先輩は、ケンタに生じた諸々の損害（たとえば、留年したことで余分にかかる学費など）のすべてについて責任を負わなければならないのでしょうか。

いわゆる「風が吹けば桶屋（おけや）がもうかる」式の因果関係を考えた場合、上の例でケンタに生じた損害は、すべてマサキ先輩が欠陥車を引き渡したせいで生じたものであると言えます。マサキ先輩がまともな自動車を引き渡してくれさえいればケンタが事故を起こすこともなく、医療ミスに遭うこともなければ、アルバイトも辞めず、休学することもなく、留年もしないですむわけですから、これらすべてはマサキ先輩が欠陥車を引き渡したせいで生じた出来事だと言えるでしょう。

それはそのとおりなのですが、すべてについてマサキ先輩に責任を負わせるのは、やや酷な気もします。マサキ先輩からしてみれば、まさか自分が引き渡した自動車が欠陥車だったためにケンタが留年してしまうとは予想すらしなかったに違いありません。

そこで民法には、債務者が責任を負うべき範囲を限定する規定が設けられています（416条）。それによると、まず「債務の不履行に対する損害賠償の請求は、これによって通常生ずべき損害の賠償をさせることをその目的」とします（同条1項。なお、債務不履行によって「通常生ずべき損害」のことを**通常損害**といいます）。つまり、債務不履行によって生じた損害であっても、「通常」は生じないものについては損害賠償の対象とならないのです。もっとも、「特別の事情によって生じた損害であっても、当事者[*10]がその事情を予見すべきであったときは、債権者は、その賠償を請求することができ」ます（同条2項。なお、「特別な事情によって生じた損害」のことを**特別損害**といいます）。債務者が損害の発生を予見していたのであれば、その責任を追及されてもやむを得ないと考えられるためです。このよう

> **用語解説**
>
> *10　当事者
> 　当事者という言葉は、普通には契約の当事者、すなわち「債権者と債務者」を指すように思えます。しかし、判例・通説は、ここでいう「当事者」を「債務者」の意味で解釈しています（大判大正7年8月27日）。

図3-5　損害賠償の範囲

に、日本の民法は、債務者が負担するべき責任の範囲を制限する立場（**制限賠償主義**）を採用しているのです。[*11]

加えて債務者は、「その債務の不履行が契約その他の債務の発生原因及び取引上の社会通念に照らして債務者の責めに帰することができない事由によるものであるとき」には、そもそも損害賠償責任を負いません（415条1項ただし書）。たとえば、家の売買契約において、売主が家を引き渡せなかった理由が、地震によって家が倒壊してしまったせいであるとしましょう。この場合でも売主は債務不履行（履行不能）の責任を取って損害を賠償しなければならないとするのは、売主にとって酷でしょう。そこで民法は、債務者のせいでない事情によって生じた債務不履行については、債務者は損害賠償をしなくともよいというルールを設けたのです。

★ポイント★

*11　判例・通説は、民法416条を、いわゆる相当因果関係について定めたものであると解釈しています（相当因果関係説。不法行為に関する判例ですが、大連判大正15年5月22日）。これは、完全賠償主義を採用するドイツ民法における議論を参考にしたものですが、日本とドイツでは前提が異なることから、現在はこの解釈に反対する見解も有力です。

民法541条
当事者の一方がその債務を履行しない場合において、相手方が相当の期間を定めてその履行の催告をし、その期間内に履行がないときは、相手方は、契約の解除をすることができる。ただし、その期間を経過した時における債務の不履行がその契約及び取引上の社会通念に照らして軽微であるときは、この限りでない。

民法542条
次に掲げる場合には、債権者は、前条の催告をすることなく、直ちに契約の解除をすることができる。
一　債務の全部の履行が不能であるとき。（以下略）

④　契約の解除

債権者としては、債務を履行してくれない債務者との契約には早々に見切りをつけて、別の相手と契約をしなおしたほうが合理的であるということもあるかもしれません。民法は、債務者が債務を履行してくれないときには、債権者は、契約を解除することができるとしています。ただ、契約の解除は、解除される相手（債務者）にとっても深刻な問題ですので、むやみやたらに解除できるわけではなく、次に説明するように一定の手順が必要となる場合があります。

すなわち、債務者のした債務不履行が履行遅滞の場合には、債権者が契約を解除するためには、まず債務者に対して相当の期間を定めて履行の**催告**をする必要があります（**催告解除**：541条本文）。これは、債務者に最後のチャンスを与える趣旨です。債務者がこの期間内に債務を履行してくれれば問題はありません。他方で、最後のチャンスを与えられておきながら結局債務を履行できない債務者は、もはや契約を解除されても仕方がないと言えるでしょう。

もっとも、以上のことは、催告を受けた債務者が「履行できる」ことが前提となっています。もはや履行できない債務者には、いくら催告をしたところで無意味です。そこで民法では、債務者のした債務不履行が履行不能である場合には、債権者は履行の催告をすることなく契約を解除できるとされているのです（**無催

告解除：542条1項1号）。なお、履行不能以外で、債権者が無催告解除できる場合としては、債務者が債務の全部の履行を拒絶する意思を明確に表明している場合や、債務者が債務の一部の履行を拒絶する意思を明確にしており、かつ残存する部分のみでは契約の目的を達成できない場合、一定の日時までに履行をしてもらわなければ契約の目的を達成できない場合、そのほか、催告をしても契約をした目的を達するのに足りる履行を債務者がする見込みがない場合があります（542条1項2号〜5号）。

⑤ 契約不適合の場合

　以上に加えて、債務者がした債務不履行が契約不適合であった場合には、債権者は、**追完の請求**（562条1項）と**代金の減額の請求**（563条1項）をすることができます。

　追完とは、「追って完全な履行にすること」です。たとえば、冒頭のストーリーで、マサキ先輩から引き渡された自動車が欠陥車であった場合、ケンタは、たとえばマサキ先輩に自動車を修理するように請求することもできるのです。マサキ先輩が修理してくれるのであれば、ケンタは欠陥のない自動車を手に入れることができますので、結果として完全な履行を受けたのと同じになります。

　他方で、ケンタは、欠陥は自分でなんとかするから、その代わりに代金を減額してほしいと思うかもしれません。ケンタとしては、欠陥のない自動車だと思って代金額に納得したわけで、もし欠陥車だと知っていたら、そのことを考慮して値段を考えたはずです。そこで、契約不適合があった場合には、債権者は代金の減額を求めることもできるのです。

　もっとも、買主が売主に対して契約不適合の責任を追及するためには、買主が契約不適合の事実を知ってから1年以内に、そのことを売主に通知しなくてはいけません（566条）。売主は、物の引渡しからしばらくたっても買主が文句を言ってこなかったら、「どうやら引き渡した物には問題がなかったようだな。自分はきちんと債務を履行したぞ」と信じてしまうかもしれません。ところが、後になって、買主から、「実はあなたの給付した物には欠陥があったので、責任を追及しますよ！」などと言われたのでは、売主としても不意打ちを受けた気持ちになるでしょう。そこで、上記のような期間制限が設けられたのです。[*12] ケンタも、マサキ先輩に契約不適合責任を追及したいと思ったら、あまりのんびりしていてはいけませんね。

民法563条
1項 前条第1項本文に規定する場合において、買主が相当の期間を定めて履行の追完の催告をし、その期間内に履行の追完がないときは、買主は、その不適合の程度に応じて代金の減額を請求することができる。

民法566条
売主が種類又は品質に関して契約の内容に適合しない目的物を買主に引き渡した場合において、買主がその不適合を知った時から1年以内にその旨を売主に通知しないときは、買主は、その不適合を理由として、履行の追完の請求、代金の減額の請求、損害賠償の請求及び契約の解除をすることができない。ただし、売主が引渡しの時にその不適合を知り、又は重大な過失によって知らなかったときは、この限りでない。

CHECK
*12 この期間制限があてはまるのは、種類と品質に関する契約不適合のみである点に注意しましょう（562条・563条と566条の文言を読み比べてみましょう）。数量と権利に関する不適合については、その有無や程度について売主も把握しやすいため、買主の権利主張に期間制限を設けてまで売主を保護する必要はないと考えられたのです。

⚖ まとめの問題 ・・・・・・・・・・・・・・・・・・・・・・・・・・・・・・・・・・・・・・

【○×問題】

① 債権者は、債務者が債務不履行をしたとしても、債務の履行を強制することはできず、ただ損害賠償を請求したり契約を解除したりすることしかできない。　　□

② 債務者は、債務不履行によって債権者に生じた損害のすべてを賠償しなければならないわけではなく、通常損害と、予見すべきであった特別損害のみを賠償すればよい。　　□

【演習問題】

　AはBから家屋を1,000万円で購入しました。ところが、Aがこの家屋に住み始めてみると、妙に建てつけが悪く、扉が閉まらなかったり、逆に勝手に開いたりしました。また、床にペンを落とした際には、あらぬ方向に転がっていってしまいました。どうやら、AがBから買った家屋は欠陥住宅だったようです。このとき、AはBにどのような請求をすることができるでしょうか。

　ヒント　売主Bは、買主Aに対して、きちんと住める住宅を引き渡す必要があります（もっとも、これはAB間の契約の趣旨にもよります）。したがって、Bが欠陥住宅を引き渡したというのなら、それは債務不履行にあたります。そこで、これがどのような債務不履行であり、それに対して債権者はどのような措置を講じることができるかが問題となります。

第 4 章　意 思 表 示

軽はずみな約束

ケンタ 「たのむー！ タケちゃん！ 加藤さんも誘ってよ。来週の合宿。加藤さんを気軽に誘えるのタケちゃんだけなんだってば。後生です、このとおり」

　　ケンタは、大学の友人たちと行く伊吹山ハイキング＆星空観察会に、どうしても気になっている加藤ミサキを誘いたい。ところが、それをうまく頼めるのはミサキと同じ高校に通っていたタケヨシだけである。

「へへ、ご執心だね。うまく誘えたら、寿司でもおごってもらおうかな〜。回らないやつ」

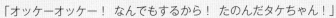

ケンタ 「オッケーオッケー！ なんでもするから！ たのんだタケちゃん！」

　　さて、合宿の準備。アウトドア好きのケンタとしては、装備もイイものにこだわりたい。ショッピングサイトを見てみると、高級アウトドアブランド「FONT BELL（フォンベル）」のシューズが格安で売っているではないか。靴の側面にはおなじみの熊のブランドロゴ。せっかくだからシューズも買い替えようと考えたケンタは、迷わずポチっと画面上の購入ボタンを押した。

　　ところが数日後、届いた商品を見てみると、それはなんとも安っぽい物だった。「なにか変だな」と思ってよくよく見てみると、なんとブランド名は「PONT BELL（ポンベル）」と書いてあるではないか。おまけに熊のブランドロゴのように見えたマークは、熊ではなくタヌキだ。フォンベルではないとわかっていたら買わなかったのに！ 商品情報をよく読まなかったぼくの勘違い？ それとも、ニセモノつかまされた？？

　　「どうりで格安だったわけだ。よく確認したつもりだったのになァ……」とケンタが後悔と自己嫌悪でベッドにうつ伏せていたところに、タケヨシから連絡が入った。

タケヨシ 「ケンタ、ミサキちゃん合宿に来てくれるって！」

ケンタ 「ありがとう！ さすがタケちゃん！」

タケヨシ 「まぁまぁ。それよりさ、約束どおり寿司おごってな〜」

ケンタ 「え！ あれ、冗談でしょ！？ ビンボー学生に殺生やなぁ〜」

Question

① このストーリーのなかで、ケンタがした意思表示はどれでしょうか。

② ケンタはタケちゃんに寿司をおごらなければいけないでしょうか。

③ 勘違いでしてしまった契約を取り消すことはできるでしょうか。

keywords　意思表示　心裡留保　虚偽表示　錯誤　詐欺　強迫　無効　取消し

1 それ本気？ うかつな言動の落とし穴

＊1 意思表示については、第1章（p.7〜）を参照。

　さて、人と契約を結ぶためには、意思表示が必要だということは学習しました[*1]。ストーリーのなかで、ケンタはタケヨシにお寿司をおごると言ったり、シューズを注文するボタンを押したりしているように、意思表示というのは、多くの人が日常生活のなかでごく自然に行っている法的なアクションです。しかし、必ずしもすべての人が意思表示のプロセスを間違いなく行うことができるわけではありません。

　たとえば、いつもは問題なく意思表示ができる人でも、ときには伝え方を間違えることもありますし、自分が本心では思ってもいないこと（嘘や冗談）を口走ることもあるでしょう。そもそも意思決定をするだけの判断能力のない人もいます。

　そこで、ここから見ていくのは、意思表示について生じるさまざまなトラブルと、その解決のためのルールです。意思表示というのは、意思表示をする人が自由に自己決定をできてこそ、権利や義務を引き受ける根拠となります（この考え方を意思主義といいます[*2]）。そうであれば、自分の本心とは違うことを表示したとき、あるいは自由に意思を決定することができないときには、この意思表示は否定されるべきです。

＊2 意思主義については、第1章（p.9）を参照。

　当事者の一方の意思表示が否定されれば、仮に他方の意思表示が有効になされていたとしても、意思の合致がないので、契約は成立しません。

2 意 思 能 力

1 意思表示をする能力

　まずは、自分の行為の結果や意味を理解することができない人がした意思表示の効果について見てみましょう。

　たとえば、3歳の幼児が、保護者の目を盗んでお店で売られているお菓子をレジに持って行き、「これください」と言ったとしましょう。確かに、この幼児はお菓子を欲しいのかもしれません。でも、まさかお店で「ください」と言えば「買う」ことを意味していて、「値段に応じたお代を支払います」という意思を表示していることになるなんて、思いもよらないことでしょう。また、大人であったとしても、認知症や精神障がいによって、自分の行為がどのような法的な意味を持つのか理解ができない場合もあります。

　このように、自分の行為がどのような法的な意味を持つのか理解しないまま申込みや承諾をしたとしても、それに法律上の意味を持たせることはできません。

そこで、意思表示をすることの大前提として、きちんと自分の行為の結果を判断できる能力が必要になります。この能力のことを、**意思能力**といいます[*3]。

2　意思能力がないことの効果

意思能力がない場合、たとえ意思表示のような行為をしたとしても、法的な効果が発生することはありません。この場合は、契約は不成立、すなわち無効になります（3条の2）。このようにして、民法は、意思能力のない人がその意味を理解しないままに契約に拘束されることのないよう保護しているのです。

3　「無効」とは

ある法律行為[*4]の効果を否定する方法として、法律には「無効」と「取消し[*5]」があります。無効とは、契約が成立するために必要な要件がそろっていないため、一見すると当事者の意思が合致しているようには見えていても、その契約の効果ははじめからまったく生じていないことをいいます。ですから、3歳児の「これください」という言葉は、法的な意味を持たないのです[*6]。

卑近な例ですが、好きな人に告白するつもりで「月がきれいですね」と言ったが[*7]、相手は文字どおりの意味で理解して「そうですね」と言ったようなとき、告白したほうは告白にOKがもらえたつもりでも、実はおつき合いをするという合意はそもそも成立していなかった、というイメージですね。

3　心裡留保
しんりりゅうほ

1　意思表示の失敗

では、意思能力がある人ならば、いつも的確な意思決定ができ、それを正確に他人に伝えることができるかといえば、そうとも限りません。嘘や冗談など、自分の本心とは異なることを表明する人もいます。自分の勘違いに基づいて契約を結んでしまう人もいます。はたまた、だまされたり、おどされたりして、本当は望んでいない契約を結んでしまうこともあるでしょう。

他者に対してこのような意思表示をしてしまったとき、一度相手に表示した意思を後から一方的に「さっきの契約は、なかったことにするね！」というのは、意思表示を受けた相手の予測を裏切り、相手に不利益を与える可能性があります。ですから、できるだけ相手に不利益がないように配慮することも求められます（契約の相手を保護する必要性）。

✓ここも／CHECK
*3　意思能力は、子どもでもだいたい7～10歳にはそなわっていると考えられています。もちろん個人差や、契約の複雑さによって変動します。

民法3条の2
法律行為の当事者が意思表示をした時に意思能力を有しなかったときは、その法律行為は、無効とする。

*4　法律行為について、詳しくは、第1章（p.5）を参照。

*5　無効と取消しについて、詳しくは、本章5③（p.53）を参照。

★ポイント★
*6　無効は、だれからでも（表意者だけでなく契約の相手や第三者も）主張することができます（表4-1を参照）。

✓ここも／CHECK
*7　文豪夏目漱石が「I love you」を日本語では「月がきれいですね」と表現したという伝説から、しばしば愛情表現の決まり文句として使われるのです。

　民法は、本心ではない意思を表示してしまった場合のルールについて、表意者と、意思表示を受けた相手や、第三者との利益を調整するための制度を定めています。以下では、表意者の落ち度（帰責性）の大きさに応じて、心裡留保、虚偽表示、錯誤、詐欺・強迫による意思表示の効果を見ていきましょう。

② 心裡留保の効果──当事者に対して

　まずは、嘘や冗談を言った場合を見てみましょう。ストーリーでケンタは、タケヨシから「ミサキを誘えたら、寿司をおごって」と言われ、これに対して「オッケー」と承諾しています。しかし、ストーリー後半でのケンタの戸惑いようを見れば、ケンタが本当は「寿司をおごる」という意思を持っていなかったことがわかります。つまり、ケンタは本心では「寿司をおごるつもりはない」のに「寿司をおごる」という表示を、タケヨシに対してしてしまったのです。

　このように、ある意思表示について、実はその表示した意思と表意者の本心（真意）は違っているにもかかわらず、表意者がわざと本心とは異なる意思を表示することを、**心裡留保**といいます^{*8}。

　民法93条1項では、表意者がその真意ではないことを知って意思表示をした場合であっても、そのために意思表示の効力は妨げられないことが定められています。つまり、真意ではないことをわかっていながら相手に意思を表示した表意者は、原則として、真意でなかったので意思表示は無効だ、と主張することはできないということです。

　意思主義の考え方では、意思表示が真意に基づくものでなければ無効であるはずです。なぜ、民法93条1項は、真意ではない意思表示でも原則「有効」としているのでしょうか。これには、次のような理由があります。表意者が真意とは違うことを表示したとしても、相手はその表示を真意によるものだと信じてしまう可能性があります（場合によっては相手がすでに契約のために準備を始めてしまう可能性もあります）。なぜなら、表意者が本心でそう言っているのか、そうでないのかは、相手からは判断がつかないからです。そうであれば、相手が意思表示を信頼して契約を結んだことの責任は、真意ではない意思表示をわざとした表意者が負うべきです。このように、民法は、「表意者の自己決定」を尊重しつつ、表意者がわざと真意でない意思表示をしたことについての「表意者の落ち度（帰責性）」の大きさと、「契約を信頼した相手を保護する必要性」という点から見て、心裡留保の意思表示の効果は、原則「有効」としているのです。

　ただし、例外として、意思表示の相手が、その意思表示は真意に基づくものではないことを知っている、あるいは、通常の人であれば知ることができるような状況だったのに、真意ではないことを見抜けなかった場合には、その意思表示は

無効となります（93条1項ただし書）。相手がはじめから嘘や冗談だとわかっている場合や、嘘や冗談だと判断できたような場合には、相手を保護する必要がありませんから、例外的に、意思表示の無効が認められるのです。

③ 第三者への影響

　もし、心裡留保による意思表示の影響が第三者にも及んでしまった場合はどうなるでしょうか。次の例を見てみましょう。おつき合い中のA男とB女が別れ話をしていたところ、なかなか関係を切れないことにあせったA男が、B女に対して「もう、車でもなんでもあげるから別れてくれ！」と、勢いあまってその気もないのに言ってしまったとしましょう。それを後日、「あのとき車をあげると言ったけれど、本心ではなかったから返してほしい。ぼくがあの車を手放す気がないことくらいわかってたよね？」と意思表示の無効を主張したとします。このとき、B女はA男が本心で意思表示をしていないことを知っていたとしましょう。しかし、B女はすでに車を第三者Cに転売して、Cに引き渡した後でした。さて、A男はCに対して、B女への贈与は無効だったので、車を返してくれと言えるでしょうか。

　確かに、B女がA男の発言がデマカセだと知っていれば、車の贈与は無効ということになるでしょう。しかし、贈与が無効であれば車はB女のものにはなっていなかったことになり、B女は車をCに売ることはできなかったはずなので、B女とCの取引もやはり無効になるはずです。

　しかし、もし、このとき第三者のCが、A男とB女とのあいだの出来事（心裡留保による契約の無効）を知らなかったとしたら、どうでしょうか。Cが、A男B女との取引が無効だと知らず、B女が車の持ち主だと信頼してB女と取引をしたのであれば、後からA男がCに対して「車を返せ」と主張するのは、あまりにも理不尽にCの期待を害することになります。

　民法93条2項は、この場合、前項（93条第1項）のただし書による意思表示の無効は、善意の第三者に対抗することができないとしています。法律用語で「善意」というのは、「ある事実を知らないこと」を意味します。[*9]「対抗する」とは、自分の権利を他人に主張することです。つまり、仮に心裡留保による意思表示の無効が認められる場合であったとしても、そのことを善意の（＝無効であるとは知らない）第三者に主張することは許されないのです。

　先の例でいえば、CがABの贈与契約が無効になることを知らなかったならば、もはやA男は車の返還を主張することはできません。ここでも法は、第三者の取引に対する信頼と、表意者の落ち度を天秤にかけて、両者の保護のバランスをとっているのです。

民法93条
2項　前項ただし書の規定による意思表示の無効は、善意の第三者に対抗することができない。

*9　詳しくは、次のミニコラム（p.50）を参照。

49

Mini **Column**……善意と悪意

*10 より詳しくは、幡野弘樹「善意・悪意」『法学セミナー』605号 pp.22-23

　民法93条2項で出てきた「善意の第三者」と聞くと、さぞ親切で誠実な人物なのだろうと思うでしょう。ところが、民法では「善意・悪意」とは、原則として「ある事実を知らないこと・知っていること」を意味しています。とりわけ意思表示に関する規定では、「善」「悪」という字が一般的に持っているイメージとはまったく関係なく、ただ単に「知っているか知らないか」ということでしかありません。[*10]

　意思表示の規定のなかには、後述するように「善意」の第三者という言葉が多く出てきます。注目してほしいのは、第三者はなにを知らなかった場合に保護されるのかということです。そして、なぜ第三者はその「なにか」を知らないと保護されるのかということも考えてみましょう。

4　虚偽表示

① 虚偽表示とは

　虚偽表示（きょぎひょうじ）とは、契約の当事者どうしが口裏を合わせて、あたかも契約をしたかのような見た目をつくり出すためにした意思表示のことです。

　たとえば、自分の持っている土地を他人に売ったことにしておくと都合がいいAが、Bに相談して、この土地を売ったことにして、登記上の持ち主（所有者）[*11] の名義をAからBに移すことがあります。なんのためにわざわざそんなことをするのかと思うかもしれませんが、財産の差押えを逃れる目的で自分の財産を（一時的に）他人の財産にまぎれ込ませる、あるいは他人に土地を譲る際の税金を節約するために、本当は「あげた（贈与）」のに書類上「売った（売買）」ことにしておくなど、さまざまな目的で虚偽表示がなされることがあるのです。

CHECK
ここも
*11 土地や建物は、外から見ただけではだれが持ち主なのかを知ることはむずかしいですよね。たとえば、その土地や建物を使用している人が持ち主とは限りません。そこで、日本では、土地建物の持ち主は、自分の権利を登記というデータベースに記して、自分が持ち主だということを公に示す制度（不動産登記制度）を採用しています（第5章も参照）。

② 虚偽表示の効果

　民法94条1項は、虚偽表示の効果を無効と定めています。これは、真意ではない表示は無効となるという考え方がそのままあてはまっています。さらに、虚偽表示の相手も、この表意者の意思表示が本心ではないことを知っていますから、相手の信頼を保護する必要もありません（ここが心裡留保と虚偽表示の違いです）。したがって、先の例で言えば、土地の持ち主であるAは、Bに対して移転した登記名義を改めてAに戻せと請求することができますし、Bから土地の引渡しを請求された場合に、これを拒むことができます。

民法94条
相手方と通じてした虚偽の意思表示は、無効とする。
2項 前項の規定による意思表示の無効は、善意の第三者に対抗することができない。

③ 虚偽表示の要件

虚偽表示であることを理由に契約の無効を主張する場合、次の要件がそろっていることが必要です。まずは、①表示されている内容が真意とは異なること。そして、②当事者が、真意ではないことを認識しながら、あたかも表示どおりの真意があるかのように装うことに合意していることです（②の合意のことを通謀というので、通謀虚偽表示ともいいます）。

④ 第三者への影響

虚偽表示によってつくられた見せかけの契約状態は、当事者のあいだでは無効です。ところがこの無効は、心裡留保のときと同じように、第三者にも影響を与える可能性があります。先ほどのAとBの土地の売買（という虚偽表示）の例で見てみましょう。虚偽の売買の買主であるBが、（本当はAのものであるはずの）土地の登記名義が自分にあることをいいことに、あたかも本当の土地の持ち主であるかのように振る舞います。そして、まさかBが登記名義を取得する過程で虚偽の合意がされているとは知らない（善意）Cが、Bとその土地について取引した場合を考えてみましょう。

ABの売買が虚偽表示のために無効となると、土地の持ち主ではないBと取引をしたCは、土地を手に入れられないことになります。[*12]

しかし、そもそもBが勝手にAの土地を処分できてしまう状況をつくり出したのは、A自身の行い（虚偽表示）のせいです。他方、なんの落ち度もないCが、あとから取引の結果をひっくり返されるのは理不尽な話です。

そこで、民法94条2項は、善意の（虚偽表示によってABの契約が無効だと知らない）第三者[*13]に対して、虚偽表示をした者がその意思表示の無効を主張することを許しません。[*14]ここでも、「表意者の落ち度」と「第三者の保護の必要性」とのバランスをとっていることがわかります。

⑤ 民法94条2項の類推適用

民法94条2項は、当事者がお互いに口裏を合わせたうえで見せかけの契約状態をつくっている場合に、第三者を保護することを目的としたルールです。しかし、もし「口裏を合わせた」という事実（虚偽表示の要件②）がなければ民法94条2項を適用できないとすれば、口裏合わせがなかった場合（たとえば、先のAが他者から土地を買う際に、節税のため、勝手に土地の名義を「B」としておいたところ、Bがそれをよいことにその土地をCに売った場合など）には、第三者は保護されないこ

✅ ＼ここも／
CHECK
*12 Cは登記を確認したうえで持ち主をBだと信じている場合もあります。しかし、民法には、登記に虚偽の内容が記されていた場合に、その内容を真実だと信頼した人が結んだ契約だとしても、それを有効とする規定はありません。

🔍 ★ポイント★
*13 「第三者」とは、虚偽表示による虚偽の契約で引き渡された物を次に取得した人など、法律上の利害関係を持った人に限られます（大判大正5年11月17日）。

🔍 ★ポイント★
*14 このとき「無過失」要件は必要ありません（大判昭和12年8月10日）。虚偽表示をした者の帰責性が大きいので、第三者は善意であれば保護されるのです。

とになります。「口裏を合わせた」という事実があったかどうかによって結論が変わってしまってもよいのでしょうか。

　先のとおり、民法94条2項が第三者を保護する根拠は、本当の権利者に、虚偽の権利状態を自らつくり出したという落ち度があることです。そうであれば、本当の権利者が「自ら虚偽の権利状態をつくり出した」といえるような場合には、たとえ「口裏合わせ」そのものがなかったとしても、その虚偽の権利状態を信じた第三者の信頼を保護することが公平と言えます。この場合は、民法94条2項を<ruby>類推適用<rt>るいすいてきよう</rt></ruby>することで、Cを保護することができます。

Mini Column……類推適用（類推解釈）

　類推適用というのは、法律の適用方法のひとつです。法律に決められている制度やルールというのは、その制度やルールを使うべき具体的な場面が想定されています。そして、その場面かどうかを判断するために、条文やその解釈から導かれる「法律要件」を満たしているかチェックすることが必要になります（たとえば、「授業中に私語をした場合には即退室」というルールがある場合、これは授業中に授業と関係のない会話をしている者がいたような場面を想定しており、「授業中であること」「私語をしたこと」という要件を満たしていると「退室」という効果が発生します）。

　ところが現実のトラブルでは、必ずしも法律の想定した場面にぴったり合った状況にはなっていないことが多くあります。

　そこで、法律が具体的に想定していた場面とは少し違うけれど（つまり直接法律を適用することはできないけれど）本質的な部分では類似した状況であり、その法律の趣旨から考えれば、その法律を適用すべきであるという場合には、法律を類推して解釈し、適用することができます。これを類推適用といいます。先の例で、たとえば友達と筆談していた人がいた場合を考えてみましょう。もし授業中に私語を禁止したルールの趣旨が「授業に集中すること」であれば、たとえ筆談であっても、授業に集中していない点では私語と同じなので、「即退室」というルールを類推適用することも妥当だといえます。ところが、もしルールの趣旨が「授業を妨害するような行為をしてはならない」ということであれば、少なくとも筆談での会話は他の学生や教員に迷惑をかけるものではありませんから、たとえ会話をしていなくても「即退室」というルールを類推適用することはできないことになります。このように、法律を使うためには、法律の趣旨を理解しておくことはとても大切なのです。

5　錯　誤

① 錯<ruby>誤<rt>ご</rt></ruby>とは

　<ruby>錯誤<rt>さくご</rt></ruby>とは、いわゆる思い違いのことです。すべての人が正確な情報を正確に理

解・分析して正確に意思表示ができる……のであれば、取引でトラブルも起きないでしょう。しかし、人間ですから、自分でも気づかないうちに自分の意図しない契約を結んでしまうことがあります。言い間違い、書き間違い、そして勘違い、そのような状態で契約を結んでしまった場合には、一度してしまった意思表示を取り消すことができます。

この錯誤にはいくつかのパターンがあります。まずは、先に見た心裡留保の場合と同じく、真意とは異なることを表示してしまっていて、それに表意者が気づいていない場合です（これをパターン①とします）。たとえば、ケーキを10個注文するつもりが注文票に70個と書いてしまったような場合や、「ピザまんがほしいな」と思いながら、口では「肉まんください」と言っていたような場合です。いわゆる書き間違い、言い間違いです。あるいは、「和牛」を「国産牛」と同じ価値のものだと勘違いしていて、「国産牛5 kg」のつもりで「和牛5 kg」の売買契約をしてしまうように、表示の意味内容についての勘違いの場合です。

もうひとつは、真意に基づいた意思表示をしてはいるけれど、じつはその真意を抱く原因となった事実認識に思い違いがあったような場合です（これをパターン②とします）。ストーリーのケンタの話に戻りますが、ケンタは登山用のシューズを買う際に、高級アウトドアブランド「FONT BELL（フォンベル）」だからこそ買おうと決めました。ところが、実際は「PONT BELL（ポンベル）」をフォンベルだと間違えていました。このときのケンタの内心には、「このシューズを買おう」という真意があり、その意思をそのまま表示して契約を締結しているので、この点で意思と表示は合致しています。しかし、買おうと思った動機（この場合はブランド）について誤認があるのです。このような思い違いもまた、錯誤になります。

② 錯誤の効果──当事者に対して

民法95条では、パターン①②どちらの錯誤についても、契約の目的や、取引社会での常識から考えて重要な錯誤であったときには、意思表示を取り消すことができるとしています（95条1項柱書）[*15]。錯誤の状態で意思表示をしてしまった表意者に意思表示の取消しを認めることにより、表意者を保護することがこの規定の目的です。[*16]

③ 「取消し」とは

取消しとは、本章1③でも紹介した、法律効果を否定するやり方のひとつです。取消しは無効とは異なります。一度は有効に契約が成立していたとしても、後に

取消しの意思表示をすると、その契約の効果はまったく生じていなかったことになります（121条）。ただし、取消しによって契約が無効になるのは、あくまで取り消された契約の当事者のあいだだけです。ここでも、取消しをする者（取消権者）と、契約が有効なうちに取引に参加した第三者の信頼保護とのバランスを考える必要があります。[17]

*17 詳しくは、本節⑥（p.57）を参照。

④ 錯誤の要件

民法95条
1項 意思表示は、次に掲げる錯誤に基づくものであって、その錯誤が法律行為の目的及び取引上の社会通念に照らして重要なものであるときは、取り消すことができる。
一 意思表示に対応する意思を欠く錯誤
二 表意者が法律行為の基礎とした事情についてのその認識が真実に反する錯誤

民法95条は、錯誤の状態で意思表示をしてしまった表意者を保護する規定です。先の心裡留保や虚偽表示と比べると、表意者の帰責性は大きくありません。しかし、ここでもやはり契約相手の取引に対する信頼に配慮することが重要です。表意者が錯誤の状態にある（＝契約を取り消されるかもしれない）のか、はたまた適切な意思表示ができているかということは、はたから見ている契約相手にはわかりません。そのため、錯誤のなかでも取り消すことができるのは、「取り消せるだけの理由がある錯誤」に限られるのです。そこで、次のような要件を設けています。

錯誤の要件を知るには、民法95条の内容をきちんと理解する必要があります。民法95条1項には、どのような意思表示が「取り消すことができる」と書かれているでしょうか。まず、「次に掲げる錯誤」がある意思表示については、取り消すことができるとして、1号には「意思表示に対応する意思を欠く錯誤」（1号錯誤）、2号には「表意者が法律行為の基礎とした事情についてのその認識が真実に反する錯誤」（2号錯誤）が規定されています。1号錯誤は先述のパターン①のような錯誤を、2号錯誤がパターン②のような錯誤のことを指しています。

さて、このように1号錯誤と2号錯誤に分けている理由は、錯誤のパターンによって取消しの要件（つまり、取り消すために超えなければならないハードル）が異なるからです。それぞれ見ていきましょう。

(1) 1号・2号に共通の要件

1号錯誤、2号錯誤を取り消すためには、次の2つの要件が必要です。

まず、その錯誤が「法律行為の目的及び取引上の社会通念に照らして重要なものである」ことです（95条1項柱書）。その錯誤は、ささいな勘違いなどではなく、契約をするうえで肝心な部分に思い違いがあることが必要だということです。なにが「重要なもの」かを判断する際には、次の2つのポイントがあります。

1つめは、もしその錯誤がなければ、表意者はそんな契約をしなかったこと（因果関係）が必要です。2つめは、表意者自身がそれを重要なものだと考えていただけでなく、通常の人が同じ契約をするときも、それを重要と考えるだろう、と言えることです。[18] たとえば、登山シューズを買う際には、山道に耐え得るだけの

★ポイント★
*18 たとえば、判例によれば、売買契約における「重要なもの」として、買主がだれか（最判昭和29年2月12日）、売買目的物の数量、価格（大判昭和9年12月26日）、性状（最判昭和33年6月14日）が問題となります。

凹凸が靴底にあるかどうかは重要なことですが、シューズの色は人によっては必ずしも重要ではない、というイメージです。

次に、上記の要件にはあてはまっても、表意者が「重大な過失」によって錯誤になっていた場合には、意思表示を取り消すことができません（95条3項）。「重大な過失」というのは、普通の人ならば、すこし注意をすれば勘違いに気がつけたはずのところを、表意者に明らかな不注意があったがために勘違いをしたような場合です。それほど不注意な表意者は、契約相手の取引への信頼を犠牲にしてまで、法律で保護する必要がないのです。

(2)　「重大な過失」があっても取り消せる場合

本来は表意者を保護することが目的の民法95条も、表意者に「重大な過失」があるときまで表意者を保護してはくれません。表意者に取消しを認めることは同時に、契約相手にとっては、契約に対する信頼を裏切ることにもなるからです。

そうであれば、取消しによって相手の契約に対する信頼が失われると言えない場合には、たとえ表意者に重大な過失があった場合であっても、やはり取消しを認めることが妥当です。そこで、①契約の相手が、表意者が錯誤状態にあることを知っていたときや、表意者が錯誤状態であることに重大な過失によって気づくことができなかったとき、または、②契約の相手も表意者と同じ錯誤状態にあったときには、表意者は意思表示の取消しを主張することができます（95条3項1号・2号）。

(3)　2号錯誤（パターン②）の要件

パターン②の2号錯誤にいう「法律行為の基礎とした事情」は、契約をする動機となった事柄などを指します。[*19]この場合に契約を取り消すためには、錯誤が「法律行為の目的及び取引上の社会通念に照らして重要なものである」ことに加えて、表意者が法律行為の基礎とした事情を「契約相手に表示していること」が必要です（95条2項）。つまり、契約をする動機となった事柄を、契約の際に契約相手に対して表示しており、相手もその動機ゆえに契約していることを認識している場合に、取消しができるのです。

なぜ、2号錯誤では相手に動機を表示していることが求められるのでしょうか。その理由のひとつには、契約の動機は通常相手が知り得ない事情であることがあげられます。先の例でいえば、ケンタは購入ボタンを押した時点でポンベルをフォンベルだと勘違いしていますが、そんなことは契約の相手は知るよしもありません。ですから、そのことで錯誤だといって契約を取り消すとすれば相手に予期しない不利益をあたえてしまう可能性があります。そこで、この動機を表示することによって契約相手にも動機が伝わっていることを要件として付加して、表意者が取り消すためのハードルを高くして、表意者と相手との保護のバランスをとっているのです。

民法95条

3項　錯誤が表意者の重大な過失によるものであった場合には、次に掲げる場合を除き、第1項の規定による意思表示の取消しをすることができない。
一　相手方が表意者に錯誤があることを知り、又は重大な過失によって知らなかったとき。
二　相手方が表意者と同一の錯誤に陥っていたとき。

民法95条

2項　前項第二号の規定による意思表示の取消しは、その事情が法律行為の基礎とされていることが表示されていたときに限り、することができる。

CHECK

*19　実際、取引のなかで生じる錯誤のほとんどは2号錯誤だと言われています。このパターンは具体的には、性状の錯誤（性能や品質に関する錯誤）や、前提事情に関する錯誤（ほかにも保証人がいると思って連帯保証契約を結んだら、実際には連帯保証人が自分一人だったというような場合、最判昭和32年12月19日）があります（四宮和夫・能見善久『民法総則［第9版］』弘文堂、2018年）。

⑤ インターネットショッピングと錯誤

　いわゆるネットショッピングでは、自分でお店に行き、商品を手に取って買い物をするよりもずっと錯誤が生じやすくなります。商品情報はすべて文字と写真のみが頼りになりますが、場合によっては写真が小さかったり、写真の撮り方で色味などが実物とずいぶん違っていたりと、必要な商品情報が探しにくい状況で買い物をすることになるからです。さらに、本当に「ポチッと」、ボタンを押すだけで物理的にも簡単に契約できてしまうことが、錯誤状態での契約を助長してしまうのです。

　民法95条では、確かにこのような錯誤を取り消すことができますが、「よく確認もせずに契約をした」という点に3項の「重過失」があるとみれば、契約を取り消すことができないことになってしまいそうです。しかし、それでは消費者（企業など取引のプロではない個人）の保護に欠けてしまいます。

　そこで、「電子消費者契約に関する民法の特例に関する法律」が、インターネット上での契約について特別な規定を置いています。その3条では、ネットショッピングで購入ボタンを押すなどして売買契約の意思表示を送信したときに、契約する意思がなかった場合（1号）、あるいは、本当に購入したいと考えているものとは異なる商品を購入してしまった場合（2号）には、民法95条3項を適用しないと規定し、消費者の保護をはかっています。

　もっとも、軽率に買い物をする消費者ばかりが保護されては、売主である事業者はうっかり者にふり回されて安心して取引に応じることができません。そこで、事業者は、購入手続のなかで、消費者の意思をきちんと確認する画面（いわゆる「確認画面」）を用意していれば、同3項を適用することを認めて、消費者と事業者の利益のバランスに配慮しています[20]（3条ただし書）。ケンタがもし、確認画面を

意思表示に対応する意思がない錯誤【パターン①】
【要件】
・錯誤が法律行為の目的及び取引上の社会通念に照らして重要なものであること（95条1項柱書き）
・重大な過失による錯誤ではないこと（95条3項）

表意者が法律行為の基礎とした事情についてのその認識が真実に反する錯誤【パターン②】
【要件】
・錯誤が法律行為の目的及び取引上の社会通念に照らして重要なものであること（95条1項柱書き）
・その「基礎とした事情」が法律行為の基礎であることが契約相手に表示されていること（95条2項）
・重大な過失による錯誤ではないこと（95条3項）

図4-1　錯誤のパターンと要件

経て注文を確定していれば、もはや錯誤を理由にして取消しを主張することはできないのです。

6 第三者への影響

前述したとおり、錯誤による取消しを認める目的は、表意者を保護することです。しかし、ここまで学習してきたみなさんならもうおわかりだと思いますが、いくら思い違いで結んでしまった契約とはいえ、その契約を正常な取引と信じている第三者に迷惑をかけてまで取り消すことは許されません。

たとえば、Aが自分の持っている絵画をレプリカ（贋作）だと思い、Bに安く売ったとしましょう。ところが、後からその絵画は本物で、Bに売った値段の何十倍も価値があることがわかり、AがBに錯誤による契約の取消しを主張します。ところが、Bはすでにその絵画を別のCに売ってしまっていた場合を考えてみましょう。AはCに対して「Bとの契約は取り消したので、その絵画を返してほしい」と主張できるでしょうか。

民法95条4項は、錯誤があったことについて善意で、かつ、善意であることに過失がない第三者に対しては、取消しの効果を主張することができないと定めています。つまり、上の例では、CがAとBとの契約が錯誤に基づくものだったということを知らず（善意）、通常同じ立場の人が注意をしてもそのことに気がつかなかった（無過失）ようなときには、AはCに対して取消しを主張することができません。

民法95条
4項 第1項の規定による意思表示の取消しは、善意でかつ過失がない第三者に対抗することができない。

ここで、虚偽表示と錯誤とで、第三者が保護されるための要件を比べてみましょう。虚偽表示による契約の無効は、「善意」の第三者に対して主張できませんでした（94条2項）。これに対して、錯誤による契約の取消しは、「善意」かつ「無過失」の第三者に主張できないと規定しています。つまり、先のCは仮に善意であっても、知らないことについて過失があれば、Cは保護されず、Aに絵画を返還しなければならないのです。虚偽表示では、表意者がみずから嘘の契約を結んでいる点で表意者の落ち度が大きいですが、錯誤では、表意者自身が錯誤に気がつかずに契約を結んでしまっていますから、虚偽表示に比べて表意者の落ち度が小さいと言えるのです。ですから、錯誤については、第三者が保護されるためのハードルを高めることで、表意者の保護と、第三者の取引に対する信頼保護とのバランスがとられているのです。

6 詐　欺

1 だまされた！おどされた！

　それでは、冒頭のストーリーで、仮に、ケンタの商品についての勘違いが、ネットショッピングの売主（あるいは第三者）によって意図的に引き起こされた勘違いだったとすると、どうでしょう。つまり、売主が、意図的に"PONT BELL"を"FONT BELL"と思い違うような仕方でシューズを売っていたような場合です。こうなると、ただのうっかりケンタの勘違いとは話が違ってきます。

　だれかからだまされたことによって錯誤の状態にさせられて（**詐欺**）、あるいは、暴力やおどしによって（**強迫**）、契約を結んだとしても、その意思表示は取り消すことができます。契約をしたときに自由に判断ができる状態になかったのであれば、その表意者を保護する必要があるからです。[*21]

✓ここも✓
CHECK
*21 詐欺や脅迫した者を罰するのは刑法です。民法ではあくまで表意者の保護を考えます。

2 詐欺の要件

　たとえば、「激うまコロッケ弁当」という商品がたいしておいしくなかったとか、「だれでも簡単に使える」という触れこみの製品がわりと使うのに慣れが必要だったとか、そういったものまですべて「詐欺だ！」といって取り消すことができるわけではありません。詐欺といえるためには、詐欺を行う者（詐欺者）に、「表意者をだまして、意思表示をさせる意図（故意）」がある必要があります。また、その行為が、「違法」と言える場合でなければいけません。違法な行為とは、虚偽の情報や、事実とかけ離れた情報を相手に伝えることだけでなく、相手が表意者にとって重要な情報を伝えていないことも含まれます。[*22] これは、契約の当事者の持っている情報量に大きな格差がある場合に、とくに問題になります。

🔍 ★ポイント★
*22 消費者契約（事業者と消費者間の契約）や特定商取引に関する法律では、情報格差のある当事者の取引で見られる詐欺的な行為によって、消費者（購入者）が錯誤状態で契約してしまった場合の取消しを認めています（消費者契約法4条1項・2項、特定商取引法9条の3）。

3 詐欺の効果

　詐欺によって意思表示をしてしまった表意者は、その意思表示を取り消すことができます（96条1項）。契約相手からだまされた場合、もっぱら表意者に落ち度はなく、相手を保護する必要もないという点で、心裡留保、虚偽表示、錯誤とは大きく異なります。

🕊 民法96条
1項 詐欺又は強迫による意思表示は、取り消すことができる。

4 第三者による詐欺

詐欺をはたらく者は、なにも取引相手とは限りません。たとえば、AがCにだまされて、Bに家宝の壺を売ってしまったというような場合を考えてみましょう。このときも、だまされたAが自由な意思で契約していないことには変わりありません。しかし、契約相手のBにとっては、AがCから詐欺を受けたために契約しているのかどうかわからない場合もありますから、契約相手の取引に対する信頼の保護にも目を向ける必要があります。このことから、契約相手のBが、Aが詐欺にあっていることを知っていたか、知ることができたとき（CとBが仲間どうしのような場合ですね）に限り、Aは取り消すことができます（96条2項）。

民法96条
2項 相手方に対する意思表示について第三者が詐欺を行った場合においては、相手方がその事実を知り、又は知ることができたときに限り、その意思表示を取り消すことができる。

5 第三者への影響

先の例で、すでに壺はBの手元を離れ、詐欺の事情についてなにも知らないDが持っていたとします。民法96条による取消しは、詐欺があったことについて善意で、かつそのことに過失がない第三者には主張することができません（96条3項）。すなわち、AはBに対して契約の取消しを主張することはできても、そのことを理由に善意・無過失のDに対して「壺を返してくれ」とは言えないのです。だまされたAには不憫（ふびん）かもしれませんが、ここでもやはり取引に対する信頼の保護が求められているのです。

民法96条
3項 前2項の規定による詐欺による意思表示の取消しは、善意でかつ過失がない第三者に対抗することができない。

7 | 強　　迫

1 強迫（きょうはく）の効果

表意者が、自由に判断することを妨げられるケースの最たるものが強迫（きょうはく）、つまり、だれかにおどされて無理やり契約させられたような場合です[23]。仮に表意者が「本当は契約したくない」と思っていても、強迫によって（たとえば「お前の住所はわかっている」「家族がどうなってもいいのか」などと言われて）「仕方がないから契約しよう」と思って契約した場合には、いちおう、意思に基づいて契約が成立しています。したがって、効果は「取消し」になります。

強迫を受けてした意思表示ならば、その強迫を行った者が契約相手であろうと、第三者であろうと、取り消すことができます。もっとも、あまりにも悪質性の強い強迫によって実質選択の自由がないような状況で結んでしまった契約は、そもそも意思がないので無効とされることもあるでしょう[24]。

✅ \ここも/
CHECK
*23　同じ「キョウハク」といっても、民法では「強迫」、刑法では「脅迫」（刑法222条）という別の概念なので区別しましょう。強迫とは、「強暴・脅迫」を縮めた言葉です。

🔍 ★ポイント★
*24　消費者契約では、消費者（購入者）が事業者（契約の相手）の行為によって困惑したために契約してしまった場合の取消しを認めています（消費者契約法4条3項）。

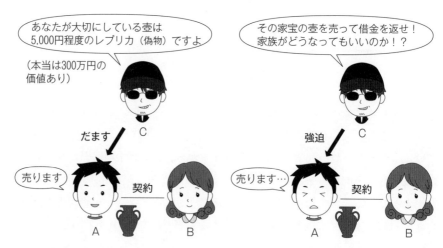

図4-2 第三者による詐欺と強迫のちがい

2 強迫の要件

　強迫といっても、なんでもかんでもおどせば強迫というわけではありません。つき合っている彼女から「ハリーウィンストンの指輪を買って。でなきゃ別れる」といわれ、ほれた弱みでプレゼントしたものの、後日に破局した際「あれは強迫されて贈与したものだから、取り消す」と（元）彼女に法的に主張できるかといえば、やはりそこまで法律は面倒をみてはくれません（彼女の気持ち次第では返してくれるでしょうけれど）。

　この「強迫」と認められるためには、相手に害悪を加えることを告げて（強迫行為）、相手を畏怖させることによって意思表示が引き出されていること（因果関係）が必要です。詐欺と同様、強迫者が、表意者を畏怖させ契約させることを意図して強迫を行っていることも必要です（故意）。

　さらには、そこに「違法性」も求められます。ただし、どのような行為を「違

表4-1 契約における民法93条～96条の効果（無効と取消し）のちがい

	効果	主張できる人	主張できる期間
無効	はじめから契約は成立していない	だれでも主張できる	期限の規定なし
取消し	取り消すまでは契約は有効に成立している。取消し後は契約時にさかのぼって無効になる	取消権のある者のみが主張できる（表意者およびその代理人・承継人もしくは同意をすることができるもの）（120条2項）	制限規定あり（126条）

参考：遠藤研一郎『民法総則［第2版］』中央経済社　2020年　p.177

表 4 - 2　意思表示に関する規定の対比

	表意者の落ち度	意思表示の効果（原則）	契約相手の保護の要件（例外）	第三者の保護の要件
心裡留保	大	有効	善意・無過失	善意
虚偽表示		無効	なし	善意
錯　誤（重過失）		取り消すとはじめから無効	善意・無重過失	善意・無過失
錯　誤	小		―	
詐　欺		取り消すとはじめから無効	（第三者詐欺の場合のみ）善意・無過失	善意・無過失
強　迫	無	取り消すとはじめから無効	―	―

参考：中舎寛樹『民法総則［第 2 版］』日本評論社、2018年、p.164

法」とするかには明確な判断基準があるわけではありません。強迫の手段が不適法かどうかや、強迫の目的が不当かどうかという点を相互に関連させて判断されています。もし、先の彼女が片手に包丁を持って指輪をおねだりしたとすれば、違法性が認められる可能性は十分にあります。

⚖ まとめの問題 ‥‥‥‥‥‥‥‥‥‥‥‥‥‥‥‥‥‥‥‥‥

【〇×問題】
　① 民法では、真意とは異なることを相手に表示したとき、その意思表示は常に無効になる。　□
　② 錯誤状態で意思表示をしてしまったとき、契約相手が錯誤について善意・無過失であった場合は取り消すことができない。　□
　③ 強迫されたことで意思表示をしてしまった場合、その意思表示の取消しは、善意・無過失の第三者に対して主張することはできない。　□

【演習問題】
　冒頭のストーリーでは、タケちゃんが「お寿司をおごって」と言った（申込み）のに対してケンタは「オッケー」と言いました（承諾）。さて、安請け合いをしたものの、大学生ケンタにとって「回らないお寿司」は高い買い物で、本気で「オッケー」したわけではありませんでした。ケンタはタケちゃんに対して承諾の意思表示をなかったことにすることはできるでしょうか。

　ヒント　民法93条～96条のうち、どのルールが適用できるでしょうか。ケンタの真意と表示が合致しているか、一致していないかを考えましょう。次に、タケちゃんは本気でケンタが回らないお寿司を自分にごちそうすることができると思っていたか、考えましょう。

☕Column②……代　　理

　みなさん、ミステリ小説やミステリ漫画は読んだことがありますか。そのなかで、陸の孤島という言葉を聞いた人がいるかもしれません。陸の孤島──通信と交通が遮断されてしまった空間のことです。むかしの作品では、陸の孤島をつくるのがとても簡単でした。つり橋を落として電話線でも切っておけばよかったのですが（おそらく「電話線ってなんだろう」という読者もいると思います）、今では秘密兵器があるので簡単に突破されてしまいます。そう、スマートフォンですね。パッと警察に通報して終わりです。

　これと同じ悩みが、この代理のコラムでも発生しています。むかしは「大阪と東京で同じ日時に打ち合わせがあって……」というお話から始めていましたが、今ではテレビ会議やチャット会議があるので問題は解決してしまいます。

　しかし、仮に当事者がICTオンチだとして、「機械などわからん！」という苦情がとんできたとしましょう。そういうときに出てくるのが、**代理**という制度です。第1章では、契約を結ぶためには意思表示をしないといけないことがわかりました。しかし、テレビ会議もチャット会議もできないとなると、本人は大阪に行き、もうひとりが代わりに東京へ行く、ということになります。この代わりの人（＝**代理人**）は、本人のために意思表示をしているだけですから、契約の効果は自分ではなく本人にいってもらわないと困ります。これを定めたのが、民法99条1項「代理人がその権限内において本人のためにすることを示してした意思表示は、本人に対して直接にその効力を生ずる」というルールです。

　さて、この代理という制度は、第1章で説明した**私的自治の原則**を拡張・補充するものです。ほんとうは自分でする意思表示を、代理人にしてもらっているからです。このような拡張・補充が必要になるのは、なにも自発的な商談においてだけではありません。たとえば、幼い子どもについて考えてみましょう。子どもが自分で契約を結ぶというのは、なかなかに困難です。悪い大人にだまされるかもしれません。

　そこで、民法は、子どもから頼まれなくても、20歳未満[25]（未成年者）のあいだは親権者が自動的に代理人になるという制度を設けています。このように法律が代理人を指定することを**法定代理**といいます。法律ではなく本人が好きなように選んだ場合は**任意代理**です。

　法定代理が認められるのは、未成年者の場合だけではありません。本人が精神上の障がいが原因でものごとをよく理解できなくなっており、裁判所が代理人を指名した場合（成年後見制度）、あるいは、本人が行方不明になってしまっている場合（不在者の財産管理制度）などにも認められます。

🔍★ポイント★
*25　2022年4月1日から成年年齢は18歳に引き下げられます。詳しくは、第10章4（p.144）を参照。

第 II 編

人と物との関係——物権法

本編では、民法における財産法のなかでも、契約と同じように市民生活にとって欠かすことのできない「物」に対する権利についてのルールを概説します。具体的には、社会人ナオキのライフイベントなどを通して、「物」すなわち動産や不動産に関するルールや、担保物権という法制度について学びます。

【ストーリーの主な登場人物】

ナオキ
（社会人）

アヤカ
（ナオキの妻）

タクミ
（ナオキの友人・法律家）

シズコ
（ナオキの同僚）

ジロウ
（シズコの友人・銀行員）

家主

第5章 所有権・物権変動

ストーリー

物と権利

　東京の会社に勤めるナオキは、妻アヤカと社員寮に住んでいる。そろそろ赤ちゃんも産まれるので、自然豊かな田舎に大きな家を買おうと決心した。

　ある日、中古物件を探していたナオキは理想とぴったりな家を見つけた。立派な一戸建ての住居のほか、庭にはコイが泳ぐ池やベンチ、バーベキューができるスペースまであった。ほかの人に先を越されたくなかったナオキはすぐにアヤカに相談し、この家を買うことに決めた。でも、大きな買い物に不安を覚えたナオキ夫妻は、友人で法律家のタクミと一緒に家主との契約に臨むことにした。

 家主「どうです、気に入りましたか。住みやすくお得な物件だと思いますよ。土地や家だけでなく、今回は池やベンチなども別途ご購入いただきますから」

 ナオキ「えっ、どういうことですか。この家を買うってことは、当然、庭にあるものも全部一緒についてくるってことじゃないんですか。なにか、別の契約が必要な物もあるってことですか」

 家主「ははは、当然でしょう。今回の契約は不動産売買契約ですので、住宅とその使用に役立つ以外の物は別の契約ですよ」

 ナオキ「ねぇ、タクミ君、いったいどういうこと？ 携帯電話を買ったら充電ケーブルまでついてくるのが当たり前だし、住宅を買ったら庭とか敷地にあるすべてがぼくのものになるのが当然じゃないの。もしかして、ぼくが素人だから、だまそうとしているんじゃないかなぁ……」

 タクミ「ふむ……。ナオキ君、じゃあ次の説明を聞いてから契約を結ぼうか。持ち主さん、ちょっと時間をください」

 家主「いいですね。私も久々に教えていただくことにしましょうか」

Question

① このストーリーのなかに登場する「不動産・動産」はなんですか。

② 持ち主の有する所有権がナオキ夫妻に移転するためには、なにが必要ですか。

③ 登記および引渡しの役割はなんですか。

keywords　動産　不動産　主物　従物　所有権の移転

1 物 の 概 念

1 民法における「物」

　私たちはつねに種々の「物」をいろんなかたちで使用しながら生きています。端的に、みなさんがいま読んでいるこの本も、知識の習得という目的をもって使われています。では、「物」とはなんでしょうか。やや哲学的な質問になってしまいますが、私たちは民法を学ぼうとしていますので、民法からその内容を考えてみましょう。

　民法は、「物」を権利の客体として把握しています。すなわち、権利の主体によって支配または利用される対象です。当然ながら、権利の主体は「人」であり、人によって支配または利用される客体としての対象が「物」なのです。

2 物 の 定 義

(1) 有 体 物

　民法にいう「物」になるためには有体物である必要があります。民法85条は、「この法律において『物』とは、有体物をいう」と定めています。有体物とは、物理的に空間を占めており、かたちを有するものをいいます。今、読んでいる本や机、建物をみれば、民法にいう「物」がわかるでしょう。したがって、一定のかたちを有しないもの、たとえば、風や電気または太陽光などの自然力[*1]、著作権やプライバシーなどの権利は、「物」として認められません。

　しかし、有体物にはいくつかの例外があります。民法の観点から見ると、それぞれの人は同一な能力を持つ存在です。人は権利の主体であるために、ある人が他人に支配されることはありえません。したがって、血液や臓器など生存している身体の一部は、有体物のように見えるかもしれませんが、人の身体は「物」ではありません。さらに、障がい者等の身体機能を補完するための義手や義足のような義肢装具についても、身体の一部として使用されている場合は、「物」ではなく身体の一部として扱われます。

(2) 支配可能性（利用可能性）

　みなさんは「かに座55番星e」という惑星について聞いたことがありますか。地球から40光年ぐらい離れており、地球に比べて大きさは約2倍、質量は8倍になる惑星です。なによりも、この惑星の3分の1がダイヤモンドで構成されている可能性があるそうです。とはいえ、現代の科学技術を鑑みると、しばらくはだれもそのダイヤモンドには手を出すことができないでしょう。

　ここから、「物」に関するもうひとつの特性がわかります。すなわち、民法にいう「物」になるためには、有体物であり、かつ、支配可能な状態にある必要があります。権利の客体としての「物」は、権利の主体たる人によって排他的に支配されなければならないとも言えます。たとえば、本書と惑星のダイヤモンドに対して「私の物だ」と宣言したとしましょう。それによってみなさんは本書を他人に貸すことも売ることもできますし、捨てることも自由ですが、惑星のダイヤモンドについてはなにもできません。これが、支配可能性があるかないかの違いです。

③　不動産と動産

(1)　不　動　産

　民法86条1項は、「土地及びその定着物は、不動産とする」としています。窓から見える運動場（土地）や図書館（定着物）は不動産だろうとすぐにわかりますが、地面に生えている樹木や壁の石垣も土地の定着物であると判断することができるのでしょうか。残念ながら、ある物が土地の定着物として不動産であると判断されるかどうかについて、一言で表すことはむずかしいのです。樹齢何十年、何百年の樹木や移動困難な庭石については定着物として認めてもよさそうですが、1年未満の農作物や植物または石灯籠（どうろう）などについては、移動可能性や分離可能性から見て定着物としての不動産ではないと考えてもいいでしょう。

　土地は、区画を設けて一筆（いっぴつ）ごとに登記することができます[*2]。この「筆（ひつ）」が土地を数える単位になります。一筆の土地は数人が共同して所有することもできますし、一筆の土地を分筆して数筆の土地に分けることもできます。土地の所有者は地表面の上下にまで所有権を主張することができますが（207条）、上空の成層圏や地下深部のマントル層まで権利の効力が及ぶわけではありません。前述した支配可能性（利用可能性）のことを思い出してください。ちなみに、河川や海については原則として国に帰属しますので、個人による所有は認められません。

　土地の上に建てた一個（または一棟）の建物は、独立した不動産として認められます。したがって、敷地としての土地とその上の建物には、厳密に言うと、2つの所有権が併存していることになります[*3]。

　重要な例外として、以下の内容を知っておく必要があります。すなわち、明認方法が施された立木（りゅうぼく）[*4]に関する扱いです。**明認方法**とは、墨書や立て札などによって、樹木に所有者名などの権利関係を表示（公示）することをいいます。立木は原則として土地から独立した不動産ではありませんが、明認方法を施した樹木は土地の定着物としての不動産ではなく、土地とは別個の独立した不動産として扱われるようになります。

---

*2　登記については、本章 (p.76) を参照。

🔍★ポイント★
*3　法律上、建物になるための要件については、不動産登記規則111条において、建物は「屋根及び周壁又はこれらに類するものを有し、土地に定着した建造物であって、その目的とする用途に供し得る状態にあるものでなければならない」とされています。

📝用語解説
*4　立木
　立木とは、「土地に生立する樹木の集団」のことをいいます（立木ニ関スル法律1条1項）。

(2) 動　　産

　民法86条2項は「不動産以外の物は、すべて動産とする」としています。ある物が有体物であると認められたら、次は不動産か動産かが決められることになります。同条によって、不動産でない物は動産となるのです。

　もっとも、不動産か動産かという性質決定は、絶対ではなく変化し続けます。たとえば、土地の定着物としての不動産である樹木を伐採したらその瞬間から動産になりますし、動産であるレンガを積み上げて建てた住宅は不動産となります。春には桜の木から落ちる花びらを眺めつつ、友人に「不動産が動産となった」と説明してくださいね。

　注意しなければならないものとして、金銭があります。結論からいうと、金銭は特殊な動産です。なぜ特殊かというと、たとえばAが所有する本をBに貸し、Bが占有していてもその本の所有者はAです。しかし、金銭については、流通性の確保のために「占有者＝所有者」という等式が成立するからです。

*5　占有について、詳しくは、第6章（p.82～）を参照。

4) 主物と従物

　ある複数の物が利用状況または社会的観念から見て密接な関係性を持っている場合、民法はその複数の物について主物と従物という概念を用いて説明します。言い換えれば、複数の物が一体となり、ある物の経済的効用を高めるものを「**従物**」といい、高められる物を「**主物**」といいます。典型例として、ガソリンスタンドとその地下に設置されるタンクの関係があります。例からもわかりますが、主物と従物はそれぞれ独立して存在することもできますが、後者が前者に付属しているとき、より高い効用を有することがわかります。

*6　最判平成2年4月19日。

　従物について、民法87条1項は、①物の所有者が、②その物の常用に供するため、③自己の所有に属する他の物をこれに附属させた物、と定めています。さらに、同条2項は「従物は、主物の処分に従う」と定めますので、主物に関する処分は従物にも及びます。もっとも、同条2項は当事者の意思表示によって排除することができます。したがって、住宅を売買する契約を結ぶとき、高い価値のある灯籠を排除して売却する契約も有効です。そのような意思表示がなされない限り、従物は主物と運命をともにすることになります。

5) 元物と果実

　木から実ったリンゴや賃貸物件から得られた賃料について、民法は「果実」という概念をもって定義しています。すなわち、**果実**は、元となる物（元物）から産出または得られる収益をいいます。

果実は、「天然果実」と「法定果実」の２つに分けることができます。**天然果実**は、「天然」という表記からもわかるように「物の用法に従い収取する産出物」を意味します（88条１項）。上の例でみたリンゴのように、自然物から得られる利益がその例です。もう少し踏み込んでみると、土地の定着物である樹木から得られた果実は土地の果実であり、立木から得られた果実は立木の果実となります。[*7]

なお、天然果実の所有権は、「元物から分離する時に、これを収取する権利を有する者に帰属する」とされており、果実の分離時における元物の所有者に帰属すると定められています（89条１項）。

法定果実は、「法定」という言葉からわかるように、法律の定めによって認められた果実をいいます。たとえば、貸出金から発生する利息や賃貸住宅から発生する賃料などのように、物の使用の対価として受ける金銭や物を意味します。[*8]

法定果実の所有権は、「収取する権利の存続期間に応じて、日割計算によりこれを取得する」と規定しています（89条２項）。たとえば、Aの所有する甲建物をBが賃借し、月末に賃料を支払うことを４月１日に約定したとしましょう。その後、Aは甲建物をCに売買し、４月16日に所有権をAからCへ移転しました。この場合、Bの賃料は、Aのこれを収取する権利の存続期間が４月１日から15日までの15日間、Cのこれを収取する権利の存続期間が４月16日から４月30日までの15日間ですので、AとCは半分ずつの権利を有することになります。

2 所 有 権

1 所有権の概念

民法第３章に規定されている「所有権」は、物権法の中核をなしており、数多くの権利のなかでもっとも完全な権利とも言えます。ここでの完全な権利とは、「自由にその所有物の使用、収益及び処分をする権利を有する」ということを意味します（206条）。所有者は、所有物を使うこと（**使用**）、他人に貸して利益を上げること（**収益**）、いらなくなったら他人に売ること（**処分**）が自由にできます。[*9]つまり、所有権は、物に対して全面的利用や支配ができます。

ただし、所有権は、「法令の制限内」という制約を受けています（206条）。たとえば、マイホームを建てるために購入した土地の広さが200㎡だとしても、建築基準法に定められた建ぺい率[*10]に従わなければならないため、200㎡ぴったりの建物を建てることはできません。このように、所有権は、社会的要請または必要性があるとき、**法令による制限**を受けることになります。

現実の占有と所有権とを分けている民法の規定からもわかるように、両者は区別しなければなりません。所有権の観念化により、現実の占有がすぐ所有権につ

ながるわけではなく、占有を伴わない所有もあるということです。[*11] 図書館が貸し出した本は、みなさんの手もとにあっても図書館が所有していることがその例でしょう（すなわち、占有と所有の分離です）。

*11　占有について、詳しくは、第6章（p.82～）を参照。

> Mini **Column**……封建的所有権から近代的所有権へ
>
> 　所有権は、はじめから何人にも、平等に認められたわけではありません。中世のヨーロッパでは、支配階級の上位所有権と被支配階級の下位所有権という重層的な概念が存在していました。このような身分制による不平等な状態を打破したのがフランス革命です。ここから、近世私法における所有権の絶対性が導かれます。しかし、イギリスに端を発する産業革命のなかで巨大資本家が登場し、彼らによる資本の独占が次々と問題を起こしたことで、改めて所有権に対する修正が行われました。この是正によって、所有権は絶対性を保ちながらも、「公共の福祉」という制限を受けることになります。憲法29条にもこの精神が現れています。言い換えれば、所有権および所有権の行使は保護されなければなりませんが、他方では、公共の福祉を理由として制限することもできることを意味します。

② 所有権の取得

　人間は生まれたときはなにも持たない裸でしたが、現在のみなさんはたくさんの物に囲まれて生活しています。スマートフォン、本、パソコン、車、住宅など、所有している物がたくさんありますが、これらの物は、他人から買ったり譲り受けたり、みずからつくったり、さまざまな原因によって手に入れたものでしょう。

　ここでは、「所有権を取得する」さまざまな原因を見ていきましょう。

(1) 原始取得と承継取得との区別

　所有権の取得には、法律の規定によって新しい所有権が発生するパターンと、他人から所有権を譲り受けるパターンがあります。前者を **原始取得** といい、後者を **承継取得** といいます。

　原始取得は、家の新築や物を製造する場合のように、新しい所有権が発生することをいいます。すでに存在する所有権が移転するのではないため、前主との法律関係は発生しません。[*12]

　一方、承継取得は、贈与（549条）、売買（555条）、交換（586条）のように、契約または一方的な意思表示によって他人からの所有権を承継するものです。したがって、物に付着している権利関係はすべて前主から後主に移転します。たとえば、抵当権の設定がある住宅を購入した場合、売買による所有権の移転があったとしても抵当権は消滅せず、所有権と一緒に移転することになります。[*13]

☑ ＼ここも／
CHECK
*12　取得時効（162条）や即時取得（192条）は、一定の要件を満たすことによって他人の所有権を取得しますが、原始取得であることに注意が必要です（第6章を参照）。

*13　抵当権について、詳しくは、第7章（p.97）を参照。

(2) 無主物・遺失物・埋蔵物

(a) 無主物　野生動物やゴミ置き場に捨てられた本のように「所有者のない動産は、所有の意思をもって占有することによって、その所有権を取得」（239条1項）しますが、不動産については、国に帰属することになります（同条2項）[*14]。

(b) 遺失物　落とし物や忘れ物を拾得した者は、「遺失物法の定めるところに従い公告をした後三箇月以内にその所有者が判明しないときは」その所有権を取得します（240条）。

(c) 埋蔵物　地中に埋蔵されていた物や他の物の中に隠れていた物を発見した場合は、所有者のわからない遺失物のように扱われます。地中から掘り出した小判や、拾った本の中に挟まれていた記念切手などがその例です。埋蔵物は、「遺失物法の定めるところに従い公告をした後六箇月以内にその所有者が判明しないとき」は、発見者に所有権が認められます（241条本文）。もっとも、他人の所有地から発見した物については、これを発見した者およびその他人が所有権を取得します（241条ただし書）。さらに、埋蔵の文化財については、発見者が上記の要件を満たしたとしても国庫に帰属しますが、一定額の報償金が支給されます（文化財保護法104条）。

(3) 添付——付合・混和・加工

所有者を異にする2つ以上の物が結合したり（**付合**）、混ざり合ったりして（**混和**）もとの状態に戻すことが困難な状態や、他人の物に工作を加えて新しい物に変形された（**加工**）場合、それぞれの物の所有権はだれに帰属するかについて問題があります。簡単にもとの状態に戻すことができれば、それぞれの所有者に返還することができますが、添付の場合にはそうではありません。したがって、あたかも「一つの物」のように扱われる主物と従物の関係を思い出す人がいるかもしれませんが、主物と従物は物理的にも法律的にも独立している物ですので、添付とは区別する必要があります。

(a) 付合・混和　付合については、不動産と動産が結合したケース、動産と動産が結合したケースに分けて検討します。前者については、自分の住宅（不動産）の工事に使われた他人のタイル（動産）がそうであり、後者については、自分の自転車（動産）に他人の潤滑油（動産）をかける場合などが考えられます。このとき、不動産（住宅）の所有者は動産（タイル）の所有権を取得します（242条本文）。しかし、権限をもって（たとえば、賃借人または永小作権者[*15]）他人の土地に農作物を植えた場合には付合を認めず、その農作物の所有権を取得します（242条ただし書）。動産（自転車）と動産（潤滑油）との結合については、「主たる動産」の所有権に従います（243条。ただし主従の区別ができないときは、付合時の価格の割合に応じて共有します）[*16]。所有者を異にする複数の物が混ざり合って所有関係が識別できなかったときも、動産の付合の場合を準用します（245条）。

☑✓ **CHECK**
ここも

*14　一般的にゴルフ場のロストボールの所有権はゴルフ場にありますので、無主物ではありません。したがって、ロストボールの持ち帰りは窃盗罪を構成します（最判昭和62年4月10日）。

📝 **用語解説**

*15　永小作権
用益物権の一種である永小作権とは、小作料を支払って他人の土地において耕作または牧畜をする権利をいいます（270条以下）。コラム③（p.81）も参照。

🔍 ★**ポイント**★

*16　この場合、「損傷しなければ分離することができなくなったとき」を想定しているので、他人の自転車から盗んで取りつけた車輪やサドルのように簡単に取り外しができる場合は、付合とは認められません（最判昭和24年10月20日）。

　(b)　加工　　Aが友人Bの所有する染料とスケッチブック（他人の動産）を用いて絵を描いた（工作した）とき、絵の所有権はどうなるでしょうか。この場合、民法は、材料の所有者（B）に加工物（絵）の所有権が帰属すると定めています（246条1項本文）。しかし、これがゴッホによる加工だとすると話が違います。ゴッホによる工作の価値は、染料とスケッチブックの価値をはるかに超えるので、加工者（ゴッホ）が所有権を取得します（同項ただし書）。さらに、Aの染料を用いて友人Bのスケッチブックに絵を描いた場合は、染料とAの加工によって生じた価格が友人Bのスケッチブックの価格を超えるときは、加工者Aに所有権が帰属します（246条2項）。

　なお、添付によって発生した「新しい物」の所有権を得ることができなかった者は、自分の労力や失った材料の所有権に対する償金[17]を請求することができます（248条）。

*17　償金
　償金とは、すなわち、他人に発生した損害に対して支払う金員（金銭）のことです。

3 　共　　　有

　一般に1つの物の上には1つの所有権が成立しますが（単独所有）、場合によっては、1つの物に複数の所有権が存在する場面もあります（共同所有）。単独所有は所有者一人が所有権を有しつつ、「管理、利用または処分」しますが、共有は、複数人が団体をなしてそれを行います。さらに、共同所有の形態も多様（共有、合有、総有）です。ここでは、民法249条以下の規定における共有を中心としてその法律関係を検討します。

　本論に入る前に、前提知識として「一物一権主義」について軽く触れましょう。漢字を読んですぐわかるかと思いますが、「1つの物の上には同一内容の物権は1つしか成立しえない」という民法の大原則です。ここでひとつ疑問が浮かんできます。「所有権と地上権[18]は併存しているじゃないか」。ここでの「1つの権利しか成立しえない」ということは同一の権利が1つしか存在できないということです。したがって、所有権と地上権とはそれぞれ異なる性質を有する権利ですので併存できます。さらに、複数の抵当権だとしても1番抵当権、2番抵当権のように区別されていますので、一物一権主義から見ても問題ありません[19]。では、1つの物の上に複数の所有者が存在する共有はどうなるか見ていきましょう。

(1)　持　分　権

　共有[20]は、「持分」を有する各所有者が、共有物の全部について使用できることを意味します（249条）。たとえば、夫婦が共同名義で購入した不動産や共同相続した財産などがそうです。持分権には、割合による差はありますが、基本的に所有権と同様の権利です。注意しなければならないのは、たとえば甲土地にAとBが5：5の割合で持分を持っている場合、Aは甲土地の半分しか使えないという

　用語解説
*18　地上権
　地上権は、用益物権の一種であり、他人の土地において工作物または竹木を所有するため、その土地を使用する権利をいいます（265条以下）。コラム③（p.81）も参照。

*19　抵当権について、詳しくは、第7章（p.97）を参照。

　★ポイント★
*20　共有には、共同所有の意味としての「広義の共有」と民法249条以下の共有を意味する「狭義の共有」があります。ここでは、後者の共有を説明します。

ことではありません。持分は全体の所有権に対する割合を意味し、使用領域を区画（または制限）することではありません。

持分の割合は相等しいと推定されますが（250条）、合意または規定があるときはそれに従います。さらに、持分権者による持分の放棄があったとき、または、相続人のないまま死亡したとき（相続人がいれば相続が発生）は、他の共有者に帰属します（255条）。たとえば、甲土地をABCの3人が共有しており、持分の割合は5：3：2だとしましょう。その後、Aが持分権を放棄したら、Aの持分はBCの持分の割合に応じて帰属しますので、BCの持分の割合は6：4となります。

持分権も所有権と同じく、使用・収益・処分する権限を有しますが、共有物を変更または処分するためには**共有者全員の同意**が必要です（251条）。もっとも、各共有権者が有する共有持分は自由に処分できます。そもそも共有には内部の人的関係は存在しないし、持分の処分があっても他の持分権者の持分にはなんら影響がないからです。

(2) 共有の法律関係

共有に関する法律関係は、各共有者間の内部関係（対内関係）と第三者との外部関係（対外関係）とに分けて考察します。

(a) 内部関係　共有権者は、共有物の全体を持分の割合に応じて使用することができますが、使用に関する具体的内容はそれぞれの共有者が定めることができます。共有物の管理については持分の過半数で決めますが、保存行為については各共有者がすることもできます。ここでの管理行為とは、共有物を保存、利用および改良するための行為を意味し、保存行為とは共有物の経済的価値を維持する行為を指します。このような行為にかかる費用については、持分に応じて分担し、義務を負担します（253条1項）。共有権者が1年以内に上記の義務を履行しないときは、他の共有権者は償金を支払ってその持分を取得することができます（同条2項）。

さらに、各共有権者は他の共有権者に共有物の分割を請求することができますが、5年を超えない範囲で分割をしない約定も有効です（256条1項）。不分割約定は更新することもできますが、同じく5年を超えることはできません（同条2項）。

(b) 外部関係　各共有権者は共有物に侵害があり、またはその恐れがあるときは、単独で妨害を排除し、返還を請求し、かつ妨害の予防を請求することができます。たとえば、ABが共有している甲土地に、Cが無断で住宅を建てた場合、AまたはBが単独でもしくはABが共有で、Cに対して共有物の妨害排除と返還を請求することができます。もっとも、CがAから賃借権を得ている場合は、Bは単独で返還を請求することは認められません[21]。さらに、第三者への損害賠償を請求することもできますが、当然ながら損害賠償金は持分の割合に応じて各共有権者に帰属します。

*21　最判昭和63年5月20日。

④ 相 隣 関 係

書類上（とくに登記上）の所有権は、はっきりと区別されていますが、地球は丸いし、地表面が連続していることを考えれば、実情はそうではありません。必然的に隣接している所有権との法律関係が発生します。たとえば、隣のBさんの土地を経由しなければ、公道に通じることができない場合がそうです。以下では、隣接する土地または建物の所有権から発生し得る法律関係を中心に説明します。

(1) 隣地の使用請求

土地上の建物や工作物は永久不変な物ではありませんので修繕が必要であり、ときには改築が必要な場合もあります。工事内容によっては隣地に接している部分もあるので、やむをえず、隣地の使用が必要な場合があるでしょう。このとき、民法209条1項は、「境界又はその付近において障壁又は建物を築造し又は修繕するため必要な範囲内で、隣地の使用を請求することができる」とし、工事に必要な足場の設置のように隣地の使用ができるようになります。しかし、隣地の使用請求はあくまでも請求ですので、隣人の承諾なしでは使用することができません（同条1項ただし書）。さらに、隣地の使用の結果、隣人に損害が発生した場合には償金を請求することができます（同条2項）。

(2) 囲繞地通行権——隣地通行権

図5-1を見て、次のことについて考えてみましょう。マイホームを建てるための土地を探していたYは、周辺の土地の相場よりかなり安い値段の甲土地を見つけました。甲土地は乙丙丁の土地のいずれかを通らないかぎり公道①に至ることができない、いわゆる袋地[*22]でした。Yが甲土地で生活するには、どのような方法があるでしょうか。まずは、公道①に接している 乙丙丁の土地 のどれか1つをいっしょに買い受ける方法ですが、金銭的制約があります。つぎは通行権の設定ですが、これも乙丙丁の土地の所有者とうまく契約が成立したときの話です。これであきらめるしかないかと思う人がいるかもしれませんが、天は自ら助くる者を助くるといいます。

民法210条1項は、「他の土地に囲まれて公道に通じない土地の所有者は、公道に至るため、その土地を囲んでいる他の土地を通行することができる」とし、他

用語解説

*22 袋地・囲繞地
図5-1のように、囲んでいる土地を囲繞地、囲まれている土地を袋地といいます。さらに、囲繞地通行権（p.74）は、「袋地の所有者の囲繞地を通行する権利」を意味します。

図5-1　囲繞地と袋地

の土地に囲まれている甲土地の所有者の通行権を認めています。

　囲繞地（いにょうち）の「通行権」を手に入れたので、大型のトラックも通行できるように2車線の道路もつくり、街灯も設置することまでできるかというと、もちろんそうではありません。これは、民法211条1項が、通行の場所および方法について、必要かつ最小限の損害ですむものを選ぶように求めているからです（通路の開設も同様です）。袋地の所有者であるYにとっては利益ですが、囲繞地の乙丙丁戊の所有者から見ると、所有権が制限される損害（不利益）が発生するからです。その反面、通行によって乙丙丁戊の土地に損害があるときは償金を支払わなければなりません（212条本文）。ただし、通路開設による損害に対するものを除き、1年ごとに償金を支払うこともできます（同条ただし書）。

Mini Column……土地の分割によって袋地が発生した場合

　一歩進んでみましょう。もともと1つだった土地が分割または譲渡されることで一部の土地が袋地になった場合にも、上記の原則が適用されるでしょうか。たとえば、図5-1において、丙の土地と甲の土地は1つの土地だったのが、分割によって現在の状態になったとしましょう。この場合、丙の土地と甲の土地の分割によって甲の土地が袋地になることが確実に予想できます。したがって、乙丁の土地に対する囲繞地通行権は認められず、丙の土地の囲繞地通行権のみが認められます。また、償金の支払いも不要です（213条）。これは予見可能性から当然の帰結でしょう。

3 物 権 変 動

① 物権変動とは

*23　債権については、詳しくは、コラム①（p.15）を参照。

　物権とは、債権[*23]に対する概念として、物を直接支配する権利をいいます。物権変動は、所有権の移転などの物権の発生、変更（移転）、消滅を意味します。民法は、これを「物権の得喪及び変更」と表現しています（177条）。たとえば、ナオキが結婚し、一生の夢だった一戸建ての甲住宅を建てました（物権、とくに**所有権の発生**）。子どもが生まれたので増築を行いました（**所有物の変更**）。地方への転勤が決まったので、住居を友人タクミに譲り渡しました（**所有権の移転**）。そして、タクミは改築のために甲住宅を取り壊しました（**所有権の消滅**）。このように物権変動は、物の誕生から消滅までの過程をいいます。ここでは、「移転」に焦点をあてて説明します。

(1) 意思表示による物権変動

　まず、次のことについて考えてみましょう。Aは、B所有の住宅甲を目的物と

する、①売買契約を結びました。②Aは代金を支払い、③Bは移転登記に必要な書類と鍵を渡しました。④Aは移転登記をし、転入届も出しました。①〜④のなかで、B所有の甲住宅がA所有となったのは、いつでしょうか。民法の規定からは、①の時点でA所有になります（代金の支払いや登記の移転がなくてもそうです）。民法176条は、「物権の設定及び移転は、当事者の意思表示のみによって、その効力を生ずる」と定めていますので、AとBとの意思表示の合致があった契約成立時に物権変動の効果は発生します。これが民法の規定であり、最高裁判所の確固たる態度でもあります。

このように「物権変動」の要素として、「意思表示」以外になにもいらないとする物権変動システムを「意思主義」といいます。しかし、疑問が生じます。Aと契約したBが改めてCと契約を結び、所有権と登記とをCに移転してしまう可能性もあります。このような不祥事を未然に防ぐために、民法は次のような警告を送りました。「物権変動は意思表示だけで生じるよ。でも、まわりの人はそんなことまで知らないから、あなたの物になったことをみんなに知らせよ」と。すなわち、民法は物権変動があったことを**第三者**（みんな）に**対抗**（主張）するための要件として登記と引渡しの制度を備えました。[24]

(2)　公示の原則

物権は、**排他性**を有する権利です。この排他性から一物一権主義が導き出されます。もし真の所有者ではない人から不動産を譲り受けたとしても、所有権を取得することはできません。それは、真の所有者との合意なくして物権変動の効果は生じないし、1つの不動産の上に複数の所有権は両立しえないからです。しかしながら、現代における所有権は観念化されているので、かならずしも占有と所有が一致するとはいえません。[25] そうすると、売買にあたって譲受人はすべての権利関係を細かく調べなければなりませんので、時間も手間もかかります。そこで、物権変動を外から認識できるように**物権の公示**という制度がつくり出されました。

したがって、公示の原則がうまく機能するために、物権の変動があったら、**登記**（不動産）または**引渡し**（動産）をすることが必要となります。すなわち、登記または引渡しがあれば、私たちは「そうか、物権変動があったんだ」と理解できることになります。

では、公示を信頼しながら取引関係を結んだ者は、たとえその公示が実際の権利関係とは違うときにも保護されるのでしょうか。

(a)　不動産の場合　　たとえば、Bは印鑑と書類を偽造して、AがBに甲不動産を売ったように見せかけ、甲不動産をB名義としました。その後、Bの登記を信頼したCがBと甲不動産の売買契約を締結しました。この場合、Cは甲不動産を取得できるでしょうか。CはBの登記（すなわち公示）を信頼したので保護しなければならないと思うかもしれませんが、登記には公信力がありませんので、C

✓**CHECK** ＼ここも／

*24　みなさんのなかには、「だったら最初から、意思表示に登記または引渡しまでをセットとして求めればいいじゃん」と考える人もいるかもしれません。すでに意思表示と登記または引渡しをいっしょにしないと物権変動の効果が生じないシステムもあり、「登記と引渡しという形式」までを求める意味として、「形式主義（＝成立要件主義）」とよんでいます。

*25　占有については、第6章（p.83〜）を参照。

は所有権を取得することはできません。[*26] **公信力**とは公示を信頼した者を保護する力を与えることですが、[*27]不動産の公示（登記）については公信力が認められていません。

　（b）　動産の場合　　たとえば、Dは、レンタルショップEから借りたDVDを、事情を知らないFに売り、引き渡しました。この場合、Fは一定の要件（192条）[*28]を満たすことによってDVDの所有権を取得することができます。言い換えれば、不動産の登記には公信力が認められず、動産の引渡しには公信力が認められます。

② 不動産物権変動

　民法177条は、不動産の物権変動について、前述のとおり「登記をしなければ、第三者に対抗することができない」と定めています。したがって、ここでは不動産登記と第三者および対抗の意味を中心として見ていきます。

(1) 不動産登記

　前述したとおり、不動産の対抗要件は登記です。不動産の売買が行われ、不動産登記が対抗要件として作動するためには移転登記が必要です。移転登記は、譲渡人（**登記義務者**）と譲受人（**登記権利者**）が共同して申請しなければなりません（不動産登記法60条）。当然ながら、登記権利者と登記義務者から委任を受けた代理人（たとえば、司法書士や弁護士）が行うこともできます。

　不動産登記は、大きく分けて表題部と権利部で構成されています（表5-1）。表題部には、当該不動産の所在、地番、構造といった基本情報が記載されます（土地か、建物か、区分建物かによって異なります）。もっとも重要なのは、権利部です。権利部は甲区と乙区とに分けられ、甲区には所有者に関する事項が記録され、ここから所有者名、所有権の取得時、取得原因が確認できます。乙区には所有権以外の権利に関する事項が記録されます（抵当権、地上権、地役権[*29]の設定など）。

　上記で説明したとおり、不動産登記は共同申請が原則です。しかし、なんらかの理由で一方当事者が登記手続に協力しなかったり、迅速に請求権を保全する必要があったり、書類の不備があったりしたときに使える制度が**仮登記**です。仮登記があれば、これに基づいて「本登記」に移すことができますので、迅速に権利を保全することができます。

表5-1　登記事項証明書（土地）の例

表題部（土地の表示）			調整		不動産番号	○○○○○
地図番号			筆界特定			
所　在						
①地番		②地目	③地　積　㎡		原因及びその日付（登記の日付）	
○○番		宅地		500｜00	不詳 ［平成○年○月○日］	
所有者		○○区△△町一丁目1番1号　　　　○田○男				

権利部（甲区）（所有権に関する事項）			
順位番号	登記の目的	受付年月日・受付番号	権利者その他の事項
1	所有権保存	平成○年○月○日 第△号	所有者　　○○区△△町1丁目1番1号 　　○田　○男
2	所有権移転	令和○年○月○日 第△号	原因　令和○年○月○日売買 所有者　　○○区□□町2丁目3番4号 　　○野　○子

権利部（乙区）（所有権以外の権利に関する事項）			
順位番号	登記の目的	受付年月日・受付番号	権利その他の事項
1	抵当権設定	令和○年○月○日 第□号	原因　令和○年○月○日金銭消費貸借同日設定 債権額　金△△万円 利息　年○％（年365日日割計算） 損害金　年□％（年365日日割計算） 債務者　○○区□□町2丁目3番4号 　　○野　○子 抵当権者　○○区△△町5丁目6番7号 　　株式会社　みらい銀行 （取扱店　東部支店）

注：法務省「登記事項証明書」の例を参照して作成

Mini **Column**……不動産登記

　　不動産登記は、国家機関によって作成される公的帳簿の一種です。不動産登記は「不動産登記法」によって運用されていますが、不動産物権変動の理解のためにはある程度の知識が必要です。

　　不動産登記に関する事務は、登記所の登記官が取り扱っています（不動産登記法6条〜9条）。登記は、編成方法によって、人的編成と物的編成とに区別することができますが、わが国では1つの物（土地一筆または建物一個）に1つの帳簿を作成する物的編成主義を採用しています。したがって、権利者から目的物を検索するのではなく、目的物の所在から権利関係をたどることになります。登記は「公示」を第一の使命としていますので、一定の手数料を支払えば、だれでも簡単に閲覧することができます。登記の閲覧は、登記所からはもちろんインターネットからもできますので（登記情報提供サービス）、ぜひ使ってみましょう。

*30 最判昭和33年10月14日、同昭和39年3月6日など

☑CHECK ＼ここも／

*31 もちろんこのような最高裁判所の態度には多くの批判があり、学説による補完が行われていますが、解決はまだ遠い話です。

📝用語解説

*32 第三者無制限説
　民法177条は、単に「登記をしなければ、**第三者**に対抗することができない」と定めているため、登記のない物権変動は、すべての第三者に対抗することができない（すなわち、第三者の無制限）とする考え方です。

*33 大連判明治41年12月15日。

🔍★ポイント

*34 最高裁判所は、民法177条にいう第三者について、①当事者およびその包括承継人ではなく、②登記がないことを主張するにあたって正当な利益を有する者に限定しています。①については、当該契約の当事者やその相続人といった包括承継人ではないことを、②については、登記がないことを主張する利益を有する者であることを意味します。

📝用語解説

*35 差押債権者
　差押えとは、特定の物または権利について、国家権力を借りて制限をかけることを意味します。物または権利の処分機能を制限し（当然、他人に売ることも移転することもできません）、その旨を公示します。差し押さえた債権者のことを、差押債権者といいます。

(2) 登記がなければ「対抗できない」の意味

　民法176条によれば、意思表示のみによって物権変動の効果は発生しますが、民法177条は、その物権変動は**登記**をしなければ第三者に対抗できないと定めています。では、甲不動産を所有しているAが、Bと売買契約（第一売買）を結んだが移転登記はしないうちに、改めてCとも売買契約（第二売買）を結んで移転登記までしたとします（典型的な二重譲渡）。この場合、民法176条の規定によってすでに所有権を取得したBは、民法177条の文言からCに対して所有権を主張（対抗）することができません。ここで、疑問が生じます。第一売買契約が結ばれた時点でAの所有権はBへ移転したのでAは無権利者となりますが、なぜCは無権利者となってしまったAから所有権を取得することができるのでしょうか。

　これについて、最高裁判所は次のように判断しています。すなわち、「（Bが）登記手続をしない間は完全に排他性ある権利変動を生ぜず、（Aも）完全な無権利者とはならない」[30]と。これは、AからBへの所有権移転があったとしても、移転登記がない限りBの所有権は不完全な状態であり、Aにもまだ不完全ではありながら所有権が残っているから、Cへの所有権と登記の移転が可能であるということです。[31]

(3) 民法177条における「第三者」の範囲

　民法177条における第三者の範囲について、最高裁判所は原則的に第三者無制限説[32]の立場でしたが、その後、態度を変え、民法177条にいう第三者について、「登記の欠缺を主張する正当の利益を有する者」に限定しました。[33]たとえば、Bは、譲渡人Aから甲不動の所有権を取得したが、移転登記をしていないあいだに、Aの印鑑と書類を偽造したCが自分名義への移転登記をし、甲を不法占拠したとしましょう。その場合、民法177条を素直に適用すれば、BはCに対抗することができない不当な結果になってしまいます。以下では、民法177条にいう第三者の範囲について見ていきます。

　まず、客観的に法律関係を判断して「**正当な利益**」[34]を有する第三者として認められるケースとして、物権取得者、賃借人、差押債権者[35]は、民法177条にいう第三者にあたると判断しています。しかし、上記のケースにおいてのCのように、実質的無権利者や不法行為者、一般債権者、または不法占有者に対しては、[36]第三者としての地位を否定しました。

　ここで重要なのは、第一譲受人の存在を認識しながら目的物を譲り受けた第二譲受人についても、民法177条にいう第三者として認められるか否かの問題です。言い換えれば、悪意の第二譲受人が第三者として認められるかの問題です。結論から見ると、最高裁判所は単純悪意、すなわち、単に第一譲受人の存在を認識している場合は、当該二重譲渡について有効であると認めていますが、以下のような場合は「背信的悪意者」として、第二譲受契約の効力を否定しています。

たとえば、Aが所有する中[……]が売買契約を結びましたが、移転登記はしていな[……]と知っているCがAと契約を結び、移転登記までし[……]

ここで、CがAの兄弟また[……]AとCが同一人だと認められるとき、Cが詐欺ま[……]害したとき、Cが他人のために移転登記の義務を[……]的として第二譲受契約を結んだときなどのケー[……]として、民法177条にいう「第三者」から排除し[……]

3 動産物権変動[……]

世の中には数えられない[……]、スマートフォン、ボールペン、パソコンなど[……]る瞬間にも、無数の動産が生産され、権利が移転[……]って、前節の不動産のように、動産に関する帳簿[……]。このような理由から、民法178条は動産の物権[……]を定めています。

さらに、不動産登記には公[……]「動産の引渡し」には一定の要件を満たすことに[……]即時取得）。

(1) 民法178条にいう[……]

民法178条は、「動産に関す[……]、その動産の引渡しがなければ、第三者に対抗することができない」として、**引渡しを対抗要件**としています。民法177条は「物権の取得、移転、消滅（得喪変更）」に対して、網羅的に対抗要件を求めますが、民法178条は「物権の譲渡」に限って対抗要件を求めるので、意思表示による所有権移転を主なターゲットとしています。これらの違いについては、不動産と動産の取引量からすぐわかります（取引の動的安全の確保）。

(2) 4種類の「引渡し」

民法は、「引渡し」について、次の4種類を規定しています。

(a) 現実の引渡し（182条1項） AからBへの手渡しがその例です。Aの占有が、占有移転の合意のうえ、直接・現実的にBに移転しますので、原則としての引渡しです。

(b) 簡易の引渡し（182条2項） 「譲受人又はその代理人が現に占有物を所持する場合には」、現実の引渡しがなくとも、「当事者の意思表示のみによって」引渡しがあったと認められます。たとえば、Aの所有する時計をBが借りて使っていたとします。Bはその時計が気に入ってAから買い取りました。原則どおりなら、借りていた時計をAに返してからBへ引き渡す必要がありますが、すでにBが時計を持っているので、そのまま引渡しがあったと認めるものです。実際の引渡し

*36 不法行為については第8章（p.112~）、一般債権者については第7章（p.100）、不法占有については第6章（p.82~）を参照。

用語解説

*37 背信的悪意者
背信的悪意者は、最高裁判所の判例理論として確立された概念です。民法177条は、たんに「……登記をしなければ、第三者に対抗することができない」と定めていますが、第三者の範囲についての指示がないので、本文のように「第三者の範囲」が問題となります。最高裁判所は、悪意であり、背信性を帯びた第三者については、主観的観点から、民法177条にいう第三者から排除しています。そして、このような解釈論を「背信的悪意者排除論」といいます。

*38 即時取得について、詳しくは、第6章（p.86）を参照。

*39 占有について、詳しくは、第6章（p.82~）を参照。

注文補充カード
貴店名
注文日 月 日
注文数 冊
書名 出版社
ファーストステップ教養講座
ストーリーから学ぶ民法ナビ
㈱みらい
編著者
出梶内
雲谷田 康
孝久暁 編著
ISBN978-4-86015-540-7
C3032 ¥2100E
定価
2,310円（税10%）
（本体2,100円）
9784860155407

は行われず、観念化

　(c)　占有改定（183条）

めに占有する意思を表示したとき

としています。ややこしい条文ですので、

ば、Aは所有するパソコンをBに譲り渡しまし

１週間、そのままパソコンを借りると約束しました。

ると、A（代理人）がパソコン（自己の占有物）を以後B

る意思を表示したときは（一週間借りて使う）、Bはこれによって

るということです。

　占有改定も簡易の引渡しと同様に、原則どおりなら、Bに引き渡して、改め

Aに甲を貸すために占有を移転する過程が必要ですが、この過程を省略したもの

です。実は、占有改定という単語にヒントがあります。もともとAは所有権に基

づいてパソコンを占有していましたが、Bに譲り渡してからは賃借人としての占

有となりました。なるほど、占有する権原に改定が行われたということを意味し

ています。

　(d)　指図による占有移転（184条）　「代理人によって占有をする場合において、

本人がその代理人に対して以後第三者のためにその物を占有することを命じ、そ

の第三者がこれを承諾したときは、その第三者は、占有権を取得する」と定めら

れていますが、(c)と同様に次のケースを見てみましょう。たとえば、古美術品の

コレクターAは古代エジプトのパピルスを所有していますが、その保管のむずか

しさから専門業者のBに保管を依頼しました。その後、AはパピルスをCに譲り

渡しましたが、Aと同じ理由からBに頼んで保管するようにしました。今回は、

代理人がB、本人がA、第三者がCとなります。これについては、みなさんが条

文をこのケースに適用してみてください。

📖 用語解説

*40　権原（けんげん）

　権原とは、ある行為
を正当化する法律上の
原因を意味します。ち
なみに、ある行為をす
る地位または資格とし
ての「権限」と発音が
同じですので、注意し
てください。

⚖ まとめの問題 ‥‥‥‥‥‥‥‥‥‥‥‥‥‥‥‥‥‥

【○×問題】
　① 甲土地にA、Bが５：５の割合で持分を持っている場合、Aは持分どおりに甲土地全体の
　　半分しか使えない。　　　　　　　　　　　　　　　　　　　　　　　　□
　② 動産物権変動と不動産物権変動は、その要件を異にする。　　　　　　　□

【演習問題】
　甲土地を所有しているXは、甲をYに譲り渡す契約を結んだが移転登記はありませんでした。
しかし、Xは、改めてZとも甲を譲り渡す契約を結び、所有権と登記を移転しました。この場合、
ZはYに対し、登記のないことの理由として、甲土地の明渡しを求めることができるでしょうか。

　ヒント　この事案は、典型的な二重譲渡の問題として、Zが民法177条にいう第三者にあたるか否か
が重要です。

Column③……用益物権

　Aさんは自宅でインターネットを使うため、光回線の引き込み工事をすることになりました。ところが、最寄りの電柱と自宅とのあいだには、Bさん所有の空き地があります。光回線を引き込むためには、この空き地の上にケーブルを通さなければなりません。今回は、このケーブルを通す手段にはいろいろなやり方がありますね、というお話を通じて、「用益物権」という、すこしむずかしい言葉を学びたいと思います。

　ケーブルを通す一番簡単な方法は、Bさんから空き地を買い取ってしまう、というものです。自分の土地にしてしまえば、ケーブルを通すのは所有者の勝手ということになります。しかし、光回線の引き込み工事のためだけにわざわざ土地を買う、というのは現実的ではありません。そこで、ケーブルを通すスペースを貸してもらう、ということが考えられます。Bさんは空き地の所有者である以上、その空き地の上空に対しても所有権を一定の範囲で有しており、これを貸し出すことができるのです。Bさんが対価を要求してくるかもしれませんが、そのことは結論に影響を与えません。

　では、次のような場合は、どうでしょうか。AさんはBさんから空き地の上空をタダで貸してもらい、電柱から光回線を引き込みました。ところが、１年後、まったく知らないCさんという人が出てきて、「あのケーブルが目ざわりだから撤去してくれ」と言ってきました。話を聞くと、この土地はBさんからCさんへ売られてしまったそうです。AさんはBさんの許可をもらっていると話しましたが、Cさんは「私が許可したわけじゃないから関係ないでしょ」と答えました。たしかに、空き地の上空を使ってもよいというのは、AさんとBさんとのあいだの契約でしかありませんから、Cさんに対して履行を強制することはできません。

　しかし、それまで使えていたスペースが、ある日いきなり使えなくなる、というのでは困ることもあるでしょう。そこで、所有権以外にも、第三者に対して効力を持つ権利があれば便利だな、ということに気づきます。つまり、所有権ではない物権を設定してもらうわけです。民法典ではこれを**用益物権**といいます。用益物権には、他人の土地に建物を建てたり木を植えたりする**地上権**、他人の土地に畑をつくったり牛を放牧したりする**永小作権**、自分の土地の便益のために他人の土地を通行したり、そこから水をくんだりする**地役権**が認められています。

　これらの物権も、所有権と同じように登記することで、第三者に対抗することができます。したがって、AさんがBさんから地役権を設定してもらい、それに基づいてケーブルを通しているときは、Bさん以外の人に対しても「私はここにケーブルを通す権利がある」と主張することができます。

占有・即時取得

ストーリー

タヌキを返して！

　会社員のナオキはお菓子メーカーでマーケティングを担当している。ある日、会社で統計データを調べて報告をするという課題が出されたため、仕事帰りに公共図書館に行った。

　ナオキは同僚シズコからタブレットパソコンを借りて、図書館で資料を作成しようと思っていた。タブレットパソコンには地元のゆるキャラであるタヌキのステッカーが貼られていた。順調に課題をこなしていたナオキだったが、ふとトイレに席を立った。そして席に戻ってくると、なんとタブレットパソコンがなくなっている！

　「シズコさんになんて言おう……。やっぱり弁償しないといけないよな」

　図書館の帰り、タブレットパソコンを盗まれたナオキは、落ち込みながら実家に立ち寄った。ナオキは玄関に到着したが、前に置いてある信楽焼のタヌキの置物にも笑われている気がした。

　さて、タヌキの置物をめぐっては、問題が発生している。近所に住むおじさんから、これは自分が大切にしていたのに盗まれてしまったものだから返して欲しいと言われているのである。

　「タヌキの置物って、いつからウチにあるの？」

　「うーん、はっきり覚えてないけど、お父さんのお父さんが古物店から買ってきたんじゃなかったたかな……。どういう経緯でここにあるかはよくわからないけど、お父さんが子どものころから置いてあったから、30年以上はここにあるぞ」

　数日後、ナオキは気になって再び図書館に行った。すると、遠くのほうに見覚えのあるタヌキのステッカーがついたパソコンがあるではないか。しかもなぜか見知らぬ男がそれを使っている。

　「あのパソコン！　シズコさんのパソコンに違いない。それにしても、あいつが盗んだんだろうか。どうやって取り戻せばいいんだろう？」

Question

① 数日後、ナオキは図書館で盗まれたパソコンを使っている人を発見した。このとき、ナオキは、自分のものではなくても借りていたパソコンを返せと言えるでしょうか。

② パソコンを使っていた人が、盗まれたものだと知らずに中古パソコンショップで買っていた場合には、ナオキはパソコンを返してもらえるでしょうか。

③ タヌキの置物は盗まれたと言っている人に返さなければいけないでしょうか。

---

keywords　占有　占有訴権　即時取得　取得時効

1 　占　有　と　は

1 　占有の意味

　パソコンを「持っている」というとき、みなさんはどのような状況を想像しますか。第5章で見たように、パソコンの所有権があって「持っている」という場合もあれば、友人から借りたパソコンを「持っている」場合もあるでしょう。さらにいえば、お店で売られているパソコンを「持って」みただけという場合もあり得ます。

　後者2つの場合には、確かにパソコンを「持っている」ことにはなりますが、この「持っている人」にはパソコンに対する所有権がありません。しかし、冒頭のストーリーのナオキのように、友人から借りたパソコンを使っている場合、その人には、パソコンに対する所有権がなくても、パソコンに対して独立した支配をしていることが認められます。

　このように、所有権があってもなくても、物に対して事実上支配をしている状態を、**占有**といいます。なお、お店で売られているパソコンを「持って」みただけの場合には、パソコンに対して独立した支配をしていることが認められないため、所有も占有もしていないことになります（図6-1）。

図6-1　独立した物の支配と占有

　もちろん所有と占有とが重なり合う場合もあります。Aがパソコンを購入してパソコンの所有者になり、自らそれを使っている場合は、パソコンの所有権を持ち、独立した支配も行っていることになるので、所有も占有もしていることにな

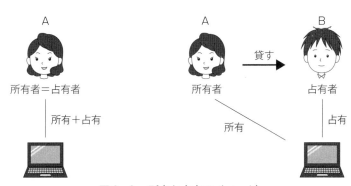

図6-2　所有と占有のイメージ

ります。それに対して、Aが所有しているパソコンを友人Bに貸した場合には、手元にパソコンがなくても所有者はAであり、パソコンを借りて使っている（支配している）占有者がBということになります[*1]（図6-2）。

2　占有の開始

占有という物の事実的支配に対して与えられている法的効果や法的保護のまとまりを、**占有権**[*2]といいます。

民法180条は、占有権は、「自己のためにする意思をもって」「物を所持する」ことによって取得するとしています。「**自己のためにする意思**」とは、物を所持することによって事実上の利益を受けようとする意思のことをいい、所有する場合（所有の意思）に限らず、友人から物を借りて所持する場合や、友人から保管を頼まれた物を所持する場合も、「自己のためにする意思」があることになります。さらに、物を盗んだ人にも、物を利用したり処分したりするために盗んでいるので、「自己のためにする意思」が認められます。

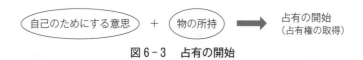

図6-3　占有の開始

3　占有の効果

占有には、さまざまな効果があります。まずは、①占有していることによって権利があることを外部に表すという効果があります。また、②動産について、所有権などを取得した人が第三者に自分の権利を主張できる対抗要件は「引渡し」、すなわち占有が移転することです[*3]。さらに、③占有をしていることによって、占有者がなんらかの適法な権利に基づいて占有をしているということが推定されます（188条）[*4]。

なお、③の推定があることによって、占有者が占有している物に対して他の人から「自分の物だから返せ」と請求をされた場合でも、占有者は適法な権利に基づいて占有していることになります。「返してくれ」と請求する人が占有者にその物を占有する適法な権利がないことを証明しない限りは、占有者はその物を取り上げられることがありません。

● 権利を表す——動産物権変動の公示・対抗要件（＋即時取得）、権利の推定
● 占有の保護——占有の訴え（占有訴権）
● 占有を媒介とする権利の取得——取得時効
　　　　　　　　　　　　　　　　　——即時取得

図6-4 占有の効果

4 占有の訴え（占有訴権）

　所有権者には、自分の所有する物が盗まれたり、その使用が妨害されたり、妨害されそうな場合にその侵害状態を取り除く物権的請求権[*5]が認められています。占有者についても、占有状態が侵害された場合には、**占有の訴え（占有訴権）**を使うことが認められています。占有が奪われた場合に占有を回復したり、占有が妨害されている場合には妨害を排除して占有を保持したり、将来的に占有が妨害されそうな場合には予防を請求して占有を保全したりする訴えを行使することができます（表6-1）。

📝 用語解説
*5 物権的請求権
物権を保護するために物権を持っている人に認められる権利をいいます。

表6-1 所有権に基づく物権的請求権と占有の訴えの対応関係

占有訴権	内容	物権的請求権の対応
占有回収の訴え	占有の返還および損害賠償を請求できる	返還請求権
占有保持の訴え	占有の妨害の停止および損害賠償を請求できる	妨害排除請求権
占有保全の訴え	占有の予防および損害の担保を請求できる	妨害予防請求権

　占有の訴えは占有に基づくものなので、借りていた物が盗まれた場合や預かっている物の使用が妨害された場合などに、所有者に物権的請求権を使ってもらうように頼まなくても、占有者が自分で侵害を除去できます。なお、所有者もこの占有の訴えを使うことができます[*6]。

　また、占有の訴えの場合には、物の回復や妨害排除に加えて、損害賠償や損害賠償の担保を求めることもできます。なお、この損害賠償の訴えは、不法行為による損害賠償請求です[*7]。

✓ ここも
CHECK
*6 盗まれた物を取り返す場合、所有権に基づく物権的請求権を使おうとすると、取り返そうとしている物に対して所有権があることを証明しなければなりませんが、それよりも占有をしていたことを証明するほうが簡単なので、占有の訴えが使われます。

🔍 ★ポイント★
*7 物権的請求権の場合には、損害賠償の請求や損害賠償の担保を求めることはできません。

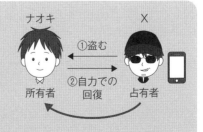

CASE 占有の交互侵奪

　ナオキは、行きつけの喫茶店で自身が所有するスマートフォンをXに盗まれてしまったとします。後日、ナオキは、同じ喫茶店で自分のスマートフォンがXに使われているのを発見しました。このとき、たとえば、Xが手洗いに席を立ったすきに、ナオキがスマートフォンをそのまま持ち帰ったとしたらどうでしょうか。スマート

フォンを盗んで使っていたXは、その占有を奪われたことになりますが、ナオキに対して占有回収の訴えを行うことができるでしょうか。[8]

　ナオキは自分のスマートフォンを取り返していますが、民法では、このような自力救済は原則として認められていません。[9] そうすると、Xは、スマートフォンの占有が侵奪されたので、占有回収の訴えを起こすことができそうです。判例は、占有回収の訴えを認めていると言われています。[10] しかし、Xが占有回収の訴えを行使して占有を回収したとしても、スマートフォンを盗まれたナオキが、占有回収の訴えを行使したり、所有権に基づく返還の訴えを起こしたりすることができます。

2 即時取得

✓ここも/
CHECK
*9 例外的に、法律
に定める手続によった
のでは、権利に対する
違法な侵害に対抗して
現状を維持することが
不可能または著しく困
難であると認められ、
緊急やむを得ない特段
の事情がある場合にだ
け、必要な限度を超え
ない範囲で認められる
と述べた判例（最判昭
和40年12月7日）はあ
りますが、自力救済を
認めた例はほとんどあ
りません。

✓ここも/
CHECK
*10 それに対し、訴
訟経済上の理由から、
侵奪者Bに占有の訴え
を認めることには批判
的な見解もあります。
なお、この事件では、
目的物が滅失してし
まっていたので、損害
賠償が争われました。

*11 公信力について
は、第5章（p.76）を
参照。

1 即時取得とは

　Aが所有しているパソコンをBに貸していたところ、Bがそのような事情をなにも知らない善意のCにパソコンを売ってしまい、占有も移転したとします。この場合、本来のパソコンの所有者はAであるはずですが、民法はAによる返還請求は認めずに、Cにパソコンの権利を取得させます（図6-5）。こうした制度を**即時取得**といいます。

　即時取得は、動産を占有している売主が無権利者であっても、その売主が権利者であると信頼して買主が取引をした場合に、買主を保護するために、即時に所有権などの権利を取得させるという制度です。即時取得は、動産にのみ成立し、不動産については成立しません。このことを、「動産には公信力が認められる」、あるいは、「公信の原則が採用されている」と言うこともあります。[11]

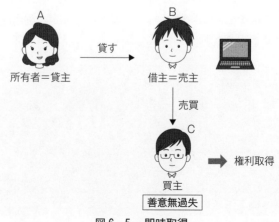

図6-5　即時取得

この制度は、動産の対抗要件である引渡しの公示の不十分さを補充し、[*12]また、取引の安全のために、早期に権利関係を確定するための制度です。

2 即時取得が成立するためには

即時取得は、民法192条に「取引行為によって、平穏に、かつ、公然と動産の占有を始めた者は、善意であり、かつ、過失がないときは、即時にその動産について行使する権利を取得する」と定められています。

即時取得が成立するための条件は、①目的物が動産であること、②取得者が取引行為によってその動産を取得したこと、③取得者が占有を始めたこと、④占有の開始が平穏・公然と行われたこと、⑤取得者が占有の開始時に、善意無過失であったことです。「善意無過失であった」とは、ここでは、取引相手が無権利者であるということについて知らなかったし、知ることができなかったことを意味します。

さらに、民法の条文には書かれていませんが、⑥取引の相手が無権利者であることも、即時取得が成立するための条件となっています。

3 動産が盗品や遺失物だった場合

Aが所有するパソコンをBが盗んでCに売ったという場合でも、Cが善意無過失で、その他の即時取得の条件も満たされていれば、即時取得が成立し、Cはパソコンの権利を手に入れることができます。しかし、盗まれた場合には、元の所有者にはなんの落ち度もありません。そこで、例外的に、元の所有者Aに2年間、取得者からの物の回復を認めています（193条）[*13]（図6-6）。

こうした物の回復は、動産が盗品だった場合だけではなく、Aが遺失した物についても認められます。

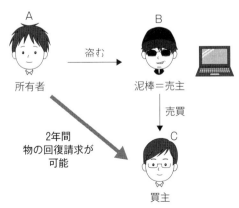

図6-6 即時取得と盗品の回復

4 盗品や遺失物が店で売買された場合

所有者Aが所有するパソコンが盗まれ、盗まれたパソコンがDのもとにあることを発見した場合には、2年間はパソコンを取り戻すことができます。しかし、パソコンを取得したD が中古パソコンショップから購入していた場合には、Aは Dからパソコンを返してもらうためには、Dが中古パソコンショップでパソコンを買うために支払った代金を弁償しなければなりません（図6-7）。

*14 競売については、第7章（p.97）を参照。

このように、民法194条では、取得者が、盗品・遺失物を、競売[けいばい*14]もしくは公の市場において、または同種の物を販売する商人から購入していた場合には、所有者は、支払った代価を弁償しなければ、盗品または遺失物を回復できないということが定められています。

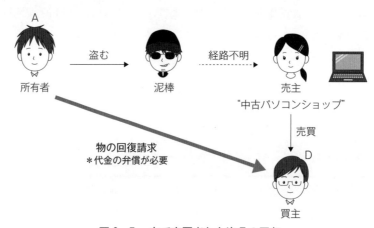

図6-7 店で売買された盗品の回収

5 古物商や質屋に対する規制

即時取得という制度があるために、自分の物を盗まれた所有者は、2年間しか盗まれた物を取り戻すことができません。そうすると、2年を経過すれば盗品の売買が可能になってしまいます。民法では、動産を買った人がいつまでも所有者からの返還に応じなければならないとすると安全な取引ができないということなどを理由に、取得者の側を保護するルールを置いています。もちろん盗品売買が推奨されるわけではありません。

そこで、窃盗等の犯罪の防止や、盗品の速やかな発見等を図るため、古物商や質屋に対しては、特別法[*15]で、いくつかの義務が課されています。

まず、古物商や質屋が古物を買い取る場合には、売主の住所等を確認し、控える義務を負います。その際に、不正品の疑いがある場合にはただちに警察に通報する義務を負い、警察から捜査の協力が求められた場合には持っている情報を提供しなければなりません。また、古物商や質屋は、盗品または遺失物の所有者に

対して1年間無償で返還する義務を負います。

Mini **column** ……国によって違う即時取得のルール

　　即時取得についてのルールは、国によってさまざまに異なっています。
たとえば、ドイツでは、盗品に対しては即時取得が認められていません。
それに対して、イタリアでは、盗品に対しても即時取得が認められており、
期間を限った回復も認められていません。また、アメリカでは、原則とし
て即時取得自体が認められていません。このようにルールが異なっている
ので、ある国で盗まれた物が他の国で売買された場合に、どこの国の法律
を適用するのかということが問題となります。

　　ドイツで登録された自動車が、イタリアで盗難され、日本で競売にかけ
られたという事件がありました。日本でどこの国の法律を用いるかを定め
ている「法の適用に関する通則法」の13条2項では、動産の得喪について
の準拠法（問題が複数の国に関係する場合に基準とされる法律）は、その原因
となる事実が完成した当時におけるその目的物の所在地法によるとされて
おり、その原因となる事実が完成した当時とは、買主が本件自動車の占有
を取得した時点であるとして、最高裁判所は日本の法律に基づいて解決を
しました。[*16]

*16　最判平成14年10
月29日。

3 取　得　時　効

1 民法における時効

　他人の物であっても、長期間占有を続けていた場合には、長期間占有を続けた
という事実状態を保護するために、長期間占有をしていた人に、その他人の物の
所有権を取得させます。このように、時間の経過によって不確定な権利関係を確
定させようという制度を**時効**といいます。民法では、他人の物を長期間占有して
いた場合の**取得時効**と、持っている権利を長期間行使しなかった場合にその権利
が消滅するという**消滅時効**があります。[*17]

*17　消滅時効につい
て、詳しくは、第2章
（p.27）を参照。

2 取得時効とは

　取得時効とは、ある人が、自分の物だと思って他人の物を一定期間占有し続け
た場合に、その他人の物の所有権（地上権、永小作権、賃借権、地役権）[*18]を取得す
るという制度です。

　たとえば、図6-9のように、Aの土地とBの土地とが隣り合って存在している
とします。Aが自分の土地の境界を越えて、自分の土地だと思って、B所有の土
地の一部である甲土地を占有していたとします。Aが20年以上にわたって甲土地

*18　地上権、永小作
権、地役権については、
第5章（p.64〜）およ
びコラム③（p.81）を
参照。

の占有を続け、そのあいだ、BがAに対して「自分の土地だから返してほしい」というようなことを一度も言わなかった場合、Aが時効を援用[19]すれば、Aは甲土地の所有権を取得することができます（図6-8）。

用語解説

*19 （時効の）援用
　援用とは、時効の利益を受ける人がする、時効の利益を受けようとする意思表示をいいます。時効は、時効の利益を受ける人が援用をしなければ、期間が経過していても完成しません。この例だと、何年占有していても、Aは時効を援用せずに、Bに土地を返すことができます。時効の援用については、第2章（p.28）も参照。

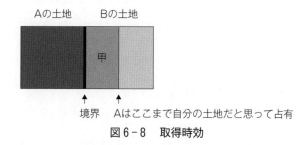

図6-8　取得時効

3　取得時効の条件

　取得時効が成立するための条件は、民法162条1項に、「20年間、所有の意思をもって、平穏に、かつ、公然と他人の物を占有した者は、その所有権を取得する」と定められています。

　ここから、取得時効が成立するためには、①20年間占有を継続すること、②所有の意思をもって占有すること、③平穏かつ公然と占有すること、④他人の物を占有することが必要とされます。

　①の占有を継続しなければならない期間は、上にあげたとおり20年間です。ただし、民法162条2項によると、占有者が占有の開始のときに善意無過失である場合には、10年間の占有の継続で、占有者は所有権を取得することができます。

> 占有者が占有の始めに、善意かつ無過失→10年（短期取得時効）
> 占有者が占有の始めに、悪意または有過失→20年（長期取得時効）

図6-9　取得時効の期間

4　占有の承継

*20 相続について、詳しくは、第13章（p.177～）を参照。

　Aが所有の意思をもって占有している（自主占有）物を、売買や相続など[20]によってBが取得した場合、取得者Bは、占有意思と所持の要件を満たして新しい占有を開始することもできますが、同時に、Aの占有を承継することもできます。

　このとき、Bは2つの占有を並列して行っていることになり、いずれの占有を主張することもできます（187条1項）。

　たとえば、BがAの占有を承継すると、取得時効の完成が問題となる場合に、Aが占有してきた期間とBが占有している期間を合算して、取得時効を完成させることができます（図6-10）。

図6-10　2つの占有

　また、たとえば、Aが10年占有していた土地をBに売り、その後Bが12年占有を継続していた場合には、両者の占有期間を合算して、22年間占有をしていたとして取得時効を完成させることができます（図6-11）。

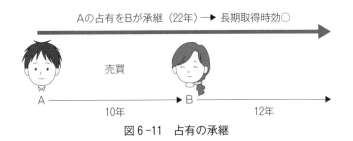

図6-11　占有の承継

　しかし、占有の承継の場合に注意しなければならないのは、占有を承継して占有期間を合算する場合には、前の占有者の占有の瑕疵[*21]も承継しないといけないということです。たとえば、Aが他人の土地だと知りながら（悪意）土地の占有を8年続け、その後BがAを相続したとします。そしてBは、問題となっている土地は父親Aが所有していたと信じて（善意）、土地の占有を8年継続したとします。AとBの占有期間を合算すると16年となり、Bは善意なので、10年で成立する短期取得時効が成立しそうにも思えます。しかし、Bが父親Aの占有を承継する場合には、Aが悪意で占有を開始したという占有の瑕疵も承継しなければならず、合算する場合には20年の占有継続が必要となります（図6-12）。

用語解説

*21　瑕疵
　占有の開始時に自分のものではないと知っていたり（悪意）、自分のものではないと知ることができたりした（過失）場合や、脅迫や暴行によって占有を開始した場合などのように、占有すること自体に問題があることを、占有に瑕疵があるといいます。

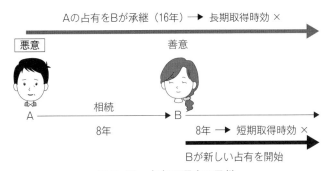

図6-12　占有の瑕疵の承継

したがって、もう4年待って20年が経過すれば長期取得時効が完成します。ただし、この例の場合には、Bが相続したときから新たに善意で占有を開始したとも考えられるので、2年待てば10年の短期取得時効が完成します。

⑤ 借りていた物を時効で取得できるか

占有を開始するときに、友人に物を借りて占有を開始した場合には、占有者がたとえ何年間占有を継続したとしても所有権を取得することはできません。

取得時効によって所有権を取得するためには、占有の途中で、自分が所有者だとして占有をするように、占有の性質を変更しなければなりません。占有の性質の変更は、自己に占有をさせた相手（貸主や預け主）に対して所有の意思があることを表示する必要があります。あるいは、借主が死んで相続が行われ、被相続人が物を引き継いだ場合、その時点で新しい占有が開始されたと考えることもできるので、その時点から起算して時効期間が経過すれば取得時効が成立する可能性があります。

⑥ 取得時効と第三者

Aが所有している土地をCが自分の土地だと思って占有していたとします。この土地をAがBに売りました。その後、BがCに対して何も言わないまま、Cの取得時効が完成しました。このとき、Cは登記がなくてもBに対して取得時効を援用して自分が土地の所有者であることを主張することができます[22]（図6-13）。

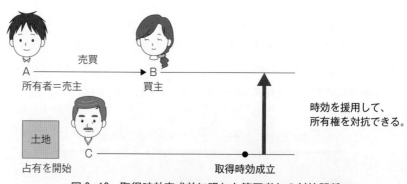

図6-13 取得時効完成前に現れた第三者との対抗関係

それに対して、Aが所有している土地をCが自分の土地だと思って占有し、Cの取得時効が完成しました。その後、この土地をAがBに売った場合には、BとCとは民法177条の対抗関係として考えられ、Cは登記をしなければBに所有権を対抗できません（図6-14）[23]。

★ポイント★

[22] 取得時効が完成した場合、物の占有者は、対抗要件がなくても時効完成時の所有者に対して時効によって物の所有権を取得したことを対抗できます。時効完成後に登場した第三者Bは、時効完成時の物の所有者で、取得時効によって権利を失う当事者なので、CはBに対して登記がなくても土地の時効取得を対抗できます（最判昭和46年11月5日）。

[23] 大判大正14年7月8日。

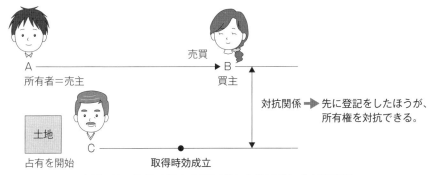

図6-14 取得時効完成後に現れた第三者との対抗関係

7 時効の更新と完成猶予

　一定の事由が発生した場合に、それまで経過していた時効をリセットして、新しい時効期間の進行が開始することを**時効の更新**といいます。たとえば、時効によって権利を失うことになる人が、時効の利益を受ける人に対して裁判で請求を行ったり、時効の利益を受ける占有者が本来の所有者の所有権を認めたりすると、そのことが時効更新事由となり、時効が更新されます。

　それに対して、時効完成の間際になって、災害が発生したなど、権利者が時効の更新をすることが困難な事情がある場合に、所定の期間が経過するまで時効の進行を一時的に止めることを**時効の完成猶予**といいます。

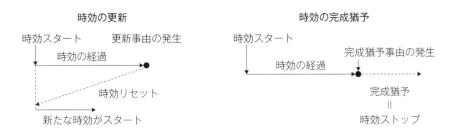

図6-15 時効の更新と完成猶予

4 動物の所有権

　日本の民法では、動物は、人ではないので物として扱われています。[*24] そのため、動物についても飼主が所有をしていますが、飼主のところから逃げ出すなどした動物を捕獲した人が占有をすることで、取得時効や即時取得によって所有権を取得することができます。

　取得時効は、10年以上の占有の継続が必要とされるので、あまり問題となるこ

🔍★ポイント★

*24　動物は不動産ではないので動産です。

とはありませんが、即時取得については問題となることがあります。たとえば、飼っている猫を友人に預けていたところ、その友人が勝手に猫を売ってしまった場合や、犬が行方不明になっているときにNGOが犬を保護して里親に引き渡した場合は、取引行為が行われているので、即時取得が成立する可能性があります。

また民法195条には、家畜[*25]以外の動物の占有による権利の取得が定められています。通常、家畜として飼われていない動物を、飼主がいることを知らない（善意）で占有を始めた人は、その動物が飼主のもとから逃げ出したときから1か月以内に飼主から回復の請求を受けなかったときは、その動物の所有権を取得します。

＼ここも／CHECK
*25 家畜とは、牛や馬のことだけではなく、その地域で一般に人に飼われてその支配に服して生活している動物のことを指します。どの動物が家畜かは、時と場所によって変わります。

動物を捕獲
- 家畜として飼われていない動物 ➡ 1か月以内に飼主から回復の請求を受けなかったときは権利取得（195条）
- 家畜として飼われている動物 ➡ 1か月の占有による取得は成立せず。遺失物拾得または取得時効による取得の可能性あり。

動物が取引された ➡ 即時取得（192条）の可能性あり。

図6-16 動物の所有権

まとめの問題

【○×問題】

① 盗品が売買された場合には、買主は必ず購入した盗品を元の持ち主に返さなくてはならない。 □

② 取得時効の期間が経過すれば、占有者は自動的に占有していた物の所有権を取得することができる。 □

【演習問題】

Aはメスの猫の「にゃんこ」を飼っていました。しかし、Aが体調を崩して入院している際に、近所のBが捨て猫だと思い「にゃんこ」を飼い始めてしまいました。その後、「にゃんこ」が子猫を産んだため、動物の保護活動を行うNPOを通じて里親探しをしたところ、Cが引き取ることになりました。2か月後退院したAがそのことを知り、Cから子猫を返してもらいたいと思った場合に、返してもらうことはできるでしょうか。

ヒント 子猫が家畜にあたるかどうか、家畜以外の動物だとすると即時取得が成立する条件が満たされるかどうかを検討していきます。

第 7 章 担保物権

マイホームを持ちたいけれど…

―― （これまでの経緯）理想の中古物件を見つけたナオキが、その家を購入することを決意した。

よく考えてみると、ナオキはこれまでの貯金で、あの理想的な家を購入できるのか不安になってきた。お金が足りなかったらどうしよう……。困ったナオキは、同僚のシズコに相談した。

「結婚して5年経つし、いい家を見つけたから買おうと思うんだけど……。万が一お金が足りなかったらどうすればいいんだろう？」

「銀行から借りればいいのよ。友人のジロウが銀行で働いているから話聞いてみる？」

2日後、ナオキはシズコから紹介してもらったジロウに話を聞くことになった。

「マイホームをお持ちになるそうですね。私ども太陽銀行には住宅ローンのプログラムがございますから、ぜひご利用ください」

「具体的にはどうしたらいいんですか」

「ナオキ様の5,000万円のお宅と8,000万円の土地の費用をお貸しするかわりに、そのお宅と土地に抵当権を設定させていただきます」。

よくわからないナオキだが、銀行から1億円を借りて、毎月10万円ずつ返済することになった。

そして、別の契約で、300万円の池、100万円の庭石、50万円の石灯籠も購入した。このための費用として500万円を、土地に抵当権を設定して月銀行から借り入れた。なんだ、土地と建物があればみんなお金を貸してくれるじゃないか、抵当権というのは便利だなぁと感じている。

ところが、突然ナオキの勤めている会社が倒産し、仕事を失ってしまった。銀行からは、「返済が滞っていますが、早く支払ってもらわないと抵当権を実行しますよ」と毎日のように電話がかかってくる。とにかく迷惑をかけてしまっているようだ。これからどうなるのだろう。

Question

① このストーリーで用いられている担保物権とはなんでしょうか。

② 抵当権を設定してもらい、実行する場合に、銀行はなにをしなければならないでしょうか。

③ 抵当権を実行した場合、その抵当権の範囲に含まれ、競売の対象となるのはなんでしょうか。

keywords　抵当権　抵当権の設定　抵当権の及ぶ範囲　譲渡担保　担保物権

1 担保物権とは

　はじめに、みなさんが友人に「お金を貸してもらいたい」と相談する場面を考えてみましょう。たとえば、ジュースを買うのに小銭がなくて160円を貸してほしいという場合は、少額ですから、おそらく160円を借りることができるでしょう。しかし、生活に窮して生活費10万円を貸してほしいという場合は、たとえ友人でも高額な金額を貸すことに躊躇(ちゅうちょ)するかもしれません。そこで、みなさんは、お金を借りるかわりとして、たとえば祖母の形見の指輪（10万円相当）を友人に差し出すということがあり得ます。この指輪を「質(しち)」として、お金を貸してくれないかとお願いするのです。みなさんが無事に10万円を返済したときは指輪を返してもらい、どうしても返済できないときには、友人が指輪を売ることで貸した10万円の肩がわりにしてもらうわけです。

　このように、債務（借金）を弁済できない場合に、物の価値によって弁済をしてもらう手段を担保(たんぽ)といいます。事例のように、物を担保とすることもあれば、お金を返せなかったときに代わりに返してもらう人（保証人）を立てることも担保にあたります。本章では、物的担保のひとつである担保物権について説明します。

2 担保物権の種類

　担保物権は、図7-1のように分類されます。典型担保物権(てんけいたんぽぶっけん)とは、民法上に規定をもつ物権のことです。非典型担保(ひてんけいたんぽ)とは、民法上には規定の根拠をもたず、特別法や判例によって存在が承認された担保物権です。本章では、典型担保でもっとも用いられている抵当権と、非典型担保で利用の多い譲渡担保を紹介します。[*1]

*1　その他の担保物権については、コラム④（p.109）を参照してください。

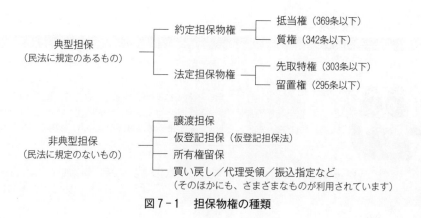

図7-1　担保物権の種類

3 抵 当 権

　ここからは、具体的な担保物権の内容について見ていきましょう。まずは、担保物権の代表格といえる抵当権について説明していきます。

1 抵当権とは

　抵当権とは、不動産を担保として提供する際に設定される担保物権です。たとえば、家を購入するために3,000万円を借りたいと思った場合に、自己の有する土地に抵当権という担保物権を設定して、お金を借りるというケースが考えられます。抵当権は、①不動産の占有を**債権者に移す必要がなく**、抵当権を設定しても債務者は引き続きその不動産を用いることができ、②債務者が弁済できなくなった場合に、債権者は抵当権を実行することで**他の債権者に優先して**不動産から弁済を受けることができます（369条1項）。

Mini Column……優先弁済

　「優先的に弁済される」とは、「債権者平等の原則」の例外を意味します。たとえば、債務者Aが、Bから1,000万円、Cから2,000万円、Dから3,000万円を借りているとします。しかし、Aは合計3,000万円の財産しか有していないとしましょう。このとき、B・C・Dが担保を有していなければ、それぞれの債権額に比例した額の配当を受けます。すなわち、B:C:D＝1:2:3ですので、Aの3,000万円から、Bが500万円、Cが1,000万円、Dが1,500万円を得ることになります。このように、債権者のあいだでは、だれもが債権額に応じて平等に取り扱われ、だれかがだれかに優先することはないという原則を**債権者平等の原則**といいます。
　一方、Aの財産に不動産があり（価値を2,000万円とします）、これにCが抵当権を設定していたとしましょう。この場合、Aが弁済できないときは、Cは抵当権を実行して2,000万円を優先的に弁済してもらえますが、B・Dは残りの1,000万円の財産を債権額に応じて分け合うことになります。このように、担保物権を有している場合は、他の債権者に優先して自己の債権の満足を得ることができます。これを「優先弁済を受ける」と表現します。

2 抵当権の設定と効力

(1) 被担保債権の存在

　被担保債権とは、抵当権との関係では、抵当権の対象となる債権のことをいいます。すなわち、債権者が抵当権を設定してもらう場合には、どの債権のために

*2　不動産・動産について、詳しくは、第5章（p.66）を参照。

☑ここも CHECK
*3　占有については、第6章（p.83）を参照。なお、不動産を目的とする担保物権として不動産質権という担保物権も存在します。しかし、質権は質権者（債権者）に目的物を引き渡さなければ成立しません。目的物（不動産）を引き渡してしまうと、所有者は不動産を使えませんので、不動産質権はあまり利用されません。

🔍★ポイント★
*4　抵当権を実行するには、抵当権者が裁判所に不動産の競売を申し立てる必要があります。競売とは、平たくいえばオークションのことであり、その不動産を買いたい人が買受額を提示して、もっとも高額で購入を希望した人が競落（本章注21を参照）して、不動産を取得することができます（詳しくは、民事執行法を参照）。

☑ここも CHECK
*5　一定の取引において債権が発生・消滅する場合には、根抵当権（398条の2以下）が設定できます。本書では説明の対象とはしません。

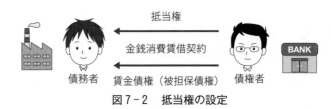

図7-2　抵当権の設定

抵当権を設定するかを定める必要があります。図7-2では、貸金債権が実現しないときのために抵当権が設定されるので、貸金債権が被担保債権ということになります。抵当権は、このように、多くの場合は金銭債権を担保するために設定されますが、それ以外の場合にも抵当権を設定することは可能です。[*6]

(2) 抵当権を設定する人

　抵当権は、不動産に対して設定するものです。したがって、不動産を自由に処分できる権限のある人でなければ、抵当権を設定することはできません。[*7]すなわち、抵当権を設定できるのは、不動産を所有している人ということになります。

　したがって、土地を担保としてお金を借りる場合には、その土地の所有者であり、お金を借りる債務者である人が抵当権を設定します。この人を**抵当権設定者**[*8]といいます。他方で、お金を貸す側である債権者は、抵当権を有することになり、貸したお金が弁済されなければ抵当権を実行します。抵当権を設定してもらった債権者を**抵当権者**といいます。抵当権の設定は、抵当権設定契約に基づいて行われます（図7-3）。抵当権設定契約は、抵当権設定者と抵当権者との合意のみで成立するため、**諾成契約**[*9]です。

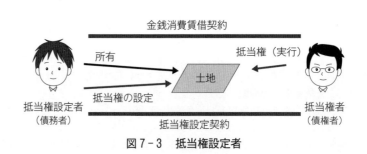

図7-3　抵当権設定者

(3) 抵当権の対抗要件

　抵当権の対抗要件[*10]の意味は、大きく2つに分かれます。1つめは、抵当権が設置された不動産を第三者に売却されても、抵当権者は引き続き抵当権を実行できることです。2つめは、1つの不動産に複数の抵当権が設定された場合に、その順位を主張できることです。

　まず、次の例を考えましょう。たとえば、抵当権設定者が、借金を弁済できなかったとします（図7-4）。

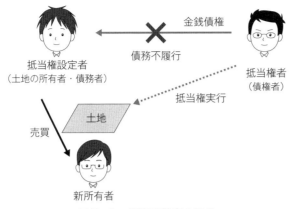

図7-4　抵当不動産の処分

このままでは、抵当権者により抵当権が実行されて、土地は他の人の手に渡ってしまいます。しかし、抵当権を設定したのはあくまで抵当権設定者です。そこで、抵当権設定者は考えました。「関係のない人が所有者になれば、新しい所有者には抵当権を設定しているわけではないから抵当権は実行されないだろう。友人に土地を売って後で返してもらおう」と。これが認められてしまえば、抵当権者は抵当権を持っている意味がありません。そこで、民法177条は、第三者が抵当権が設定された不動産を買ったとしても、それ以前に**抵当権の登記**をしておけば、抵当権者は抵当権を実行できるとしています。[11] 担保物権も物権なので、先に登記をしておけば、第三者に対して権利を主張できるのです。

次に、抵当権が複数設定された場合を考えてみましょう。不動産は有限ですから、個人が大量に不動産を持っていることは、多くはありません。したがって、複数人（複数会社）からお金を借りようとする場合、1つの不動産に1つの抵当権しかつけられないとすると不便です。たとえば、1,000万円を借りるために、5,000万円の価値のある土地を担保に供するとしましょう。このとき、仮に1,000万円が返せなかったとしても、5,000万円の土地から1,000万円が引かれるだけですから、まだ4,000万円の価値が残っています。この価値を使って、さらに借金ができたほうが、たとえば事業を拡大するのに役立ちます。そこで、抵当権は1つの土地に対して複数設定することもできるわけです。ただし、その際には、登記された順に優先弁済が行われます。

たとえば、ある土地の所有者が、3人から合計6,000万円を借りたとします。その際、3人それぞれに抵当権を設定しました。このとき、抵当権を設定された順番に1番、2番……とナンバリングされます。このナンバリングは、登記をした順番で決定されます。登記の一番上に抵当権者として書かれている人を1番抵当権者、次の人を2番抵当権者というように呼称します。

さて、図7-5のように、抵当権設定者がお金を借り、返済ができなかった場

 民法177条
不動産に関する物権の得喪及び変更は、不動産登記法その他の登記に関する法律の定めるところに従いその登記をしなければ、第三者に対抗することができない。

*11　登記について、詳しくは、第5章(p.76)を参照。

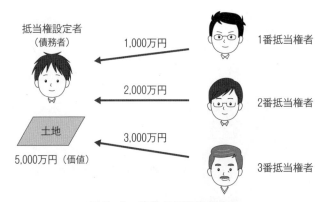

図 7-5　複数の抵当権の設定

📝 用語解説

*12　一般債権者
　一般債権者とは、担
保を有しない債権者の
ことです。ここでは、
３番抵当者が回収でき
ていない1,000万円の
債権は、ほかに担保が
なければ一般債権とな
ります。

民法304条

1項　先取特権は、
その目的物の売却、
賃貸、滅失又は損傷
によって債務者が受
けるべき金銭その他
の物に対しても、行
使することができ
る。ただし、先取特
権者は、その払渡し
又は引渡しの前に差
押えをしなければな
らない。

民法372条

第296条、第304条及
び第351条の規定は、
抵当権について準用
する。

🔍 ★ポイント★

*13　正確には、売買
による売買代金、賃貸
した場合の賃料、不動
産が第三者によって滅
失させられた場合の損
害賠償金、不動産に火
災保険がかけられてい
た場合の火災保険金な
どが考えられます。

合には、どうなるでしょうか。上から順番に優先弁済されますので、１番・２番
の抵当権者は全額を回収できます。しかし、３番抵当権者は5,000万円から１番・
２番で取られた3,000万円の残りである2,000万円しか回収することができません。
抵当権設定者にほかに財産があれば、一般債権者[12]とともに平等に弁済を求められ
ますが、この土地の価値は5,000万円しかありませんので、それ以上を土地から
回収することはできません。このように、抵当権はその順番も非常に大事ですが、
登記はそれを表示する役目も担っています。

(4)　抵当権の効力

　(a)　優先弁済的効力　　抵当権を設定すると、債権者平等の原則の例外として、
抵当権者は、抵当権が設定された目的物から優先的に弁済を受けることができま
す（369条１項）。これを、**優先弁済的効力**といいます。実際には、上記(3)で説明
したように、総債権額が不動産の価値を上回る場合もあり、その場合には不足の
限度で優先弁済的効力は失われますが、不動産の価値の範囲であれば、優先的に
弁済を受けることができます。

　(b)　物上代位性　　たとえば、抵当権設定者が、抵当権を設定した目的物（た
とえば、家）を第三者に賃貸したとしましょう。賃借人は賃貸人たる抵当権設定
者に賃料を支払います。この場合、もし抵当権設定者が弁済をしなかったとする
と、債権者（抵当権者）は、抵当権の目的物から収益（ここでは賃料）があるなら
ば、そこから弁済してほしいと思うでしょう。

　そこで、民法304条１項本文・民法372条は、抵当権者は、目的物の売却、賃貸、
滅失、損傷によって抵当権設定者が受けることとなる金銭等からも、優先的に弁
済を受けることができるとしています（**物上代位**）。抵当権は、**不動産の価値を**
担保にする権利です。抵当権の実行以外でも、不動産の価値がなんらかの方法で
実現した場合には[13]、それにも抵当権が及ぶと考えられるのです。したがって、そ
の不動産を第三者に賃貸した場合の賃料についても、抵当権の対象にすることが
できます。なお、以上のように抵当権者が物上代位をするには、賃料等が抵当権

設定者に支払われる前に差し押さえなければなりません（372条・304条1項ただし書）。

(c) 妨害排除請求　抵当権を設定しても、抵当権設定者は目的物を自由に使用・収益・処分することができます。したがって、抵当権設定者がどのように目的物を利用しようとも、抵当権者は口出しをすることができないのが原則です。

しかし、目的物の使い方があまりにも粗雑だった場合はどうでしょうか。たとえば、みなさんがだれかにお金を貸し、抵当権設定者（債務者）の家に抵当権を設定したとします。その後、抵当権設定者がこの家を非常に乱暴に使い、急激に価値が下がるような行為を行っていたらどうでしょうか。貸したお金をきちんと弁済してくれるのであればいいですが、そうでないときのことを考えれば、価値が下がるような行為を止めたいと考えるでしょう。

このような場合には、抵当権に基づく妨害排除の一環として、抵当権設定者に担保価値を下落させる行為の差止めを求めることができます。また、第三者が抵当権の目的となっている不動産を不法に占拠し、そのために担保価値が下落してしまう場合にも、妨害排除請求をすることができます。[*14]

(5) 抵当権の効力の及ぶ範囲

さて、債務者が弁済をしなければ、債権者である抵当権者は抵当権を実行します。抵当権の実行は競売によって行われますが、目的物がたとえば土地であった場合、どこまでを競売の対象とすることができるのでしょうか。土地には建物や木、石などさまざまな物が乗っています。土地を売却する際に、売ることができるものと、売ることができないものはなんでしょうか。

これについて、民法は、その土地に付加して一体となっている物に抵当権の効力が及ぶとしています（370条）[*15]。これを短くして「**付加一体物**」といいますが、この付加一体物がなにを意味するかを考えなければなりません。日本では土地と建物は別個の不動産とされていますから、土地を抵当権の目的とした場合でも、建物には直接には抵当権の効力は及びません（370条）。そこで、抵当権の目的物が土地か建物かによって、付加一体物の内容を考える必要があります。

(a) 抵当権の目的物が土地の場合　土地の上に樹木がある場合、樹木は土地の処分と運命をともにするとされています[*16]。土地の抵当権を実行すると、その上の樹木も一緒に処分の対象となります。また、土地に固定されて容易に動かせないものについても、土地の付合物と考えられ、土地の処分に従うことになります。[*17]

(b) 抵当権の目的物が建物の場合　土地の場合と同様に、建物の付合物とされるものには抵当権の効力が及びます。家の扉や付属の建物などは、抵当権の実行により、ともに処分されることになります。

しかし、建物の内部にはあっても、独立して動かせるものもあります。最近は、エアコンが代表といえるでしょう（図7-6）。このような従物がどのように扱わ[*18]

☑ \ここも/ CHECK
*14　かつては抵当権の目的は不動産の価値なので、不法占拠者に妨害排除請求ができるのは所有者であると考えられました。しかし、抵当権が実行される状況においては、所有者はもはやその不動産に誰がいようとも気にしません。そのため、抵当権者が所有者に不法占拠者を追放するよう頼んでも、所有者が応じないことがありました。不法占拠によって担保の価値が減少しているとすれば、抵当権者も権利を侵害されていると考えられるため、判例はこのような場合には抵当権者が不法占拠者に妨害排除請求ができると判示しました（最大判平成11年11月24日）。

☑ \ここも/ CHECK
*15　民法371条により、債務不履行の後に生じた果実にも抵当権の効力が及ぶとされています。こちらについてはより勉強を重ねてから理解してください。

*16　もっとも立木については例外です。詳しくは、第5章（p.66）を参照。

*17　たとえば、大きな庭石があげられます。付合については、第5章（p.70）を参照。

*18　従物については、第5章（p.67）を参照。

図7-6 抵当権の及ぶ範囲

れるかについて、判例は、民法87条2項を根拠に、**抵当権が設定される前**に建物に付加していた物は建物とともに処分されるとしています。[19]

(6) 抵当目的物の第三取得者

抵当権を設定しても、抵当権設定者（所有者）はその目的物を自由に処分することができます。ゆえに、抵当権の設定後でも、抵当権者の意向にかかわらず、第三者に抵当権を設定した不動産を売却することができます。これにより抵当権つきの不動産を取得した第三者を、**第三取得者**といいます。しかし、第三取得者は、せっかく不動産を取得しても、抵当権者が抵当権を実行すると不動産を失うことになります。そのため、民法は、第三取得者が用いることができる請求権を設けて利害を調整しています。

（a） 抵当権消滅請求　第三取得者は、不動産の代価や指定額を抵当権者に提供し、抵当権を消滅させるよう求めることができます（379条）。たとえば、第三取得者が2,000万円を提供することを抵当権者に提示します。抵当権者が不動産を競売にかけても同額以下でしか競り落とされないと踏んだ場合には、この請求を受け入れて2,000万円を受け取り、抵当権を消滅させることができます。他方で、競売で2,000万円より高く競り落とされると見込んで請求を受け入れないとした場合、抵当権者は、この通知を受けてから2か月以内に抵当権を実行しなければなりません（384条）。[20]

（b） 代価弁済　(a)とは反対に、抵当権者が、第三取得者に対して売買代金を支払うよう請求することもできます。これを**代価弁済**といいます。第三取得者が抵当権者に代金を支払えば、抵当権は消滅します（378条）。

(7) 法定地上権

先ほど述べたように、日本では、土地と建物は別個の不動産とされています。たとえば、Aが土地甲の所有者であり、その上に建物乙を建てて居住しているとしましょう。このたび、お金が必要になり、Bと金銭消費貸借契約を締結し、土地甲にのみ抵当権を設定したとします（図7-7）。

AがBに弁済できない場合、Bは抵当権を実行し、土地甲が競売にかけられます。その結果、Cが土地甲を取得したとしましょう。このとき、建物乙はAが建てたのですからAが所有者ですが、土地甲はCが取得したのですからCが所有者です。

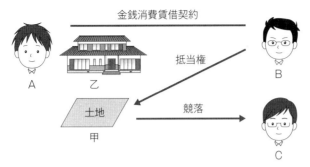

図7-7　土地の抵当権の実行

他人の土地に勝手に建物を建てることは許されませんから、競売の結果、CはA を不法占拠者であるとして、土地の明け渡しを求めることが可能になります。

　また、Aが建物乙にのみ抵当権を設定し、それをCが競落した場合、Cは建物 乙の所有権を得ますが、土地甲はAの所有ですので、抵当権を実行されたのに、 AがCに土地の明け渡しを求めることが可能になってしまいます。これでは、土 地と建物を別個に抵当権の目的にすることができる意味がなくなってしまいま す。このように土地・建物の片方しか抵当権の対象となっていない場合には、明 渡請求が可能となるため、抵当権設定者あるいは競落人が不測の損害をこうむる ことになってしまい、制度が無意味になってしまうのです。

　そこで民法は、**法定地上権**という制度を準備しました（388条）。上記のように、 当初は土地と建物の所有者が同じ人物だったのが、抵当権が実行されて土地と建 物の所有者が異なるにいたった際に、「法律の規定」によって「地上権」[*22]を成立 させ、建物を取り壊す必要がないようにしています。建物の所有者には、地上権 という利用権が設定されるため、引き続き建物を利用できることになります。[*23]法 定地上権が成立する要件は、以下の3点です。

　（a）　抵当権を設定する際に、建物が存在していたこと　　更地に抵当権を設定 した後に建物が建てられ、その土地の抵当権が実行されたとしても、建物所有者 （抵当権設定者）のための**法定地上権は成立しません**。[*25]更地は建物つきの土地より も価値が高く、抵当権者はそれをふまえて融資をしています。もし更地に後から 建物が建てられ、その建物のために法定地上権が成立したとすると、競落人は法 定地上権つきの土地を取得することになるため、土地の価格が下がってしまいま す。したがって、更地に後から建物を建てても、それは抵当権者の預かり知らぬ ことですので、法定地上権を成立させないのです。

　（b）　抵当権を設定する際に、土地と建物が同一人物に帰属していること　　仮 に土地と建物の所有者が異なる場合は、建物の所有者はなんらかの利用権（賃借 権、地上権など）を有しているはずです。したがって、法定地上権を認めずとも、 建物の所有者は建物を利用することができます。そのため、この要件を満たさな

用語解説

*21　競落

　抵当権者は、抵当権 の実行として裁判所に 競売（民事執行法180条 以下）を申し立てます が、そこで競り落とし て不動産を取得するこ とを競落といいます。

*22　地上権について は、第5章（p.71）お よびコラム③（p.81） を参照。

★ポイント★

*23　法定地上権は、 建物の存続を図るため に政策上定められた権 利ですので、法定地上 権を成立させないとい う合意は認められませ ん。したがって、法定 地上権の制度は**強行法 規**です。

用語解説

*24　更地

　更地とは、なにもな い土地のことです。

CHECK

*25　最判昭和52年10 月11日は、当初建物が 存在した土地に抵当権 を設定した後、その建 物がなくなってしまい （滅失といいます）、再 築した場合には、法定 地上権は成立するとし ています。また、建物 の登記がなくとも法定 地上権は成立します （大判昭和14年12月19 日）。

ければ、法定地上権の存在がそもそも不要なのです。

　(c)　土地または建物の一方または双方に抵当権が設定され、抵当権の実行によって土地と建物の所有者が別の人物となったこと　　民法上は、「土地または建物のみ」と規定されているのですが、解釈上、競売によって土地・建物それぞれが異なる人物に帰する場合には、法定地上権を認めるとしています。

(8)　抵当権の処分

　抵当権者は、抵当権を処分することができます。権利を有する者は、その権利を自由に処分することができますが、抵当権も例外ではありません。

　(a)　転抵当　　**転抵当**とは、自身の有する抵当権を自身のほかの債務の担保として提供することです（376条1項前段）。たとえば、AがBから5,000万円を借りる際に、自己の有する土地に抵当権を設定したとします。その後、BがAからの弁済を待たずに費用が必要となり、Cから3,000万円を借りるとします。このとき、Bは自己の有する抵当権を担保とすることができます。転抵当権者は、Bの抵当権の価値を限度として優先弁済を受けられます。転抵当は、原抵当権者（B）と転抵当権者（C）との合意のみで設定でき、抵当権設定者（A）の同意は不要です。

　(b)　抵当権の譲渡・放棄、順位の譲渡・放棄、順位の変更　　たとえば、EがA（2,000万円）・B（1,500万円）・C（1,000万円）・D（1,000万円）からお金を借りるにあたって、3,000万円の土地に抵当権を設定し、Aが1番抵当権者、Bが2番抵当権者、Cが3番抵当権者、Dが無担保の債権者（一般債権者）とします。

　①　抵当権の譲渡・放棄　　**抵当権の譲渡・放棄**とは、他の一般債権者のために、抵当権のみを処分することをいいます（376条1項後段）。

　AがDに抵当権を譲渡した場合、DがAに優先します。したがって、先にDが土地から1,000万円の優先弁済を受けます。その後、Aが残りの1,000万円の弁済を受けることになります。Aの残りの債権は、一般債権として処理されます。AがDに抵当権を放棄した場合、AとDとが債権額の割合によって弁済を受けます。A：D＝2：1ですので、Aの債権額2,000万円から、Aが3分の2を受け取りますから約1,300万円、Dが残りの約700万円を受け取ります。

　②　抵当権の順位の譲渡・放棄　　これは、先順位の抵当権者が後順位の抵当権者に処分を行うことです（376条1項後段）。

　AがCに抵当権の順位を譲渡した場合、通常の配当では配当金を得ることはできないCがAに優先して弁済を受けることができ、1,000万円を取得できます。Aは残りを得ることができますので、ここでは1,000万円を得ることができ、残りの1,000万円が一般債権として扱われます。次に、AがCに順位を放棄した場合、AとCとは債権額の割合で配当を受けます。今回は、A：C＝2：1で配分されますので、Aが約1,300万円、Cが約700万円を受け取ります。

　③　順位の変更　　抵当権者間全員で合意を得ることができれば、抵当権の

順位を変更することができます。その際、抵当権の価値は変わりませんので、優先順位が変更されるだけです。変更は、登記によって効力を生じます（374条）。

(9) 共同抵当

　ここでは、みなさんがだれかに500万円を貸す場面を考えてみましょう。先ほどから説明しているように、この場合に債務者の不動産に抵当権を設定することができれば、債務者が弁済しない場合の保険（担保）とすることができます。これまでは、債務者の1つの不動産に抵当権を設定する場合を基本的に考えてきました。しかし、もし債務者が複数の不動産を持っているとしたら、債権者としてはそれらを担保として利用したいと考えるでしょう。たとえば、債務者が500万円の建物と1,000万円の土地を持っていた場合、実際の社会では、この2つの不動産に抵当権を設定することがしばしば行われています。これにより、さらに確実に優先弁済の道を確保するわけです。このように、1つの債権債務について、複数の不動産に抵当権を設定することを、**共同抵当**といいます。

　しかし、共同抵当には問題があります。たとえば、BがAに対して500万円の債権を有しており、その担保として土地と建物に1番抵当権をそれぞれ有しているとします。そして、土地に対してのみ2番抵当権を持つCと、建物に対してのみ2番抵当権を有しているDが存在するとします（図7-8）。

　このとき、仮にBが建物に対する1番抵当権のみを実行するとどうなるでしょうか。Bは建物から500万円を優先弁済されますから、Dは建物から優先弁済を受けることができなくなります。しかし、もしBが土地についてのみ抵当権を実行すれば、建物の価値はBに移転しませんから、Dは300万円の優先弁済を建物から受けることができます。すなわち、2番抵当権者の運命が1番抵当権者の選択に委ねられることになります。CやDは最後までいくら弁済してもらえるかわかりません。これでは、共同抵当の目的物とされている不動産に、だれも2番抵当権を設定しようとは考えなくなるでしょう。抵当権設定者としても、お金を借りる先が減ることになりますから不都合です。そこで、民法はこのような共同抵当に

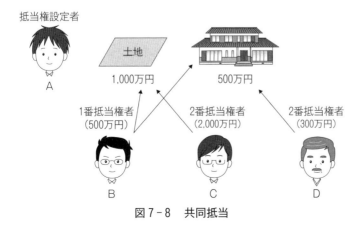

図7-8　共同抵当

ついて、場面を分けてルールを定めています。

　(a)　同時配当　　Bが共同抵当としている不動産について、双方とも抵当権を実行する場面を考えましょう。この場面を**同時配当**といいます。同時配当の場合には、抵当権者は複数の不動産の価値に応じた割合での配当を受けます（392条1項）。すなわち、Bは土地からは500万円×3分の2で約320万円を、建物からは500万円×3分の1で約180万円をそれぞれ得ることになります。したがって、Cは残りの約680万円、Dは300万円満額を得ることができます。このように、Bがそれぞれの不動産からどの程度を得られるかを計算することを、**割付**といいます。

　(b)　異時配当　　Bは共同抵当の場合に、必ず同時配当をしなければならないわけではなく、一方のみを実行することも許されます。これを**異時配当**といいます。

　たとえば、先の例で、Bが建物のみ抵当権を実行したとしましょう。この際、Bは1番抵当権者ですから、この建物から500万円全額を取得することができます（392条2項前段）。しかし、同時配当であれば2番抵当権者のDは300万円を得られたのに、偶然Bが異時配当を選択したことで不利益を得ています。そこでDは、Bが同時配当を選択していれば土地から得られた配当額を限度として、Bに代位して競売を申し立てて、配当が受けられるとしています（392条2項後段）。

　すなわち、Bは同時配当の場合には土地から約320万円を得るはずだったので、Dは自己の債権額300万円について、土地から配当が受けられます。債権額が代位できる額を下回っている場合には、債権額しか得られないことを覚えておいてください（ここで、320万円を請求できるわけではありません）。

⑽　**抵当権の消滅**

　抵当権も物権の一種ですので、物権の一般的な消滅原因[*26]により消滅します。また、被担保債権が消滅すれば、抵当権は当然に消滅します（**付従性**）。抵当権が実行され競売された場合、抵当権消滅請求・代価弁済がなされた場合も当然に消滅します。

　さらに、抵当権については例外があります。抵当権は所有権以外の財産権にあたるので、本来であれば20年で時効消滅します[*27]（166条2項）。しかし、そうすると被担保債権は消滅していないのに、権利を行使していないので抵当権が消滅するという事態が考えられます。これでは、抵当権を付した意味がありませんので、抵当権は被担保債権と同時でなければ消滅しないこととされています[*28]（396条）。

　もう1つの例外は、抵当不動産が時効取得された場合です[*29]（397条）。ただし、債務者や物上保証人以外の人が時効取得した場合に限られます。

*26　弁済・消滅時効については、第2章（p.23、p.27）を参照。

*27　消滅時効については、第2章（p.27）を参照。

🔍**★ポイント★**

*28　正確には、債務者および抵当権設定者との関係においてのみです。したがって、たとえば抵当権の目的物が第三者に譲渡された場合、その第三者との関係では20年で抵当権は消滅します。

*29　取得時効については、第6章（p.89）を参照。

4 譲渡担保

① 譲渡担保とは

たとえば、Aがお菓子工場を経営しており、事業を拡大するためにB銀行から融資を受けたいと考えているとします。前述したように、お金を借りるためには担保を要求されるのが通常です。Aに不動産があればそれを担保として抵当権を設定すればよいのですが、Aの工場は自分のものではなくCから借りているものであるとすると、抵当権を設定することができません。そして、Aはお菓子をつくるための高額な機械は自身で用意しているとしましょう。

このような場合、民法が想定する典型的な担保は、質権です。[*30] 質権は、動産あるいは不動産を担保に供するものです。たとえば、10万円を借りるために高級腕時計を質に出すわけです。そして、10万円を返してくれない場合は、この腕時計を売却してお金に変えることで、返済にあててもらうことになります。しかし、質権を設定するには、質権設定者が質権者に目的物を引き渡さなければならないとされています（344条）。すなわち、Aがお菓子の機械を担保としてお金を借りるためには、民法上はその機械をB銀行に引き渡さなければならないのです。もっとも、これでは大問題です。融資を受けると返済をしなければなりません。Aは、お菓子を製造して販売することによって返済しようとするでしょう。質権を設定してしまうと、B銀行に機械が引き渡されてしまいますから、事業が営めず、返済金を用意できません。また、B銀行としても、そのような大型の機械を引き渡されても困ります。したがって、とくに事業を営むための融資に担保を提供する場面では、動産にも価値があるにもかかわらず、担保に供せないという問題があったのです。

そこで実際の社会では、**譲渡担保**という形態によって、この問題を克服しています。もともとは社会が必要として創設したものですが、現在では判例によってその存在が認められています。ただし、民法には規定がありません。譲渡担保とは、債務者（または第三者）が有する財産を債権者に**譲渡**して、債務が弁済されないときには、目的物をお金に変えて弁済にあてるとする制度です。すなわち、一度はその財産権が債権者のものになるということです。しかし、譲渡担保設定契約において目的物の占有を譲渡担保設定者（債務者）に認めることが多いです。これにより、譲渡担保に供したとしても、譲渡担保設定者（債務者）は引き続き目的物を利用することができます。譲渡担保は、抵当権の動産バージョンのような意味を有する制度です。[*31]

*30 質権については、コラム④（p.109）を参照。

✓ \ここも/ CHECK
*31 譲渡担保の法的性質をめぐっては、所有権的構成と担保権的構成という2つの枠組みで検討が行われています。しかし、この点をいま理解する必要はありません。本書では、判例と同様に前者を中心として話を進めますが、法学の醍醐味はこのような考え方の違いを自分なりに検討してみることにあります。いずれはご自身で勉強してみてください。

② 譲渡担保の設定と効力

(1) 譲渡担保の設定

譲渡担保は、動産・不動産・債権など、**相手に譲渡できるもの**を対象とします。そして、譲渡担保設定者（債務者）と譲渡担保権者（債権者）が合意するのみで、譲渡担保設定契約が成立します（諾成契約）。また、抵当権と同様に、債務者自身が自己のものに譲渡担保を設定するほか、第三者が債務者のために自己のものを譲渡担保に供することもできます（**物上保証**）。

(2) 譲渡担保の対抗要件

あくまで「譲渡」することが、譲渡担保の形態です。したがって、譲渡の一般規定に従います。不動産を目的物とする場合には所有権移転登記（177条）、動産を目的物にする場合には引渡し（178条）が対抗要件です。民法178条は占有改定も引渡しとして認めますので、譲渡担保が可能となります。[*32]

*32 占有改定については、第5章（p.80）を参照。

(3) 譲渡担保の効力

譲渡担保を設定したものの、債務者が債務を弁済しない場合には、**譲渡担保権者が目的物を換価して、自身の債権にあてることができます**（**私的実行**）。抵当権や質権などの典型担保は、換価のために裁判所に競売を申し立てることになりますが、非典型担保である譲渡担保については、譲渡担保権者がみずから目的物を換価することができるので、手続が簡素なことが特徴です。

ただし、たとえば300万円の債務について、500万円で売れる機械を譲渡担保としていた場合には、私的実行によって債権者が500万円を得られるわけではなく、あくまで債権額の300万円しか得ることができません。したがって、債務者は清算金（ここでは200万円）があれば支払いを求めることができます。[*33]

\ここも/
✓ CHECK
*33 譲渡担保には、これ以外に集合動産譲渡担保という特異な形態があります。本書では解説しませんが、民法の全体像をつかんでから、さらに勉強してみてください。

🔨 ま と め の 問 題 ･････････････････

【○×問題】
① 抵当権を設定するためには、必ず登記をしなければならない。 ☐
② 甲土地と乙建物を有するAが、BのAに対する債権のために甲に抵当権を設定した。Aが弁済できず、甲の抵当権が実行された場合、競落したCはAに対して乙の収去と甲の明渡しを求めることができる。 ☐

【演習問題】
AはBに2,000万円を貸しており、Bの有する甲土地（価値3,000万円）と乙建物（価値500万円）に抵当権を有しています。なお、甲土地には2番抵当権者C（債権額1,000万円）、乙建物には2番抵当権者D（債権額300万円）がそれぞれ存在します。Aが甲の抵当権のみを実行した場合にどのような問題が生じますか。また、民法はこの状況をどのように調整しているでしょうか。

ヒント　まずは、甲と乙との抵当権を同時に実行する場合を考えてみましょう。この場合の、A・C・Dの取り分はどうなるでしょうか。そして、甲のみを実行すると、不均衡が生じないでしょうか。これを調整する民法の規定がないかどうか、確認してみましょう。

☕Column④……その他の担保物権

　ここでは、第7章の本文では詳説できなかった担保物権について、一部を紹介します。

【質権（342条以下）】

　質権とは、債務者または第三者（物上保証人）から引き渡された物を占有し、債務が弁済されなければその物を競売することで、優先的に弁済を受けることができる担保物権です。質権は、物の引渡しを受けなければ設定できません（要物契約：344条）。したがって、目的物は譲渡可能なものでなければなりません（343条）。この譲渡は、動産の場合、現実の引渡し、簡易の引渡し、指図による占有移転を意味し、占有改定では認められません。質権の対抗要件とされている以上（352条）、設定者から占有が移転しなければ、外部から質権の設定を認識できないからです。

　また、不動産にも質権が設定でき、この場合も引渡しによって効力が生じますが、対抗要件としては登記を要します。また、不動産の場合には、10年を超える期間を設定することはできません（360条、期間10年以内で更新は可）。

　また、権利にも質権を設定できます（362条1項）。たとえば、債務者の有する売掛代金債権（売買契約によって生じた未払いの代金債権）に質権を設定し、債務が弁済されなければ債権者が債務者の債権を取得するという場面が想定されます。この場合、質権設定者（債務者）が目的となる債権の債務者に通知するか、債務者が承諾をすると、対抗要件を備えます（364条1項→467条）。

【留置権（295条以下）】

　AがBの腕時計を有償で修理した場合、Aは修理によってBに対して修理代金請求権を取得します。しかし、通常であれば、AはBから代金を受け取るまで、その腕時計を返還しないでしょう。Bに持ち逃げされるかもしれないからです。このように、返還を受けるまで目的物を引き渡さない（＝留置する）権利を、民法では留置権といいます。物を留置することで、債務者が代金を支払うように仕向ける制度です。なお、双務契約の場合には、似たような機能を営む同時履行の抗弁権という制度があります（533条、第2章を参照）。留置権の要件は、①債権がその物から生じたこと、②債務が弁済期にあること、③占有が不法行為によらないこと、の3つです。留置権者は、目的物を留置することはできますが、目的物の代価から優先弁済を受けることはできません。なお、留置権者は、占有を失う、消滅請求を受けた（298条）、相当の担保を供与された（301条）、という各場合に留置権を失います。

【先取特権（303条以下）】

　法律で定められた一定の債権については、法律上、先取特権という担保物権が認められ、債務者の財産から優先弁済を受けることができます。先取特権には、債務者の総財産から優先弁済を受ける一般先取特権（329条1項、共益費用、雇用関係、葬式費用、日用品の供給についての債権）、債務者の特定の動産から優先弁済を受ける動産の先取特権（311条）、特定の不動産から優先弁済を受ける不動産の先取特権（325条）があります。

【所有権留保】

　非典型担保ですが、こちらも日常生活においてみられる担保形態です。たとえば、自動車を購入する場合に、代金の完済を受けるまでは所有権を売主に留保することで、代金の支払いを促し、代金の支払いを受けられない場合には売買契約を解除することで、目的物を取り戻すことができます。所有権留保も、譲渡担保と同様に清算義務があるとされています。

第 III 編

責任のとりかた──不法行為法

本編では、民法における財産法のなかでも、他人の財産や権利の侵害に対する責任を定めた不法行為法について概説します。具体的には、大学生のハルミと友人の弟に降りかかった交通事故を通して、加害者が被害者に対して、民法上どのような責任を負うことになるのかについて学びます。

【ストーリーの主な登場人物】

ハルミ
（大学生）

ナツコ
（ハルミの友人）

アキエ
（ハルミと
アキエの友人）

フユヒコ
（アキエの弟）

ピザ屋の配達員

第8章　一般的な不法行為

ストーリー

ぶつかって始まるのは恋？　それとも……

ハルミ「あーあ、なんで月曜1限の授業を取っちゃったんだろう？」

「春先の自分を殴ってやりたい……。」そう思いながら、遅刻寸前のハルミは大学前の横断歩道まで走ってきた。歩行者信号が青になった。「今だっ！」横断歩道へと駆け出す。ドンッ！身体に走る衝撃。揺れる視界。近づく地面。ハルミの世界は暗転した……。

——「……てなことがあったのよ！　ひどくない!?」

病院のベッドで、ハルミは見舞いに来てくれた友人のナツコにグチった。ハルミは自動車にはねられ意識を失ったものの、幸い命に別状はなかった。

ハルミ「普通、交差点でぶつかる相手はイケメンでしょ！　そして恋が始まるっていう……」

とにかく明るいハルミ。頭に巻かれた包帯がなければ、ケガをしているとは思えない。

ナツコ「イケメンとぶつかって中身だけ入れ替わるってパターンもあるわね」

他愛のない会話。しかし、そんないつもどおりの会話ができるのも不幸中の幸いだ。

ハルミ「それにしても、あのドライバー、ホントありえないわ！　車用の信号は赤だったはずなのに」

ナツコ「そいつも1限の授業に遅れそうだったんじゃないの」

ハルミ「まじめに聞いてよ！もう、友達がいがないんだから！」

ナツコ「ごめんごめん！　でも、まじめな話、そのドライバーにはキチンと責任をとってもらいたいわね」

ハルミ「そりゃ、あのドライバーにはムカついてるけど……。でも、どうすればいいの？」

ナツコ「この前、大学の授業で習ったじゃない？　こういうときは、民法のあの制度を使うのよ！」

その授業って月曜の1限のやつでしょ？　いつも眠くて、よく聞いてないんだよね……。

Question
① ハルミはドライバーに対して、どのような根拠に基づいて責任を追及することができますか。
② ハルミがドライバーに追及する「責任」とは、具体的にどのような内容でしょうか。

keywords／不法行為　損害賠償　故意・過失　法律上保護される利益の侵害

112

1 突然の事故……そのとき、あなたは！？

1 災難はいつも突然に

　冒頭のストーリーで、ハルミは自動車にはねられてケガをしてしまいました。幸い、命に別状はなかったものの、しばらくは入院して治療することが必要となってしまったようです。

　ハルミに降りかかったこのような災難は、けっして他人事ではありません。かつてほどではありませんが、日本では今でも、年間43万件以上もの交通事故が起きています*1。私たちもいつハルミと同じような災難に見舞われるかわかりません。

2 ドライバーの責任アレコレ

　今回ハルミは、ナツコの助言もあって、自分をはねたドライバーに責任を追及することを考えたようです。ところで、ここでいうドライバーの責任とは、どのようなものがあり得るでしょうか。

　まず思いつくのは、ドライバーの**刑事法上の責任**です。つまり、信号を無視して自動車を運転し、あげくの果てに人をはねてしまったドライバーには、なんらかの刑事罰が科されそうです。実際、危険な運転等によって人を死傷させてしまった者に対しては、「自動車の運転により人を死傷させる行為等の処罰に関する法律（自動車運転死傷行為処罰法）」に基づいて刑事罰が科されます*2。

　この法律によれば、「赤信号又はこれに相当する信号をことさらに無視し、かつ、重大な交通の危険を生じさせる速度で自動車を運転する行為」によって人を負傷させた者は15年以下の懲役に、人を死亡させた者は1年以上の有期懲役に処せられます（同法2条5号）。今回、ハルミのことをはねたドライバーが、この法律でいうところの「危険運転」をしていたかどうかは定かではありません。しかし、このような法律に基づいて、危険な運転をするドライバーに対して刑事責任が科せられることがあり得るということは確かです。

　次に思いつくのが、免許の問題です。みなさんもご存じのように、自動車を公道で走らせるためには、運転免許を取得しなくてはなりません。重さ1トン以上の鉄の塊がものすごい速さで動く……。考えてみれば、自動車とはとても危険なものです。そのような危険なものをみんなが勝手に乗り回したのでは、安全な社会はとても維持できません。そこで自動車の運転については、これを一律に禁止し、きちんと教習を受けて、免許を取得できた人に対してだけ、例外的に公道で自動車を走らせることを許可することとしたのが、免許制度です。

★ここも★
CHECK
*1 『令和元年版交通安全白書』より。なお、これらの交通事故による死者数は3,532人、負傷者数は52万5,846人。負傷者数のうち、重傷者数は3万4,558人で、軽傷者数は49万1,288人（以上、すべて平成30年のデータ）。

★ポイント★
*2 交通事故で他人を死傷させてしまった場合には、もともとは刑法上の業務上過失致死傷罪（刑法211条参照）が適用されていました。しかし、近年の悪質で悲惨な交通事故（アルコールや薬物を摂取して運転したり、暴走行為をしたりなど）の増加を受けて、危険な運転に対する厳罰化を求める社会的な声が高まりました。そこで、刑法に危険運転致死傷罪に関する規定が設けられ、その後さらに、自動車運転死傷行為処罰法という独立した法律が設けられるにいたったのです。

もっとも、免許を取得した人でも、事故を起こしてしまうことがあります。事故を起こすと、その事故の程度に応じて違反点がつきます。そして、この違反点に応じて、たとえば免許の停止や取消しなどの処分がなされるのです。これは、事故を起こしたドライバーに課せられる**行政法上の責任**と言えるでしょう。

③ 被害者の救済は？

このように、交通事故を起こしてしまったドライバーには、さまざまな法律上の責任が課せられるのです。しかし、なにか大切なことが忘れられていないでしょうか。そう、ハルミのような被害者の救済という問題が、これまでの責任の話ではほとんど触れられてないのです。

ストーリーで、ケガをしたハルミは入院して治療をする羽目に陥りました。もちろん、これはタダでというわけにはいきません。入院するにも治療するにも、費用がかかります。また、たとえばハルミがアルバイトをしていたとして、この事故のせいでしばらくアルバイトを休まざるを得なくなってしまったとしましょう。この場合、お休みしているあいだの給料は払ってもらえないわけですから、その分ハルミは損害を被っているといえそうです。さらにハルミは、自動車にはねられたことで精神的なショックを受けたかもしれません。このような心の被害についても、看過するわけにはいきません。

このように、ある事故が起きると、それによって被害者にさまざまな損害が発生します。しかし、先ほど確認したドライバーの責任では、被害者の損害をどのようにして救済していくかという問題について言及がありませんでした。

これは、ある意味では仕方のないことです。というのも、刑事法上の責任も行政法上の責任も、事故の被害者を救済することを直接の目的とはしていないからです。刑事法上の責任は、悪質な運転をしたドライバーを懲らしめたり、同じように悪質な運転をするドライバーが現れないようにしたりするために科されます。また、行政法上の責任は、危ない運転をする人にハンドルを握らせないようにするために科されます。いずれにしても、被害者の救済という問題は、ここでは（少なくとも直接には）考えられていません。

④ 不法行為法の出番だ！

それでは、事故の被害者の救済は、どのようにして図るべきなのでしょうか。ここで登場するのが、民法の**不法行為**という制度です。

不法行為とは、「故意又は過失によって他人の権利又は法律上保護される利益を侵害」する行為のことです。そして民法は、不法行為によって他人に損害を与

えた者は、被害者にその損害を賠償しなければならないと定めています（709条）。

　今回、ハルミをはねたドライバーの行為が不法行為であるならば、ハルミは、この事故によって被った諸々の損害の賠償をドライバーに求めることができます。このようにして、事故の被害者の救済が図られるのです。これは、**民事法上の責任**をドライバーに課すものと言えるでしょう。

5）　第8章で学ぶこと

　本章と第9章では、このような不法行為制度について学んでいきますが、とくに本章では、不法行為制度に関する基礎的な内容を学びます。

　不法行為責任を定めるもっとも基本的な条文である民法709条は、「故意又は過失によって他人の権利又は法律上保護される利益を侵害した者は、これによって生じた損害を賠償する責任を負う」と規定しています。この条文の文言から、不法行為責任の要件として、①「故意又は過失」、②「他人の権利又は法律上保護される利益」の侵害、③「損害」の発生、④故意・過失による権利・法益侵害行為と損害の発生とのあいだの因果関係（これに「よって」生じた損害、という文言は侵害行為と損害の発生とのあいだに因果関係があるべきことを求めています）の4つを抽出することができます。本章では、これらの要件のうち、特に①と②に焦点をあてて、不法行為責任の概要を学ぶことにしましょう。

2　「故意又は過失」について

1）　故意・過失ってなんだろう？

　すでにご紹介したように、不法行為とは、「故意又は過失」によって他人の権利・法益を侵害する行為のことです。ところで、「故意」や「過失」とは、具体的にどのような意味なのでしょうか。

　私たちは、日常生活の場において、「故意」や「過失」といった言葉をあまり使いません。その代わりに、この言葉と似ている言葉をよく使っています。たとえば、「故意」の代わりに「わざと」という言葉を、「過失」という言葉の代わりに「うっかり」といった言葉を使います。だから私たちは、「故意」に窓ガラスを割るのではなく、「わざと」窓ガラスを割り、「過失」でコップを落とすのではなく、「うっかり」コップを落とすのです。

　それでは、不法行為制度における「故意」や「過失」といった概念も、このような日常の言葉に置き換えて理解してよいのかというと、実はそうではありません。「故意」はともかく、とくに「過失」という概念は、日常用語にいう「うっ

かり」とはかなり違う内容のものとして理解されているのです。

2 故意とは

まず、「故意」について考えてみましょう。一般的な見解によれば、故意とは、権利侵害の発生という結果を認識しながら、それを認容して行為するという心理状態のことを指すとされています。つまり、そのような行為をすればだれかの権利・法益を侵害し、迷惑をかけることになると知りながら、あえてそれを行うことを故意とよんでいるのです。

冒頭のストーリーに即していえば、ドライバーが横断歩道を渡るハルミの姿を確認したうえで、「このまま進んだらあの人をはねちゃうけど……。ま、いいか！」と考えて直進し、ハルミをはねた場合には、ドライバーは故意でハルミをはねたということになります。この場合ハルミは、（民法709条が定める他の要件を満たす場合には）そのドライバーに対して不法行為責任を追及することができます。

3 過失とは

次に、「過失」という概念について考えてみましょう。民法は、「過失ある行為によって他人に損害を与えた場合には、その損害を賠償しなければならない」という **過失責任主義** の立場をとっています[*3]。民法709条は、この過失責任主義を宣言するものであるとも言えるでしょう[*4]。しかし、一歩立ち止まって考えてみると、「過失」とはそもそもどのようなものなのか、実はよくわからないのです。

前述のとおり、私たちの日常用語のなかで「過失」に近いのは、「うっかり」でしょう。「うっかり」しているとは、精神的に緩んでいる状態、心理的に緊張を欠いている状態、注意を怠っている状態、もっと言えばぼんやりしている状態のことです。よって、「過失」＝「うっかり」だとするならば、過失による不法行為とは、加害者がぼんやりしていて引き起こした不法行為ということになりそうです。

実は、「過失」という概念を、このような加害者の主観的な状態、内面の心理的な状態の問題としてとらえる見解が、かつては一般的でした[*5]。しかし、この見解には次のような問題がありました。たとえば、運転技術に自信のある人が、「俺なら絶対だれにもぶつからない！」と意気込んで、人通りの多い住宅街で自動車を猛スピードで走らせ、その結果、道を歩いていた子どもをはねてしまったとしましょう。このとき、「過失」＝「うっかり」＝「ぼんやり」だとするならば、そのドライバーが「俺は細心の注意を払って運転していた（うっかりなんてしてなかったぜ）」と言えば、過失はなかったということになりそうです。しかし、

この場合はむしろ、人通りの多い場所ではそもそも自動車のスピードを出すべきではないにもかかわらず、そのような場所で自動車を猛スピードで走らせたこと自体に問題があり、その点に加害者の過失があるというべきではないでしょうか。

もしこのように考えるならば、「過失」はもはや加害者の内面の心理的状態の問題ではありません。むしろ、「すべきでない行為をしたこと自体」が「過失」であるということになりそうです。「すべきでない行為」とは、他人の権利や利益を侵害する恐れのある行為のことです（たとえば、人通りの多い住宅街で自動車を猛スピードで走らせる行為は、他人の生命や身体を傷つける恐れがありますから、すべきでない行為なのです）。このような、他人の権利や利益を侵害するような結果を招く恐れのある行為は、回避しなければなりません。このような観点から、現在では、「過失」とは「他人の権利や利益を侵害するような結果を招く恐れのある行為を回避すべきであるにもかかわらず、あえてその行為をすること」、すなわち、**結果回避義務に反して行為すること**であると理解されています。[*6]

④　結果回避義務はどのような場合に存在するのか

このように、「過失」とは「結果回避義務に反して行為すること」と定式化されるのですが、具体的にどのような場合に、行為者に結果回避義務違反＝過失があったとされるのでしょうか。

この点を考えるにあたっては、次の２点に注意する必要があります。第一に、結果を回避するためには、そもそもその結果の発生を予見（予想）できていなくてはならないという点です。予見できもしなかった結果についてまで回避する義務があるというのは、行為者にとって酷ですし、予見できもしなかった事柄についてまで責任を負わされるのでは、人々の行動の自由はかなり制約されてしまいます。その意味で、「結果回避義務違反としての過失」は、**予見可能性に裏づけられたもの**でなければなりません。[*7]

第二に、結果が予見可能でありさえすれば、常にその結果を回避する義務があるというわけではない点にも注意が必要です。[*8]つまり、結果の発生を予見できたけれども、その結果を回避する必要はなかったと判断される場合があり得るのです。たとえば、自動車の運転という行為について考えてみましょう。自動車は、先ほども少し紹介したように、本来とても危険な乗り物です。実際、毎年かなりの数の自動車事故が起きて、たくさんの人がケガをしたり、命を落としたりしています。つまり、自動車を運転することによってだれかを傷つけてしまうかもしれない（少なくともその可能性はある）ということは、容易に予見できるのです。しかし、だからといって、その結果を回避するために「みんなで自動車に乗るのを止めよう！」というのは、現実的ではありません。私たちの住む社会は、自動

☑ここも CHECK
*6　このような「過失」概念をめぐる理解の変遷を指して、「過失の客観化」ということもあります。ある者に結果回避義務があるかどうか、またその違反があるかどうかは、客観的に判断することができます。その意味で、結果回避義務違反としての過失の有無は客観的に判定可能なのです。

☑ここも CHECK
*7　東京スモン事件判決（東京地判昭和53年8月3日）は、「過失とは、その終局において結果回避義務の違反をいうのであり、かつ、具体的状況のもとにおいて、適正な回避措置を期待し得る前提として、予見義務に裏づけられた予見可能性の存在を必要とするものと解する」としています。ここでは、予見可能性を前提とした結果回避義務違反が過失であるとされるとともに、そのような予見可能性は予見義務に裏づけられたものであることが強調されています。

☑ここも CHECK
*8　工場から排出されるガスによって農作物が枯れたとして、工場周辺の土地の地主や小作人が工場を訴えた大阪アルカリ事件（大判大正5年12月22日）で、大審院（本章注11を参照）は、工場が事業の性質に従って「相当ナル設備」を施していたならば、工場に過失はないとの判断を示しました。この事案からも、結果を回避するのに必要な行為をしていたか否かが過失の有無を判定するポイントとなっていることがうかがえます。

車によって支えられている側面（人々の移動手段としてのみならず、物流手段として
も自動車は大切です）もあり、これをすべて放棄するというのは、むずかしい
でしょう。つまり、自動車を運転すること自体は、結果（事故によってだれかを
傷つけてしまう）の発生を予見させるとしても、回避すべき行為であるとまでは
言えないのです（もちろん、無謀な運転や危険な運転は正当化されません。ここで言っ
ているのは、あくまでも普通に自動車を運転するという行為についてです）。

　それでは結局、どのような場合に結果回避義務違反＝過失ありと判定されるこ
とになるのでしょうか。この点については、いわゆる**ハンドの定式**[*9]が用いられる
ことが多いようです。ハンドの定式とは、次のようなものです。まず、損害が発
生する可能性をP（Probability）とし、侵害される可能性のある利益の重大性をL
（Loss）とします。また、結果回避義務を課されることによって犠牲となる利益、
すなわち結果回避に要するコストをB（Burden）とします。そのうえで、PとLを
かけ合わせたものがBを上回る場合には、行為者には結果回避義務が課され、行
為者が結果を回避しなかった場合には過失があるとされます。他方で、PとLを
かけ合わせたものよりもBのほうが大きい場合には、行為者に結果回避義務が課
されることはないと考えます。

ハンドの定式

P（損害発生可能性）×L（侵害される権利の重大さ）＞B（回避コスト）
……結果回避義務あり

P（損害発生可能性）×L（侵害される権利の重大さ）＜B（回避コスト）
……結果回避義務なし

　もちろん、実際の紛争においては、このような定式に従って機械的に答えが出
せるとは限りません。PやL、Bの値をどのように数値化するのかも、よくわかり
ません（たとえば、人通りの多い住宅街で自動車を猛スピードで走らせた場合、何パー
セントの確率で人にぶつかるのでしょうか。また、そうしてはねられてしまった人の損
失をどのように数値化するのでしょうか。そのような住宅街で自動車を猛スピードで走
らせないために要するコストは数値化できるのでしょうか）。また、Bに関して、社
会的な有用性を考慮に入れるとすると、たとえばある行為（新薬の開発など）は
社会的に有用な行為だから、その行為によってだれかに被害（重篤な副作用やそ
れによる障がいなど）が発生したとしても、その被害は甘受するべきである（損害
賠償は受けられない）との発想にもつながりかねません。しかし、このような結
果が常に妥当とは限りません。

　結局、過失の有無（結果回避義務違反の有無）を一律明確な基準によって判定する
ことはむずかしいと言えるでしょう。ただ、ハンドの定式は、過失の有無を判定
する際の考え方のひとつを提供しており、その限りで意味のある考え方なのです。

【用語解説】

*9　ハンドの定式
　ハンドの定式の名前
の由来は「手」ではな
く、アメリカの判事の
名前（Learned Hand）
です。

5 ま　と　め

　以上の過失に関する話を、冒頭のストーリーにあてはめて考えてみましょう。ハルミをはねたドライバーが、きちんと注意しながら運転していたのかどうかはわかりません。しかし、どうやら信号を無視していたことは事実のようです。当然のことですが、自動車を運転する際には、交通法規を守って、安全に運転しなければなりません。交通法規を守らないと、人に損害を与えるような事故を起こしてしまうかもしれないことは予見できます。そして、そのような損害の発生を予見できるのであれば、それを回避しなければなりません（つまり、交通法規をきちんと守らなければならないということです）。さらに、交通法規を守って運転することが、ドライバーにとって過度の負担になるようなことも考えられません。以上から、ハルミをはねたドライバーには過失があったといってよいでしょう。

3 権利・法益侵害

1 ちょっとした昔話から……

　民法709条は、「故意又は過失によって他人の権利又は法律上保護される利益を侵害した者は、これによって生じた損害を賠償する責任を負う」と規定していますが、実は2004年に民法が現代語化される前は、すこし違ったふうに規定されていました。当時の民法709条は、「故意又ハ過失ニ因リテ他人ノ権利ヲ侵害シタル者ハ之ニ因リテ生シタル損害ヲ賠償スル責ニ任ス」と規定していました。さて、現代の条文とどこが違うか、おわかりになったでしょうか（カタカナが使われていたり、言葉づかいが古めかしかったりする点は置いておいてください）。

　そう、今の709条では「他人の権利又は法律上保護される利益を侵害した者は」とある部分が、かつては「他人ノ権利ヲ侵害シタル者ハ」と書かれていたのです。つまり、今の709条は、かつての709条に、「又は法律上保護される利益」という言葉を追加したものなのです。確かに、見た目にはそこまで大がかりな改正とは思えません。しかし、実はこの条文の変遷の背後には、不法行為によってどのような権利や利益が保護されるべきかに関する考え方の変遷や判例・学説における議論の膨大な積み重ねがあるのです。本節では、この変遷過程を眺めながら、不法行為の要件である権利・法益侵害の内容について確認していきましょう。

2 起草者の意図

　民法の起草者たちは、民法709条の「権利ヲ侵害シタル」という文言に、不法

行為法による保護の対象を制限しようとの意図を込めていたと言われています。起草者たちは次のように考えたのです。すなわち、権利の侵害と言えるのかどうか微妙な場合も含めて、損害が発生した場合にはアレもコレもみんな不法行為法による保護の対象になるとすると、不法行為が問題となる場面が拡大しすぎてしまいます。そこで、権利の侵害によって損害が発生した場合に限定して、不法行為法の救済を認めることにしよう、そもそも不法行為制度とは、すでにある権利を保護するための制度じゃないか、と。

つまり、民法の起草者たちは、不法行為法による保護の対象を「権利が侵害された場合」に限定することによって、不法行為法の適用領域が無制限に広がることを防ごうとしたと言えるでしょう。

③ 当初の判例──雲右衛門事件

民法が制定された当初の判例は、基本的には起草者と同じ考えのもと、民法709条の権利侵害要件を厳密に運用していました。この点でとくに注目されるのが、雲右衛門事件[*10]と呼ばれる事案です。

*10 大判大正3年7月4日。

これは浪曲の吹き込まれたレコードの海賊版をめぐる紛争でした。明治から大正初年にかけて一世を風靡した浪曲師に桃中軒雲右衛門という人がいたのですが、あるとき、雲右衛門が浪曲を吹き込んだレコードの海賊版が出回ったのです。そこで、雲右衛門の吹き込んだ浪曲について著作権登録をしていた人が、海賊版の販売元を、著作権侵害を理由に訴えたというのが事件のあらましです。

📝用語解説

*11 大審院
戦前に存在した最上級裁判所をいいます。現在の最高裁判所のようなものと考えてください。

大審院[*11]は、楽譜に起こせない浪曲は著作権法にいうところの音楽に該当せず、よって著作権の対象とはならないとして、著作権登録をしていた人からの請求を退けました。ここに、民事法的な保護の対象となるのは、厳密な意味において「権利」とされるものであるとの発想を見てとることができます。

④ その後の判例──大学湯事件

民事法的な保護の対象となる「権利」をかなり厳密に解釈した雲右衛門事件判決は、その後、学説において批判されることになりました。このような考え方では、不法行為法の保護の対象となるものが過度に限定されてしまうと危惧されたのです。

そこで裁判所も、まもなくその態度を改めることになりました。そのことが明確に表れたのが、いわゆる大学湯事件[*12]です。かつてある大学の近くで、「大学湯」という名前の建物を借りてお風呂屋さんを営んでいた人がいたのですが、建物の賃貸借契約の終了に伴って、建物のオーナーさんがこの建物を別の人に貸してし

*12 大判大正14年11月28日。

まったのです。これによって、もともと「大学湯」という名前でお風呂屋を営んでいた人が「大学湯」という「老舗（しにせ）」に対する権利を侵害されたなどとして、建物のオーナーさんや新しい賃借人に損害賠償を求めたのが、この事件です。

　問題は、「老舗」が法的な保護に値するものと言えるかどうかです。この点について、大審院は次のように述べました。民法709条は、故意または過失によって法規違反の行為をして、それによって他人を侵害した者はこれによって生じた損害を賠償する責任を負うという広い意味にほかならない。そして、その侵害の対象となるのは、所有権などの具体的な権利に限られない。厳密には権利と言えないものでも、法律上保護される利益であれば、やはり不法行為に基づく救済の対象になる、と。ここで大審院は、雲右衛門事件での態度を改め、不法行為法による救済の対象となるべき「権利」の侵害を、「法律上保護される利益」の侵害をも含めた広い意味で解釈する態度を採用したのです。

⑤　学説の動向──権利侵害から違法性へ

　このような大審院の態度変更は、学説によって好意的に受け止められました。そして学説では、このような判例の態度を肯定するような理論が提示されたのです。そのなかでも通説的な地位を占めたのが、いわゆる**違法性説**です。

　違法性説は、民法709条の「権利」侵害要件を、「加害行為の違法性」に読み替えるべきことを主張しました。この説は、次のようにいいます。不法行為法はもともと、違法な行為によって他人に損害を与えた人に、その損害を賠償する責任を課す制度である。そして、「権利」を侵害する行為は、当然に違法性を帯びる。つまり、民法709条が「権利」の侵害を要件としているのは、「権利」侵害があれば「違法」な行為であることがわかりやすい（「違法性の徴表」としての「権利侵害」）からであり、「権利」侵害がなければ不法行為が成立しないという趣旨ではない、と。

　このように、「権利」侵害要件を「違法性」要件に読み替え、民法709条による保護の対象を広げる違法性説は、判例の立場に論理的基盤を与えるものとして、その後の学説でも広く支持されました。もっとも、この見解にも問題がないわけではありません。特に問題とされたのは、「違法性」の有無をどのように判定していくべきかの基準があいまいであるという点です。

　この点について学説では、**相関関係説**というものが提唱され、通説的なものになりました。これは、侵害行為の態様と侵害される権利・利益の重要性を相関的に考慮して違法性の有無を判定するという考え方です。少々わかりにくいかもしれないのですが、たとえば次のように考えます。まず、侵害された権利・利益が軽いものである場合には、侵害行為の態様が悪質な場合（たとえば法律に違反するような行為）に限って違法性が肯定されます。他方で、侵害された権利・利益

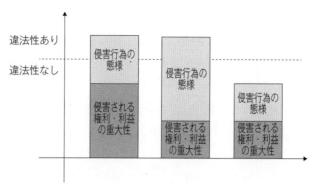

図8-1 相関関係説の考え方

が重要なもの（たとえば人の生命や身体など）である場合には、侵害行為の悪質さがそれほど高くなくとも違法性が肯定されるのです（図8-1）。

この相関関係説によって、違法性の有無をどのように判定していくべきかの一応の基準を得た違法性説は、その後の判例において定着していきました。[*13]

CHECK ＼ここも／

*13 民法709条とよく似た法律の条文として、国家賠償法の１条があります。ただ、この条文は、民法709条における違法性説を前提として立法されたため、「国又は公共団体の公権力の行使に当る公務員が、その職務を行うについて、故意又は過失によつて違法に他人に損害を加えたときは、国又は公共団体が、これを賠償する責に任ずる」と、侵害行為に「違法性」があることを明文の要件としてあげています。

6 保護の対象となる権利・利益

その後、実は違法性説に対しては批判も加えられるのですが、ここでは細かい話題については省略しましょう。差しあたり確認してほしいのは、かつての民法709条が定めていた「権利」侵害要件が違法性説によってその内容を拡張され、「法律上保護される利益」の侵害についても含めることとされた点です。

本節の冒頭で紹介したように、2004年には民法709条が改正され、「他人ノ権利ヲ侵害シタル者ハ」という文言が「他人の権利又は法律上保護される利益を侵害した者は」に改められました。これは、これまでに紹介してきたような判例や学説における議論の積み重ねを反映したもので、要するに不法行為法による保護の対象を拡大する趣旨だったのです。

では結局のところ、不法行為法による保護の対象となるのはどのような権利・利益の侵害なのでしょうか。最後に、この点について簡単にまとめておきます。

まず、人が人らしくあるために認められるべき権利や利益、すなわち**人格権**や**人格的利益**が保護の対象となります。そのようなものとしてまずあげられるのは、人の**生命**や**身体**です。生命や身体はもっとも大切なものですから、その侵害が保護の対象となるのは当然です。ストーリーで、ハルミは信号無視の自動車にはねられてケガをしました。これは、ハルミの身体を侵害するものですから、ハルミは不法行為法に基づいてドライバーに責任を追及することができるのです。

また、人の**名誉**や**プライバシー**といったものも、人格的な権利として保護の対象となります。名誉とは、ある人の社会的な評価のことで、その評価を低下させ

る行為は名誉棄損にあたります。たとえば、ある人の悪口をSNSで拡散させたよ
うな場合に、名誉棄損による不法行為が問題となる可能性があります。^{*14}一方、プ
ライバシーとは、他人に知られたくない私生活上の情報をみだりに公開されない
権利のことです。^{*15}たとえば、芸能人の私生活を暴き立てる行為などは、プライバ
シーの侵害となり得ます。^{*16}

　次に、人の**財産権**（物権や債権）が保護の対象となります。たとえば、ハルミ
が自動車にはねられた際に、ハルミの持っていたスマートフォンが壊れてしまっ
たとしましょう。この場合、ハルミのスマートフォンに対する所有権が侵害され
たと言えますから、ハルミはドライバーに対してスマートフォンの価値分の損害
賠償を求めることができます。

　このほかにも、たとえば日当たりのよい場所で生活する利益や景観のよい街で
生活する利益（景観利益）、氏名を正確に呼称される利益などが不法行為法によ
る保護の対象になり得るとされています。また、家族関係に基づく権利や利益に
ついても不法行為法による保護が問題となり得ます。たとえば、妻がいる男性が
別の女性と不倫した場合、妻は、不倫相手に対して、婚姻関係が破壊されたこと
を理由に不法行為に基づく責任を追及することができるとされています。

　このように、今では実に多くの権利や利益が不法行為法による保護の対象と
なっているのです。

4　その他の要件

1　損害の発生

　さて、改めての確認となりますが、民法709条は、「故意又は過失」によって「他
人の権利又は法律上保護された利益」を侵害した者に、それによって被害者に生
じた損害を賠償する責任を課すものです。

　このことから、不法行為に基づく損害賠償請求権が生じるための大前提として、
被害者に損害が生じていることが必要であることがわかります（なんの損害も生
じていないのに賠償を求めるのは、おかしな話ですよね）。

2　因果関係

　ところで、この「損害」は、あくまでも問題となっている「不法行為」から生
じたものでなければなりません。逆に言えば、不法行為とは無関係に生じた損害
についてまで加害者に責任を負わせることはできません。

　このような「不法行為」と「損害」との関係を、因果関係といいます。不法行

為に基づいて損害賠償の対象となる「損害」は、不法行為と因果関係のある「損害」に限られるのです。

それでは、不法行為と損害とのあいだの因果関係の有無はどのようにして判定するのでしょうか。この点については、いわゆる不可欠条件公式、もっと言えば「あれなければこれなし」公式にあてはめて考えるべきであると言われています。

たとえば、ストーリーでハルミは自動車にはねられて入院してしまいました。当然、入院するにも費用がかかります。また、入院しているあいだにアルバイトを休んだ分はお給料をもらえないかもしれません。これらの損害は、すべて今回の事故と因果関係があると言えます。というのも、ハルミがはねられなければこれらの損害も発生しなかったと言えるからです。あれ（事故）なければこれ（損害）なし、です。

③ 加害者の免責事由など

最後に、不法行為の加害者の責任が免除される場合について紹介します。

まず、加害者に**責任能力**がない場合があげられます（712条）。詳細については第9章で説明しますが、一般に、12歳程度になれば責任能力があるとされます。冒頭のストーリーにおけるドライバーは、（小学生が無免許で自動車を乗り回していたとかでなければ）きちんと免許を取得して運転していたわけですから、当然責任能力を備えた年齢に達していたはずです。もっとも、もしかしたら精神上の障がいなどの理由で責任能力が欠けていたという可能性もあります（713条）。そのような場合には、やはりドライバーの責任を問うことはできません。[*17]

次に、加害行為が正当防衛や緊急避難に該当する場合にも、やはり加害者は責任を負いません（720条）。また、加害者の免責とはすこし違いますが、不法行為に基づく損害賠償請求権が時効によって消滅してしまう場合もあります（724条・724条の2）。[*18]

まとめの問題 ……………………………………

【○×問題】
　不法行為法によって保護の対象となるのは「権利」の侵害に限られるため、権利以外の利益の侵害については不法行為法による救済の対象外となる。　□

【演習問題】
　自転車の運転に自信のあるAが、スリリングな体験をしたいと、人通りの多い商店街で自転車を猛スピードで走らせたところ、道を歩いていたおばあさんとぶつかり、ケガをさせてしまいました。このときAが、「自分は運転もウマいし、きちんと注意して運転していたんだから、過失はなかった」と主張して不法行為責任を免れることはできるでしょうか。

　ヒント　民法709条における過失とはどのような概念で、その有無はどのように判断されるべきでしょうか。

第 **9** 章　特殊な不法行為

ストーリー

衝突事故ふたたび

　大学生のハルミは大学に行く途中に交通事故に遭ったが、幸いにも軽症でようやく退院した。お見舞いに来てくれた友人のナツコに、学生食堂でお礼にランチをご馳走する。

ナツコ
「ねえねえ、聞いた？　そういえば、ハルミが入院しているあいだ、アキエちゃんの弟のフユヒコくんも事故に遭ったらしいよ」

「え？　なにがあったの？」
ハルミ

　とても他人事とは思えないハルミ。お腹も空いているけど、事故の経緯がとても気になる。

ナツコ
「なんでも、フユヒコくんが公園でサッカーをしていて、ボールを追いかけて道路に飛び出したら、バイクとぶつかったみたい。アキエちゃんが大学から帰る途中に、ちょうどその現場を見ちゃったんだって」

　弟の事故の現場を目撃して、アキエちゃんもきっとショックだったにちがいない。

「あそこの公園、柵をもっと高くしないとダメよね！　あるいはサッカー禁止にするとかさ」
ハルミ

　ハルミは交通事故のことになると、どうしても言葉に熱がこもってしまう。

ナツコ
「ただ、相手のバイクの人、ピザ屋の配達員さんだったらしいんだけど、その人も転倒して骨折したんだって」

　さすが聞き上手なナツコだけあって、アキエちゃんから状況を詳しく聞き出したらしい。

「よっぱらいが飛び出して来ても困るけど、相手は小学3年生の子どもだもんね。配達員さんも急ブレーキをかけたけど間にあわなかったんだし、どっちも災難だわ」
ハルミ

　ハルミはランチのごはんをほおばりながら思った。私の場合、相手のひとにケガはなかったけど、どっちもケガしちゃった場合、責任はどうなるのだろう。

Question

① アキエの親は、フユヒコの治療費などをピザ屋の配達員さんに請求できるでしょうか。あるいは、ピザ屋さんに請求できるでしょうか。

② ピザ屋の配達員さんは、治療費をフユヒコに請求できるでしょうか。あるいは、フユヒコの親に請求できるでしょうか。

＊民法以外の法規は差し当たり不問として検討しなさい

keywords　責任無能力者　監督者責任　使用者責任

1 責任無能力者の監督者責任

① だれでも責任はとれる？

　みなさんは自転車によく乗りますか。乗る人も乗らない人も、次のようなシチュエーションを考えてみてください。自宅の庭で自転車を乗りまわしていると、突然の突風で大きな木の枝が折れました。あなたはその枝にタイヤをひっかけて転倒し、軽いケガを負ってしまいました。これは木の責任でしょうか。そうではありません。運が悪かっただけです。では、ノラ猫が飛び出してきて、驚いたあなたがこけてしまったときは、どうでしょうか。ノラ猫は責任をとらないといけないでしょうか。そうではありません。ノラ猫がノラ犬だった場合も、同様です。

　このように考えていくと、どうも万物はなんでも事故の責任をとってくれるというわけではなさそうです。では、責任をとってくれるものとは、いったいなんでしょうか。もちろんそれは「人間」ということになるでしょう。では、人間はだれでも事故の責任をとってくれるでしょうか。自発的にとるかとらないか、ということはさておき、だれに対しても「責任をとれ」と言えるかどうかを考えてみましょう。さきほどの例に戻ります。いま、ノラ猫が飛び出してきたのではなく、小学生くらいの子どもが飛び出してきました。あなたは避けようとして転倒してしまいました。この子どもに責任をとるように言えるでしょうか。たとえば、自転車の修理代を請求することはできるでしょうか。

　この疑問に対して、自然科学のように客観的な答えがあるわけではありません。責任をとれるとかとれないとかは、生物にもとから備わっている性質ではないからです。そこで、法律がどう決めるかにかかってくるわけですが、日本の民法典では、これを不法行為の特殊なケースとして処理することに決めました。ここでは、そのルールを学んでいきましょう。

② 責任無能力者の監督者責任

(1) 責任無能力者とは

民法712条
未成年者は、他人に損害を加えた場合において、自己の行為の責任を弁識するに足りる知能を備えていなかったときは、その行為について賠償の責任を負わない。

　日本の民法典は、上記のような不法行為のケースについて、2つのルールを明らかにしました。人間であっても責任をとることができない人がいる、というのが1番目のルールです。具体的には2つのグループに分けられます。まず、自分のやっていることについてきちんと良し悪しの判断がつかない子ども、すなわち「自己の行為の責任を弁識するに足りる知能を備えていなかった」未成年者(712条)です。次に、「精神上の障害により自己の行為の責任を弁識する能力を欠く状態

にある」者（713条本文）です。この2つのグループに属する人は、不法行為責任を負うことができません。負わなくてよい、ではなく、負うことができないという点に注意しましょう。このような人たちは、責任を負う能力がないので、**責任無能力者**とよばれます。

責任無能力である未成年者は、画一的に年齢で決まっているわけではなく、12歳前後とされています。したがって、12歳の誕生日を迎えたから責任能力がある、とは断言できません。また、それを迎えていないから責任能力がない、とも言えません。2番目のグループにも画一的な基準はなく、後見開始の審判など、国家[*1]機関からの指定を事前に受けている必要はありません。ただし、わざとお酒を大量に飲んで暴れたなど、意図的に引き起こされた状態のときは、責任無能力者とは認定されません（713条ただし書）。

（2）　監督義務者とは

問題になってくるのは、損害をこうむった被害者の存在です。被害者は泣き寝入りということになるのでしょうか。2番目のルールは、この点をケアしています。加害者が責任無能力者であり、責任を負うことができないときは、その責任無能力者を監督する義務を負っていた人が、損害賠償をしなければなりません（714条1項）。このような人を**監督義務者**といいます。ここでいう義務とは、社会的な義務一般ではなく、「法定の」義務であることが原則です。

（3）　代理監督者

監督義務者との契約や法令によって、代わりに監督義務を引き受けている人もいます。たとえば、子どもを預かっている教育機関は、在学契約を通じて子どもを監督しています。本来の監督義務者の代わりに監督をする人も、監督義務者と同じ責任を課されます（714条2項）。そこで、本来の監督義務者と代理監督者とをあわせて「監督義務者等」という言い方もしますが、以下では監督義務者に話を限定します。代理監督者は、契約や法令によって定められた範囲でしか監督義務を負わないので、同列に扱えない場面もあるからです。たとえば、子どもの素

民法713条
精神上の障害により自己の行為の責任を弁識する能力を欠く状態にある間に他人に損害を加えた者は、その賠償の責任を負わない。ただし、故意又は過失によって一時的にその状態を招いたときは、この限りでない。

*1　成年後見について、詳しくは、第10章（p.146）を参照。

民法714条
前二条の規定により責任無能力者がその責任を負わない場合において、その責任無能力者を監督する法定の義務を負う者は、その責任無能力者が第三者に加えた損害を賠償する責任を負う。ただし、監督義務者がその義務を怠らなかったとき、又はその義務を怠らなくても損害が生ずべきであったときは、この限りでない。
2項　監督義務者に代わって責任無能力者を監督する者も、前項の責任を負う。

図9-1　責任無能力者の監督義務者

＊2　親権者について、詳しくは、第12章（p.172）を参照。

行不良について、親権者[＊2]には監督義務違反が認定されることがありますが、担任の先生はそうではありません。

③　監督者責任が発生する場合は

(1)　加害行為者が責任無能力者であること

　監督義務者の責任が発生するかどうかを判断するためには、条文の要件をていねいにおさえていかなければなりません。そのチェック項目は４つあります。①加害者が責任無能力者であること、②その加害者の行為について、仮に責任能力があれば不法行為責任が発生すべき状況であること、③代わりに責任を追及されている人が、その加害者を監督する法定の義務を負っていたこと、④監督義務者が監督義務を怠っており、かつ、その怠ったことと損害発生とのあいだに相当因果関係があること、です。順番に見ていきましょう。

　まず、加害者は責任無能力者でなければなりません。これはあたりまえのように思えてしまうのですが、責任無能力者の定義をきちんとおぼえていないと、うっかりまちがった結論を出してしまうことがあります。たとえば、次のようなケースを考えてみましょう。あなたが自転車で公園のそばを走っていると、高校生（16歳）の蹴ったボールが自転車の前輪にあたって、転倒してしまったとします（図9-1）。このとき、責任無能力者の定義をきちんとおぼえていないと、「あ、これは記憶にある。未成年者が起こした事故だから、責任無能力者の監督者責任の問題だ」と誤解してしまいます。加害者は16歳ですから、基本的には責任能力のある年齢です。「未成年」や「精神上の障がい」など、一部のキーワードに頼ったあてはめをしないことが大切です。

(2)　責任能力があれば不法行為責任が発生すべきこと

　次に、責任能力以外の点について、一般不法行為責任の要件がそろっていることが必要です。つまり、監督義務者が責任を負うのは、責任無能力者が仮に責任能力をもっていれば、自分で責任をとっている場合に限られます。子どもが他人に損害を与えたときは、親がなんでもかんでも賠償しないといけないというルールではないのです。たとえば、庭に無断で入ってきたご近所さんが、子どものおもちゃにこけてケガをしたからといって、親が賠償する必要は原則的にありません。

(3)　法定の監督義務があること

　責任無能力者を監督する法定の義務を負っている者とは、いったいだれのことなのでしょうか。これに回答することは容易ではありません。というのも、だれだれはだれだれの監督義務者であるということを、民法は明確にしていないからです。比較的それらしく読めるのは、民法820条です。自分の行為の良し悪しが

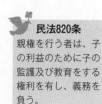

民法820条
親権を行う者は、子の利益のために子の監護及び教育をする権利を有し、義務を負う。

わからない未成年者については、親権者が監督義務者となるのが通例です。未成年後見人が選任されている場合は、未成年後見人が監督義務者となる可能性があります[*3]（857条本文）。

これに対して、精神上の障がいにより自己の行為の責任を弁識する能力を欠く状態にある者の監督義務者については、それらしく読める規定がありません。精神上の障がいを負っている人が成年被後見人に指定されている場合[*4]、一見すると後見人が監督義務者になりそうです。しかし、民法858条は、後見人に身上配慮義務を課しているだけで、監督義務があるとは言っていません。最高裁判所も、この条文から成年後見人の監督義務が自動的に発生することを否定しています[*5]。

この問題をさらにややこしくしている事情があります。法定の監督義務者でなくても民法714条1項の責任を負わされることがある、というのが判例の立場なのです[*6]。このような人を**監督義務者に準ずべき者**といいますが、だれがそれにあたるかは、ケースバイケースとしか言いようがありません。つまり、法定の監督義務者といっても、法令が明確に「この人が監督義務者だ」と言っているわけではなく、それどころか、法定の監督義務者に認定されなくても監督義務者に準ずべき者として責任を負わされることもあるわけです。このため、3番目の要件については、事例ごとに慎重に判断しなければなりません。

(4) 監督義務を怠り、懈怠（けたい）と損害発生に相当因果関係があること

監督義務者が責任を負わされる理由は、監督義務に違反したからです。監督義務に違反していないことを証明するならば、監督義務者は損害賠償責任を免れます（714条1項ただし書）。また、監督義務違反と損害発生とのあいだに**相当因果関係**がなかったことを証明するならば、監督義務者はやはり責任を免れます。

しかし、監督義務者に対する最高裁判所の態度はきびしく、民法714条1項のただし書の適用を実際には認めてきませんでした。近年、サッカーのフリーキックの練習をしていた子どもが、ボールを校庭の外に転がしてしまい、自動二輪車の通行人にケガを負わせた事件がありました。このケースにおいて最高裁判所は初めて、監督義務者が監督を怠っていないという事実認定をしました[*7]。

4 監督義務者の一般不法行為責任

さて、最後にもう一度、サッカーの事例に戻ってみましょう。たとえば、高校生のAくんがサッカー禁止の公園でサッカーボールを蹴って、あなたの自転車にぶつけてケガをさせたとします。この場合、Aくんは責任無能力者ではないので、Aくんの両親のCさんとDさんには民法714条1項が適用されません。しかし、あなたがAくんに損害賠償請求をしても、Aくんはそれほどお金を持っていないような気がします。ないものは払えません。あなたは泣き寝入りということになっ

*3　未成年後見人について、詳しくは、第12章（p.174）を参照。

民法857条
未成年後見人は、第820条から第823条までに規定する事項について、親権を行う者と同一の権利義務を有する。（以下略）

*4　成年被後見人について、詳しくは、第10章（p.146）を参照。

民法858条
成年後見人は、成年被後見人の生活、療養看護及び財産の管理に関する事務を行うに当たっては、成年被後見人の意思を尊重し、かつ、その心身の状態及び生活の状況に配慮しなければならない。

✓ここも／ CHECK
*5　最判平成28年3月1日「この身上配慮義務は、成年後見人の権限等に照らすと、成年後見人が契約等の法律行為を行う際に成年被後見人の身上について配慮すべきことを求めるものであって、成年後見人に対し事実行為として成年被後見人の現実の介護を行うことや成年被後見人の行動を監督することを求めるものと解することはできない」（下線部は引用者）。

図9-2 監督義務者に対する一般不法行為責任の追及

てしまうのでしょうか（図9-2）。

　最高裁判所はこのことに配慮して、Aくんによる不法行為と、CさんとDさんの監督不行届きとのあいだに相当因果関係があるときは、CさんとDさんに対しても一般不法行為責任を追及することができる、と判断しました[8]。CさんとDさんは、民法714条1項ではなく、民法709条にたちかえって責任を負わなければならないのです。どういう場合にこのような責任を負わなければならないのかは、一概には言えません。たとえば、CさんとDさんがAくんに「そこの公園で練習をしろ」と指示していたケースが考えられます。

2 使用者責任

1 使用者責任とは

　民法は、一定の場合には、加害者以外に損害賠償責任を負わせることで損害の公平な分担を図っていますが、使用者責任（715条）も、そのなかのひとつです。たとえば、ある人が仕事で社用車を運転していたところ、横断歩道を渡っていた人をひいてしまったとします。第8章で見たように、ここでは不法行為が認められるため、運転手に損害賠償を請求できます（709条）。さらに、この場合には、民法における使用者責任の規定によって、運転手（加害者）と使用関係のある会社にも損害賠償を請求することができます（図9-3）。

　その理由は、次のとおりです[9]。会社は運転手を使って事業を行い、収益を上げています。そうであれば、利益を与える者（ここでは運転手）が反対にその業務を行うにあたって不利益（損害）を生じさせたときに、不利益のことには一切感知しないというのは、正義の観点からも認められません（「報償責任」という考え方です[10]）。

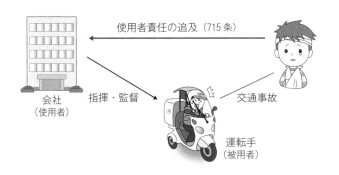

図9-3　使用者責任

　このような「利益あるところ損失も帰する」という考え方により、たとえば会社の従業員が仕事中に起こした損害については、会社も責任を追うことになるという**使用者責任**の規定が置かれました。また、これは被害者救済のためであることももちろんです。被害者は、加害者に損害賠償をする資力がなければ、賠償請求をしても実際には救済を得られません。そこで、一般的には個人より資力のある会社にも責任を負わせることによって、被害者はより確実に損害賠償を得ることができるのです。

　民法715条は、ある事業のために他人を使用する者（**使用者**）は、使用されている者（**被用者**）がその事業の執行にあたって第三者に加えた損害を賠償しなければならないとして、使用者責任が生じることを認めています。これにより、業務内で被用者が生じさせた損害であれば、被害者はその使用者にも責任を追及することができるのです。

② 使用者責任の要件・効果

　それでは、使用者責任が成立するのはどのような場合でしょうか。要件を1つずつ確認します。

(1) 「使用関係」の存在

　使用関係とは、「指揮監督関係」があることだと考えられています。典型的には、雇用（労働）関係があてはまります。さらに、この関係は「実質的に」認められればよいとされています。したがって、労働契約が無効であったとしても指揮・監督があれば使用者責任は成立しますし、そもそも契約関係がなくとも使用者責任を成立させた判例もあります。

(2) 「事業の執行」についての損害

　使用者責任は、ある事業の執行について被用者が起こした損害を賠償することを内容とする以上、被用者が損害を生じさせたときに「ある事業」を行っていることが必要です。

✅ ここも CHECK
*11　使用者責任は使用者に代わって事業を監督する者（代理監督者、たとえば、支店の支店長など）にも同様の責任を成立させます（715条2項）。代理監督者については、責任の範囲を狭めるべきという議論もありますが、こちらについては今回の説明の対象からははずします。

🔍 ★ポイント★
*12　学校を卒業して社会に出ると、多くの人は企業に雇われることになるでしょう。その場合、企業とみなさんとの間には雇用契約（労働契約）が締結されることがほとんどです。このような関係を、雇用（労働）関係といいます。

✅ ここも CHECK
*13　最判昭和56年11月27日は、運転の未熟な弟に車で送迎をさせた兄が、助手席で運転について指示を出していたところ、その指示にしたがった結果、弟が事故を起こした場合に、兄は弟を指揮・監督していたとして、弟の起こした事故に兄は使用者責任を負うとしました。

たとえば、自身の勤める会社の株券を偽造して、それを販売し、金銭を得ようとした事例があります。ここでは、偽造株券の発行を受けた被害者には損害が生じていますが、この場合、会社に対しても使用者責任を追及することができるのでしょうか。裁判所は、厳密には株券の偽造は「事業」ではないため、当初は会社が使用者責任を負う必要はないと判断しました[*14]。ところがその後、会社は被用者を使って収益をあげているのであるから、企業活動に見える活動についての損害も会社が負うべきであるという考え（これを**報償責任**といいます）が強まるにしたがって、判例でもその考え方にしたがい、株券の偽造における損害についても、会社は責任を負うべきであるという判断がなされるにいたりました[*15]。

このように、外側から見て「事業」と思われる場合には、会社も責任を負うべきであるという考え方が浸透しています[*16]。そして、この考え方は、職務ではなくても職務であるように見える場合にもあてはまります。たとえば、従業員が社用車を私用で運転して事故を起こした場合にも、社用車を使っていることが事業を執行しているように見えると考えられるため、使用者責任が成立するとされています[*17]。

(3) 被用者の不法行為

民法715条は、もともと「被用者の責任を使用者が肩代わりする」ものだと考えられていました（**代位責任**）。そのため、加害者である被用者に不法行為責任（709条）が成立する場合に、使用者責任も成立すると考えられます[*18]。

なお、使用者が被用者に代わって賠償した場合には、被用者に求償することができるとされています（715条3項）。しかし、肩代わりしたと考えると当然の規定とはいえ、会社の「ために」働いている被用者が起こした損害に対して、会社は最終的にはなにも負担することがないというのは、あまり納得のできる結論ではありません。いざというときは、会社はすべての損害を被用者に支払わせるというのでは、被用者にとって酷でしょう。そこで、判例は、求償権の範囲を適切な範囲に限るとしています[*20]。したがって、被用者がすべての損害の責任を負うわけではありません。

(4) 使用者の免責事由が認められないこと

ただし、民法は、使用者が被用者の選任・監督について相当の注意をしたか、相当の注意をしても損害が生じたことを立証した場合には、使用者責任は成立しないとしています（715条1項ただし書）。使用者が損害の発生が生じないように行動したにもかかわらず、想定外の事情で被用者が損害を生じさせた場合にまで、使用者に責任を課すのはさすがにいきすぎだと考えられるため、このような免責事由が認められています。

しかし、今日では、この免責事由は裁判で認められないだろうとされています。会社のために働く被用者によって会社（使用者）は利益を得ているのだから、そ

*14 大判大正5年7月29日。

*15 大連判大正15年10月13日。

★ポイント★
*16 これを**外形標準説**といいます。これは、被害者の信頼を保護するためのものですので、被害者が被用者の私利を図るために行われたものだということを知っていれば、使用者責任は生じません（最判昭和42年4月20日）。

✓ここも/ CHECK
*17 私用を会社が認めていた場合として最判昭和37年11月8日、私用を禁じていた場合として最判昭和39年2月4日がありますが、いずれも使用者責任が肯定されています。

★ポイント★
*18 したがって、被用者に一般不法行為責任を追及することも、使用者に使用者責任を追及することもできます。この場合の被用者と使用者の関係は、連帯債務となります。

用語解説
*19 求償
本来支払うべき人に代わって支払いをした場合に、肩代わりした分を本来支払うべき人から返してもらうことを求償といいます（求償権は第2章の注17を参照）。

✓ここも/ CHECK
*20 最判昭和51年7月8日。ここでは、肩代わりした損害賠償額の4分の1を求償できるとしています。実際にどの程度の求償が認められるかは事案によって異なるでしょう。

の活動上の損害も会社が負うべきであるという考えが強まっているためです。よって、使用者の免責を認めるべきではないと考えられているのです。

⚖ まとめの問題 ・・・・・・・・・・・・・・・・・・・・・・・・

【○×問題】

① 民法714条の監督者責任を負わされるのは、法令によって監督義務を負う監督義務者およびその代理監督者に限られるので、それ以外の者が民法714条 1 項の適用を受けることはない。　　　　　　　　　　　　　　　　　　　　　　　　　　　　　　☐

② 使用関係は、契約に基づく関係でなければならない。　　　　　　　　　☐

③ 事業の執行と直接の関係のない被用者の活動による損害については、使用者責任を生じない。　　　　　　　　　　　　　　　　　　　　　　　　　　　　　　　　☐

【演習問題】

　責任能力が認定されるギリギリの年齢の未成年者が加害者となった場合、被害者が損害賠償をしてもらう方法には、どのようなものが考えられるでしょうか。

Column⑤……事務管理・不当利得

【事務管理】

　事務管理とは、**なんらの義務なく他人の行うべき行為（事務）を他人のために行ってあげること**をいいます（697条）。お隣さんの家の屋根が台風で吹き飛んでしまったが、お隣さんは海外旅行中で対応できないので、代わりに屋根を修理してあげた場合などが典型例としてあげられます。成立要件は、①他人の事務の管理（実際に修理する場合［事実行為］でも、修理を第三者に依頼して修繕契約を結んだ場合［法律行為］でも成立）、②利他的意思（他人のためにする意思があること）、③法律上の義務がないこと（家屋の管理を依頼されていれば、契約上［法律上］の義務があることになります）、④本人の意思および利益に適合すること（客観的にみて本人に有利であること、屋根の修理は意思・利益に適合すると考えられます）、以上の4つです。

　事務管理が成立すると、①管理開始の通知義務（699条本文）、②本人の利益に適合した管理の義務（697条）、③本人や相続人等が管理できるようになるまでの管理継続義務（700条）、④報告・引渡し・利息支払い義務など（701条・645条・646条・647条）の義務を負います。

【不当利得】

　不当利得とは、**法律上の正当な理由なく、他人から利得を得る**ことで、他人に損害を与えた場合に、不当に得た利得をその他人に返還させる制度です（703条・704条）。売買契約が無効となった場合、売主が受け取っている代金は存在しない契約に基づいてもらったものであり、もはや保持する正当な理由はありません（買主が持つ目的物も同様）。したがって、この代金は不当利得であり、買主に返還すべきこととなります。

　不当利得は、①他人の財産または労務によって利益を受けており（代金を受けている場合のようなプラスの利得もあれば、税金を免れた［たとえば、自分の土地だと勘違いして、他人が税金を払ってくれた］などの利得もありえます）、②他人に損害が生じていて（ショッピングセンターができて、周辺の地価が上がっても、ショッピングセンターは損をしていないので、周辺住民に不当利得の返還は求められない）、③受益と損失との間に社会通念上相当と認められる因果関係があり（Aが北海道でお金を落とし、同時刻に沖縄でBが偶然に同額を拾ったとしても、Aの損失とBの受益は無関係で、AがBに不当利得の返還を求められるわけではない）、④法律上の原因がない場合に、返還を求めることができます。

　不当利得が成立すると、損失者は受益者に不当利得返還請求権を行使することができます。もっとも、法律上の原因がないこと（たとえば、詐欺の売買で詐欺と気づかず、目的物をギャンブルに使ってしまった場合）を知らない善意の受益者（703条）と、知っている悪意の受益者（704条）では、返還しなければならない利益の範囲が異なります。すなわち、善意の利益者は自分が利得できると信じていたわけですので、現存利益の返還でよいですが、悪意の受益者はすべての利益とその利息を返還しなければならないとされています。

　なお、不当利得には、以上の一般不当利得以外に、特殊な不当利得の規定が存在します。①債務の不存在を知りつつ弁済した場合には、不当利得返還請求権を行使できません（非債弁済：705条）。②弁済期到来前の債務を弁済した場合には、返還を求めることはできませんが、債権者が弁済について錯誤に陥っていた場合には、債権者はそれによって得た利益（たとえば、期限までの利息）を返還しなければなりません（期限前の弁済：706条）。③他人の債務を自分の債務と誤信して弁済し、債権者が証書を滅失させたり、担保を放棄したりなどした場合は、弁済者は不当利得の返還を求めることができません（他人の債務の弁済：707条）。④不法な原因で生じた給付（公序良俗違反で無効となる売買契約に基づく目的物の引渡しなど）は、本来であれば契約が無効なので不当利得返還請求権が認められるはずですが、反社会的な給付に法の救済を与える必要はないので、返還請求は認められません（不法原因給付：708条、ただし受益者にのみ不法原因がある場合には認められる：708条ただし書）。

第 IV 編

人と人とのつながり——権利能力と親族法・相続法

本編では、民法における「人」をみた後、財産法と対をなす家族法を中心に概説します。具体的には、レンとナナミの家族やそのまわりの人びとを通して、まずは民法における「人」の意義を確認します。そのうえで、夫婦や親子関係といった家族関係や、財産の相続に関するルールについて学びます。

【ストーリーの主な登場人物】

レン
（高校生のころ）

ナナミ
（レンの恋人・妻）

サクラ
（レンの妹）

レンのおばあちゃん

レンの父

レンの母

タケル
（レンとナナミの子）

レンのおじいちゃん

ストーリー

おばあちゃんの心配

　高校生レンのおばあちゃんは、おじいちゃんが亡くなってからレンの家の近くでひとり暮らしをしている。おばあちゃんはペットに猫のミケを飼っていて、ご飯をつくったり編みものをしたりするときもいつも一緒だ。でも最近、自分にもしものことがあったらミケはどうなるのかと心配している。

　おばあちゃんは、ミケにご飯をあげながら、「私が死んだら、この子はどうなるのかしら……。ちゃんとごはんを食べていけるかしらねぇ。もしものときは、この子にも財産を相続させたいわ」とつぶやく。

　ある土曜日、レンと妹のサクラ、お父さんがおばあちゃんの家に遊びに行くと、おばあちゃんは必死になにかを探している。

　「おばあちゃん、どうしたの？」
レン

　「預金通帳を探しているのだけど、どこにいったのかしら……」
おばあ
ちゃん

　おばあちゃんは戸棚や机の引き出しの中を探しているようだが、なかなか見当たらない。ミケもなんだかソワソワしている。レンも気になって探すのを手伝い始める。

　「最近なくし物やもの忘れが多くなってきて困るよ。この前テレ
おばあ　　ビで見たんだけど、後見っていうの？　本格的にボケたときのた
ちゃん　　めに準備しておいたほうがいいんじゃないかねぇ」

　「やだな、母さん。僕たちが近所に住んでるんだから大丈夫だよ」
父

　「後見ってなに？　私もおばあちゃんのためにできることするよ」
サクラ
　おばあちゃんは「サクラちゃんはやさしいね。ありがとう」と
笑った。

Question

① 猫のミケはおばあちゃんの財産を相続することができるでしょうか。

② おばあちゃんが準備しようとしている後見人とは、どのようなことをする人なのでしょうか。

③ 未成年のサクラはおばあちゃんの後見人になれるでしょうか。

keywords　権利能力　行為能力　未成年者　成年被後見人　被保佐人　被補助人

1 権 利 能 力

1 民法における「人」

　民法で「人」と扱われるのは、自然人と法人です。自然人とは、いわゆる普通の人間のことを指します（たんに「人」という場合もあります）。それに対して、法人とは、会社や学校（学校法人）、NPO（非営利法人）などのように、特定の団体などが「人」として扱われ、権利や義務の主体となることが認められるものです。[*1]

　法人には多くの種類があります。人がある目的のために集まってできる社団法人や、ある目的のために財産が拠出されることによってできる財団法人、収益事業を行い、利益を構成員に分配することを目的とする営利法人や、営利を目的としない非営利法人などです。たとえば、会社は、営利法人であり社団法人でもあります。[*2]

2 権利能力とは

　すべての「人」は、権利や義務の主体となることができます。こうした資格のことを、**権利能力**といいます。権利能力は、自然人であれば人種や性別、その他の出自などにかかわらずすべての人に、法人であれば法人として設立されたすべての法人に、平等に備わっています。これを、**権利能力平等の原則**といいます。もし権利能力がない人がいたらどうなるでしょうか。その人は、売買契約を行ったり、自分の物を所有したり、結婚をしたりすることができなくなってしまいます。そのようなことがないように、すべての人に権利能力は平等に備わっているのです。

3 権利能力の始期と終期

　権利能力はすべての人に備わっているので、自然人であれば生まれたときに権利能力が備わり、死ぬことによって権利能力を失います。法人については、設立によって権利能力が備わり、解散などによって権利能力を失います。

　本章では、自然人の権利能力の始期と終期、すなわち、出生と死について、詳しく説明していきます。

2 権利能力はいつ備わるのか

1 権利能力の始期──出生

　自然人の権利能力については、民法で「私権の享有は、出生に始まる」（3条1項）と定められているとおり、生まれたときから「人」であるとして権利能力が備わります。

　それでは、どの時点で「生まれた」と考えるのでしょうか。民法では、赤ちゃんが完全に母体の外に出た時点で「出生した」と考えます。[*3] なお、出生から14日以内に、両親（出産に立ち会った医師など）は、市役所、区役所または町村役場に出生届を提出しなければなりません。

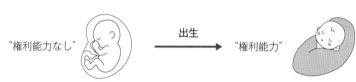

"権利能力なし"　　　　出生　　→　　"権利能力"

図10-1　権利能力の発生

2 胎児の権利能力

　出生によって権利能力が備わるので、まだ生まれていない胎児は「人」ではなく、権利能力が備わっていません。ところが、胎児にも例外的に権利能力を認める場合があります。

　ある父親に、すでに生まれている子どものAとまだ生まれていない子ども（胎児）のBがいるとします。父親が死亡した場合、生まれている子どものAは父親の財産を相続することができるのに、胎児には権利能力がないので、Bは父親の財産を相続できないことになってしまいます。そうすると、同じ子どもでもAとBとのあいだで不均衡が生じるため、この場合は例外的に、胎児であってもBに権利能力を認め、父親の財産を相続できるようにしています（886条）。

　胎児の権利能力は、上記のような相続の場合のほかに、遺贈を受ける場合（965条）、不法行為の場合（721条）、胎児のあいだに認知を受ける場合（783条1項）に認められます。[*4]

3　民法における「死」

1　死亡と権利能力

　出生の場合とは異なり、死亡した場合に権利能力が失われることは、民法には定められていません。しかし、死亡した人は権利義務の主体となることはできないので、死亡によって権利能力は失われます。

2　死亡の判定

　死亡は、①呼吸停止、②脈拍停止、③瞳孔散大によって判定されます（心臓死）。死亡の判定は医師によって行われ、死亡の時点が確定されます。その後、医師により診断書が作成され、死亡届が提出されることになります。[*5]

Mini **Column**……臓器移植と脳死

　臓器移植の場合には、心臓死を待ってから臓器を摘出したのでは移植に適した状態の臓器が摘出できない可能性があるので、心臓死の判定が行われる前に、臓器移植のために脳死として死亡とされる場合があります。脳死[*6]については、①深い昏睡、②瞳孔の散大と固定、③脳幹反射の消失、④平坦な脳波、⑤自発呼吸の停止によって判定されます。

3　認定死亡

　水難事故、飛行機の墜落、火災、震災などで、死亡したことがほぼ確実であるけれども、死体が発見されないなどで死亡の確認ができない場合に、取調べをした官公庁（海上保安庁、警察など）が死亡地の市町村長に死亡を報告することによって、戸籍に死亡の記載がされることがあります（戸籍法89条）。これを「認定死亡」といいます。[*7] もし死亡したことになっている人が生きて帰ってきた場合には、戸籍の記載は修正されます。

4　同時死亡の推定

　父と子でドライブ中に事故にあって2人が死亡した場合のように、事故や災害などで複数の人が死亡した場合で、これらの人たちの死亡の順序がわからない場

CHECK
*5　死亡届は、同居の親族その他の者が、死亡を知った日から7日以内に、医師による死亡診断書または死体検案書を添付し、市役所、区役所または町村役場に提出しなければなりません。

用語解説
*6　脳死
　脳死とは、脳の機能が不可逆的に停止し、心臓は動いているが、数日以内に停止するという状態をいいます。

CHECK
*7　津波の影響で多数の行方不明者が出た東日本大震災の際には、特別法が制定され、遺体が発見されていなくても行方不明となった人の生死が3か月間不明の場合には、申出人の申述書等を添付することを条件として、死亡届の提出を可能にしました。

*8 「推定」については、第6章の注4（p.84）を参照。

民法32条の2
数人の者が死亡した場合において、そのうちの一人が他の者の死亡後になお生存していたことが明らかでないときは、これらの者は、同時に死亡したものと推定する。

*9 法定相続について、詳しくは、第13章（p.182〜）を参照。

合には、同時に死亡したものと推定されます[8]（32条の2）。このようなルールが置かれているのは、死亡の前後が明らかでないときに、相続で混乱が生じるのを避けるためです。

たとえば、Aと子Cの2人が乗った自動車が事故に遭い、不幸なことに2人とも死亡してしまったとします（図10-2）。

Aには3,000万円の遺産があり、子Cはまだ幼くて財産を持っていなかったとします。法定相続のルールに従うと[9]、Aが先に死亡した場合には、Aの遺産が配偶者のBと子Cに2分の1の1,500万円ずつ相続されます。その後に、Cが死亡したとすると、Cが相続した1,500万円をBが相続することになります。これに対して、Cが先に死亡し、次にAが死亡した場合には、Aの遺産の相続が開始される時点で子は死亡してしまっていますので、配偶者Bが3分の2の2,000万円、Aの父と母で3分の1の1,000万円を相続することになります。このようにAとCのどちらが先に死亡したかによって、Aの遺産の分け方が変わってきます（900条）。

複数の人が死亡した事故や災害すべてにおいて、死亡した人の死亡の順序を特定することは非常に困難ですが、いま説明をしたように、死亡の順序によって遺産の分け方が変わってしまうために、この問題をどうにか解決しなければなりません。そこで、民法では、事故や災害などで複数の人が死亡しているものの死亡した順序がわからない場合は、それらの人たちは同時に死亡したことにして、公平に、お互いのあいだでの相続は行われないということにしました。図10-2の場合だと、AとCが同時に死亡したことになります。すると、Aの遺産についてはCが死亡しているものとして相続が行われるので、Bが2,000万円、Aの両親が

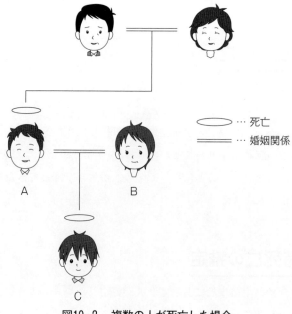

─── … 死亡
══ … 婚姻関係

図10-2　複数の人が死亡した場合

1,000万円を相続することになります。

⑤ 失踪宣告

(1) 失踪宣告とは

　ある人が失踪して生死不明になると、その人が死亡していることが確定するまでは、失踪者の財産の相続が開始されませんし、配偶者は再婚することができなくなるなど、残された関係者に不都合が生じる場合があります。配偶者は離婚を選択することができますが、^{*10}離婚を選択した場合でも、失踪者は死亡していないため、失踪者の財産の相続は開始しません。

　それでは、婚姻関係を解消しながら、失踪者の財産を相続する方法はないでしょうか。そこで、登場するのが**失踪宣告**という制度です。ある人が一定の期間失踪をしていて生死不明である場合に、家庭裁判所に請求して、失踪者を死亡したものとみなす失踪宣告をしてもらうことができます（30条）。

　失踪宣告がされると、失踪者は死亡したとみなされるので、^{*11}財産の相続が開始し、婚姻関係は消滅します（図10-3）。

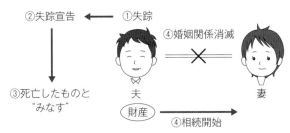

図10-3　失踪宣告の効果

(2) 失踪宣告の種類

　通常、失踪宣告は、失踪している不在者の生死が7年間明らかでない場合に請求をすることができますが（普通失踪）、地震や大火災のような生命の危機をともなう災害等に巻き込まれて失踪をしている場合には、1年で失踪宣告の請求をすることができます。

┌ **普通失踪**……生存が証明された最後のときから7年間
└ **特別失踪**……危難（地震、火災、洪水、津波、山崩れ、雪崩、噴火、登山、探検に参加して生死不明になるなど）

図10-4　失踪宣告の種類

★ポイント★

*10　配偶者が3年以上生死不明である場合には、離婚の原因となります。離婚の原因について、詳しくは、第11章（p.159）を参照。

用語解説

*11　みなす
　「みなす」とは、本来は異なる性質のものをある性質だと扱うことをいいます。ここでは、失踪は死亡とは性質が異なりますが、死亡として扱われます。なお、みなされた場合には、推定された場合と異なり、反証を行うことができません（「推定」については、第6章の注4を参照）。

(3) 失踪宣告の手続

　失踪者の妻や夫、相続人、死亡保険金の受取人などの利害関係人によって家庭裁判所に失踪宣告の請求がなされると、申立人や不在者の親族などに対し、家庭裁判所調査官による調査が行われます。その後、裁判所が定めた期間（3か月以上、特別失踪の場合は1か月以上）、**公示催告**（官報や裁判所の前の掲示板に、不在者は生存の届出をするように、不在者の生存を知っている人はその届出をするように求める）が行われ、その期間が経過した後に失踪の宣告がされます。

図10-5　失踪宣告の手続

(4) 失踪宣告の取消し

　それでは、失踪宣告がされて死亡したことになっていた人が、生きていて戻ってきた場合はどうなるでしょうか。失踪宣告によって死亡したとみなされた人が実は生きていた場合や、死亡したとみなされたときとは別のときに死亡していたことが明らかになった場合には、[*12]本人または利害関係人は、家庭裁判所に失踪宣告の取消しを請求することができます（32条1項）。失踪宣告が取り消されると、失踪の宣告によって財産を得た者は、その取消しによって権利を失うことになるので（32条2項）、相続した財産を返還しなければなりません。また、消滅していた婚姻関係は復活することになります（図10-6）。

　しかし、相続人が相続した財産を処分してしまっていたり、再婚してしまっていたりした場合にはどうなるでしょうか。いくつかの場合に分けて見ていきましょう。

　(a)　相続人が相続したお金を使ってしまったら　相続人が、失踪宣告が取り消される前に相続したお金を使ってしまう場合があります。この場合は、民法32条2項のただし書で、「現に利益を受けている限度においてのみ、その財産を返還する義務を負う」と定められています。「現に利益を受けている限度において」というのは、失踪宣告によって得たお金を使ってしまった場合には、残っている分（現存利益）だけ返せばよいということを意味します。たとえば、夫の失踪宣告によって夫の遺産を相続した妻がエステに通って遺産を使ってしまったものの

★ポイント★
*12　異時死亡の証明が必要とされます。

図10-6　失踪宣告の取消し

①失踪宣告の取消し請求
③婚姻関係復活
家庭裁判所
②失踪宣告の取消し
③財産返還
夫
妻

あまり効果が表れなかったというような場合には、使ってしまったお金を夫に返還する必要はありません。

　ただし、注意が必要なのは、生活費や子どもの学費といった支出に遺産を使った場合です。このような出費は、遺産が入らなければ妻自身の財産から支払われたはずなので、夫の遺産から支払ったことによって妻の出費が節約され、必要な出費を免れたという利益が現存していると考えられます。そこで、生活費や子どもの学費に使って相続した財産がなくなっていたとしても、節約された妻自身の財産からその分を夫に返還しなければなりません。

　なお、妻が現存利益を返還すればよいのは、妻が善意（夫が実は生きていることを知らなかった）の場合だけです。妻が悪意（夫が生きていることを知っていた）の場合には、[13] 相続した財産を全額返還しなければいけません。

*13　善意・悪意については、第4章のミニコラム（p.50）を参照。

　(b)　相続人が相続した不動産を転売してしまったら　　相続人が、失踪宣告によって相続した土地を第三者Xに売ってしまう場合があります（図10-7）。

　このような場合には、民法32条1項後段で、「取消しは、失踪の宣告後その取消し前に善意でした行為の効力に影響を及ぼさない」と定められています。つまり、妻からXへの土地の売買が善意でした行為である場合には、失踪宣告の取消しは影響を及ぼさないので、Xは夫に土地を返還しなくてもよく、土地を取得することができます。それに対して、妻からXへの土地の売買が悪意でした行為である場合には、失踪宣告の取消しが売買の効力に影響を及ぼすことになり、Xは夫に土地を返還しなければならなくなります。

　ここで、この善意でした行為の「善意」とは、だれの善意なのかが問題となります。判例では、[14] 行為者双方、ここでは妻とXの双方が、夫が実は生きていることを知らなかったことを要求しています（双方善意説）。[15]

　(c)　婚姻関係の場合　　現代ではあまり考えられないケースかもしれませんが、失踪宣告で婚姻関係が消滅した後に妻が再婚し、その後で失踪していた人が

*14　大判昭和13年2月7日。

☑CHECK
＼ここも／
*15　学説のなかには、双方が善意である必要はなく、取引の相手方が善意であればよいとする説もあります（相手方善意説）。

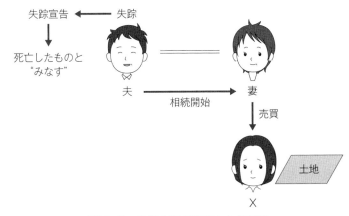

図10-7　失踪宣言の取消しと第三者

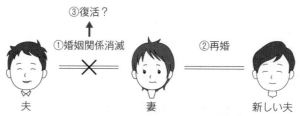

③復活？
↑
①婚姻関係消滅 ②再婚

夫 妻 新しい夫

図10-8 失踪宣言の取消しと婚姻関係

★ポイント★
*16 戦後すぐは、戦争で海外に行って生死不明となり失踪宣言が出されていた人が生きて帰ってくるといったケースも存在しました。

帰ってきた場合[16]、前婚と後婚と、どちらが有効になるでしょうか（図10-8）。

通説・実務では、民法32条1項後段の「行為」に婚姻も含まれると考えられています（適用肯定説）。配偶者と再婚相手が双方善意である場合は、再婚の効力に失踪宣言の取消しは影響を及ぼさないので、後婚が優先されるという考え方がとられています。

4 成 人

1 成 年

\ここも/
CHECK
*17 以前は、成年が、選挙権の取得や飲酒喫煙の許可などで統一的な基準とされていました。現在は、それぞれの法律で年齢が定められています。

出生してから死亡するまでのあいだで、法律上重要な節目になるのが成人です。一定の年齢（成年）になると成人し、未成年者とは異なる扱いがされます[17]。

★ポイント★
*18 2018年6月13日に、成年年齢を20歳から18歳に引き下げることなどを内容とする民法の一部を改正する法律が成立しており、2022年4月から施行されます（第11章も参照）。

民法の成年年齢は、2022年3月までは20歳ですが、2022年4月からは18歳です[18]。なお、現在のルールでは、未成年者が結婚をした場合は、成年に達したものとして扱われます（成年擬制）。2022年4月以後は、成年年齢も結婚が可能になる年齢も18歳に統一されるので（女性の結婚可能年齢も18歳に引き上げられます）、未成年者が結婚をすることはなくなります。また、未成年者がお店の店長になっているなど営業を許可されている場合にも、成年者と同じに扱われます（6条）。

2 保護者の権限

\ここも/
CHECK
*19 親が子どもを虐待したりネグレクトを行ったりした場合には、親権が一時的に停止されたり剥奪されたりする場合があります。

未成年者は、原則として親権者が保護者になります（818条・824条）。しかし、保護者がいないか、親権が停止または剥奪されている場合には[19]、未成年後見人が選ばれます（838条〜840条）。

*20 親権者および親権については、第12章（p.172）を参照。

*21 法律行為については、第1章（p.5）を参照。

保護者が親権者である場合には、未成年である子に対して親権を行使しますが[20]、それに加えて、保護者（親権者、未成年後見人）は、未成年者の法律行為に対しての**同意権**と**取消権**が与えられています（5条）[21]。未成年者は判断能力が未熟なため、法律行為をするためには保護者の同意を得なければならず、同意を得ずに、たとえば高額な教材を購入する契約をした場合などには、その契約を取り消

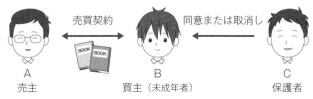

売買契約

同意または取消し

A
売主

B
買主（未成年者）

C
保護者

図10-9　保護者の同意権と取消権

すことができます（図10-9）。

　なお、未成年者の利益となるだけの行為や、親がおつかいを頼んだ場合、親が渡したおこづかいを使ってなにかを購入する場合などには、未成年者は保護者の同意を得る必要がなく、保護者は取消しをすることができません。

5　成年制限行為能力者制度

① 意思無能力者

（1）　意思無能力者のした行動

　第1章や第4章で説明されているように、民法ではさまざまな法律関係を形成するのに意思表示が重要な意味を持っています。[*22]ですが、小さな子どもや認知症を患っている高齢者、知的障がいを抱えている人は、きちんとした意思表示ができるでしょうか。たとえば、認知症を患っている高齢者が、訪問販売員から「家の土台が腐っている」という説明を受け、よく理解しないまま高額なリフォームの工事の契約をしてしまうようなこともあり得ます。

　このような、自分のしている意思表示の意味を正しく理解できていない人に対しても、自分でした意思表示なのだから責任を負えというのは、きわめて酷です。そこで、法律行為の当事者が、自分の行為の結果を判断できる精神能力（意思能力）を有していない状態で意思表示をした場合には、[*23]その意思表示によって成立していた法律行為は無効とされます（3条の2）。[*24]

（2）　意思無能力制度の問題点

　意思無能力制度にはいくつかの問題があります。まず、意思能力の判定の困難さです。ある法律行為をしたときに意思無能力であったことを、無効を主張する側が証明しなければなりません。しかし、過去のある時点に、どの程度の判断能力があったかということを証明することは困難です。また、無効の主張は、原則として、本人が行わなければなりませんが、意思無能力者自身が無効を主張したり裁判を起こしたりすることがむずかしいことが多く、病気や障がいで意思能力を有していない人が十分に保護されません。さらに、相手方にとっても、取引の時点で、意思無能力者なのかがわからないこともあります。

*22　意思表示については、第1章（p.7）と第4章（p.46）を参照。

*23　意思能力について、詳しくは、第4章（p.46）を参照。

★ポイント★

*24　高齢者が訪問販売でリフォーム工事を契約した場合には、8日以内であればクーリングオフが可能です（特定商取引法）。また、8日を過ぎても、業者の説明に嘘があった場合には取り消すことができます（特定商取引法、消費者契約法）。

② 制限行為能力者制度──成年後見・法定後見[*25]

(1) 制限行為能力者制度とは

以上のような意思無能力制度の問題点に対応するために、判断能力が不十分な人をあらかじめ類型化し、保護者をつけることによって保護しようというのが、制限行為能力者制度です。[*26]制限行為能力者制度では、制限行為能力者であっても可能なかぎり自己決定権を尊重し、できることは自分でできる余地を残しています。[*27]

制限行為能力者には、経験の不足している**未成年者**と、成年者で法律行為を行う能力が不十分な**成年制限行為能力者**に分けられます。さらに、成年制限行為能力者は、その能力（残存している判断能力）に応じて、**成年被後見人**、**被保佐人**、**被補助人**の3つの類型に分けられます。そして、成年制限行為能力者については、法務局の登記ファイル（成年後見登記）に登録されます。

なお、意思無能力者のすべてが制限行為能力者ではなく、制限行為能力者のすべてが意思無能力者ではありません。たとえば、お酒を飲んで酩酊した状態で契約をした場合、契約当時は意思無能力者であったことになりますが、通常であれば正常な判断能力を備えている人の場合には、制限行為能力者とはなりません。また、未成年者は制限行為能力者ですが、たとえば中学生だと意思能力は備わっているので意思無能力者ではありません。[*28]

保護者である法定後見人は、成年被後見人に対しては成年後見人、被保佐人に対しては保佐人、被補助人に対しては補助人といいます。[*29]

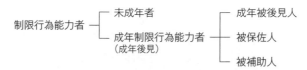

図10-10　制限行為能力者の種類

(2) 法定後見開始の手続

法定後見は、本人、配偶者、4親等内の親族などが家庭裁判所に後見開始の審判を申し立て、家庭裁判所によって審判が行われた後、法定後見開始の審判と法定後見人の選任が行われて、法定後見が開始します。

申立て　➡　審理　　　　　　　　　　　　　　　　　➡　法定後見開始の審判
　　　　　　　┌ 後見人候補者の適性等の調査　　　　　　法定後見人等の選任
　　　　　　　└ 本人の判断能力の鑑定手続など

図10-11　法定後見開始の手続

★ポイント★
*25 後見、保佐、補助の3つを合わせて成年後見といいます。さらに、成年後見には、**法定後見**と**任意後見**の2つの種類があります。

用語解説
*26 行為能力
行為能力とは、契約などの法律行為を単独で確定的に有効に行うことができる能力で、意思能力よりも高度な能力です。

ここも！ CHECK
*27 障がい者などでも可能な限り家庭や社会で通常の生活を行うべきだという理念（ノーマライゼーション）と、未成年者についても保護者の監督のもとで自分の判断で判断能力を育成しようという理念が反映された制度設計がされています。

*28 意思能力について、詳しくは、第4章（p.46）を参照。

ここも！ CHECK
*29 一般的には未成年者の親に対して「保護者」という言葉が使われていますが、未成年者の保護者となる親権者や未成年後見人だけではなく、成年後見人・保佐人・補助人も、成年制限行為能力者の「保護者」となります。

(3)　成年後見人の職務

　成年者の法定後見人は、どのようなことを行うのでしょうか。被後見人の保護者である成年後見人を例に説明します。成年後見人は、被後見人の住居の確保や生活環境の整備、施設等への入退所の手続や契約、被後見人の治療や入院の手続、さらには日常の見守りなどを行う**療養看護**と、被後見人の現金、預貯金、不動産等の管理を行ったり、被後見人の行った法律行為に対して同意権や取消権を用いて監督を行ったりする**財産管理**があります（858条）。

　これらの職務は、本人の自己決定権を尊重することや、ノーマライゼーションの要請のもと、被後見人の能力に応じて内容が異なります。

　取消権は、未成年者の場合と同様に、後見人（保護者）の同意なしで行った行為を取り消すことができる権利です（120条1項・13条・17条）。成年被後見人にとって有用だと判断した場合には、取り消さなくても構いません。また、「日用品の購入その他日常生活に関する行為」については認められていません。

> **民法858条**
> 成年後見人は、成年被後見人の生活、療養看護及び財産の管理に関する事務を行うに当たっては、成年被後見人の意思を尊重し、かつ、その心身の状態及び生活の状況に配慮しなければならない。

```
成年後見人の職務 ┬ 療養看護……病院の手続、介護保険の申請、日常の見守りなど
                └ 財産管理……預貯金や不動産の管理など
```
図10-12　成年後見人の職務

表10-1　制限行為能力者の比較

	未成年者	成年被後見人	被保佐人	被補助人
対象者	成年年齢未満の人 *成年擬制はされていない	精神上の障害により、判断能力を常に欠いている人	精神上の障害により、判断能力が著しく不十分な人	精神上の障害により、判断能力が不十分な人
能力の範囲	特定の行為以外は単独でできない	日常生活に関する行為を除くすべての財産行為ができない	民法13条1項所定の重要な行為は単独ではできない	被補助人が、補助人に同意権を付与することにした行為は単独でできない
保護者	親権者、未成年後見人	成年後見人	保佐人	補助人
保護者の権限	同意権・代理権・取消権	包括的な代理権、取消権	重要な行為についての同意権・取消権、付加的に代理権	本人が選択した事柄についての同意権・取消権または代理権

(4)　制限行為能力者と取引をした相手方の保護

　(a)　相手方の催告権[*30]　制限行為能力者と取引をすると、後から保護者が出てきて、取消しをされてしまう可能性があるため、制限行為能力者と取引をした相手方からすると不安定な立場におかれてしまうことになります。そこで、相手方がそうした不安定な立場から脱することができるように、相手方には**催告権**が与えられています。

> **★ポイント★**
> *30　成年被後見人はみずから取引をすることがほとんど考えられないため、想定される制限行為能力者は、未成年者、被保佐人、被補助人です。したがって、保護者として考えられるのは、未成年者の場合は親権者または未成年後見人、被保佐人の場合は保佐人、被補助人の場合は補助人です。

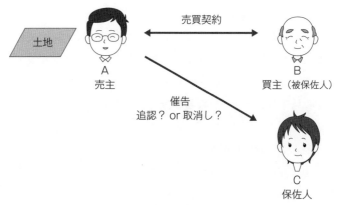

図10-13　催告権

　たとえば、被保佐人であるBと売買契約をした相手方Aは、保佐人Cに対して、1か月以上の期間内に、売買契約を**追認**するか取り消すかを答えるように催告することができます（図10-13）。期間内に答えがなかった場合には、追認をしたものとみなされます（20条）。

　なお、催告は原則として保佐人等の保護者に対して行われますが、本人が能力を回復して行為能力者になっていた場合には、本人に対して催告を行います。

　(b)　**制限行為能力者が詐術を用いた場合**　未成年者が身分証や保護者の同意書などの書類をねつ造した場合のように、制限行為能力者が行為能力者であることを信じさせるため詐術を用いた場合には、制限行為能力者やその保護者は取消しをすることができなくなります（21条）。

　それでは、制限行為能力者が、自分が制限行為能力者であることを黙秘していただけの場合も詐術にあたるのでしょうか。判例では、制限行為能力者であることを黙秘していた場合でも、それがほかの言動と相まって、相手方を誤信させ、または誤信を強めたものと認められるときは詐術にあたるけれども、ただ黙秘していたことだけでは詐術にはあたらないとしています[32]。

3　任 意 後 見

　成年者で判断能力が不十分な人は、自分の判断能力が十分なうちに、法定後見による保護を受けずに、他の人に後見を委ねることができます。これを**任意後見**といいます。任意後見は、契約によって、だれになにをどこまでやってもらうかをあらかじめ定めておくことができます（任意後見契約法2条1号）。

　しかし、**任意後見人**となった人がきちんとした後見を行わずに、後見を委託した人の不利益になるような行動をする可能性があります。そのようなときのために、任意後見人の行動を監督する任意後見監督人が選任されます。本人や親族、

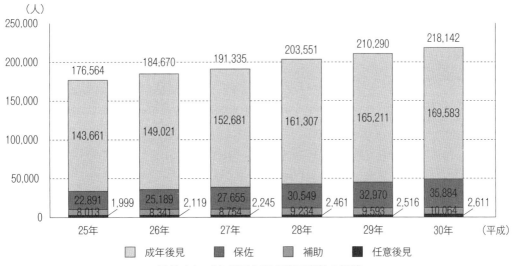

図10-14　成年後見制度の利用者数の推移

出典：厚生労働省「成年後見制度の利用の促進に関する施策の実施の状況（令和元年 7 月）」2019年

任意後見人になる予定の人などから家庭裁判所に任意後見監督人の選任の請求が
され、家庭裁判所が任意後見監督人を選任することによって、任意後見契約が効
力を生じます。

　ただ、任意後見監督人による任意後見人の監督が十分に行われていないことも
多く、任意後見人が本人の財産を横領している事件が毎年起こっています。[*33]

　なお、任意後見が開始されても、後見される本人の行為能力は制限されません。
また、任意後見人は本人が自由に選ぶことができ、法律上の制限はありません。
ただし、未成年者や破産者、本人と裁判で争っている人などは、任意後見人にな
ることができません（847条）。

✅ ＼ここも／ CHECK
*33　任意後見人の不
正については、2014年
には831件、被害額56
億7,000万円にのぼっ
ていましたが、年々減
少をしており、2018年
では250件、被害額11
億3,000万円となって
います（厚生労働省「成
年後見制度の現状」2018
年）。

⚖ まとめの問題 ‥‥‥‥‥‥‥‥‥‥‥‥‥‥‥‥‥‥‥‥‥‥

【○×問題】
① 胎児のときに父親が死亡した場合には、その胎児が無事に出生をすれば、父親の財産を相
　続することができる。　　　　　　　　　　　　　　　　　　　　　　　　　　□
② AB間の売買契約が、Aが認知症により意思無能力である間になされたものである場合、A
　は、意思能力が回復したときに、自分のした売買契約を無効にすることができる。　□
③ 失踪宣告によって死亡したとみなされていたAについて、実はAが生きており、失踪宣告
　が取り消された。取消し前にAの妻BがAの土地を相続したとしてCに譲渡していた場合、
　Aの生存につきBが善意であれば、CはAに対してその土地を返還しなくてもよい。　□

【演習問題】
　未成年者であるAが、親の同意書を偽造して見せながら、家電量販店でスマートフォンを購
入しました。後でAが勝手にスマートフォンを購入したことを知った保護者は、契約を取り消
すことができるでしょうか。

ヒント　未成年者の行為能力、制限行為能力者が詐術を用いた場合がポイントです。

第11章　結婚・離婚

鎌倉デート

　　高校3年生のレンは同じ高校のナナミと一緒に電車に揺られていた。ふたりが付き合って半年の記念に鎌倉旅行にやってきたのだ。北鎌倉駅で下車したふたり。少し歩くとそこには一山の寺があった。

ナナミ
「トウケイジ……。なんだか歴史のありそうなお寺だね」

レン
「東慶寺は700年以上前にできたお寺で、縁切寺として有名なんだよ。井上ひさしの小説を読んで、一度来てみたかったんだ。女性から離婚をすることができなかった時代に、このお寺に駆け込んで何年か過ごすと夫から離縁状をもらうことができたんだ」

　　はしゃぐレンの隣でナナミは「ふーん」と答えながら、「デートで縁切寺とはデリカシーのないヤツだ」と思った。

　　今度は江ノ電で江ノ島に向かうことにしたふたり。車内の話題は最近レンが気になっているある人気女優Aのドロ沼離婚騒動だった。相変わらずデリカシーのカケラもないレンである。

レン
「Aの離婚騒動聞いた？　自分で浮気しておいて、夫に離婚を突きつけるなんてひどくない？　あれじゃあ夫があまりにもかわいそうじゃないか」

ナナミ
「そうかなぁ？　だってもう夫に対する愛情はないんでしょ？　だったら早く離婚して、新しい出会いを見つけたほうがよくない？」

レン
「そ、そういうものかな……。ナナちゃん結構ドライだね……」

　　江ノ島に着いたふたりは、両側におみやげ物屋をみながら坂を上っていく。その先にあったのは一社の神社だった。

レン
「ここは江ノ島神社。縁結びの神様なんだよ。半年の記念にふたりできたかったんだ。これからもずっと一緒だよ」

ナナミ
「レンくん……」

　　愛を誓い合ったふたりは、手をつないで家路につく。強く差し込んだ西日が、ふたりの姿を照らしていた。

Question
① 離婚をするためにはどのような方法があるでしょうか。
② レンの話に出てきた女優Aの離婚騒動にはどのような問題があるでしょうか。
③ レンとナナミの愛の誓いには法的な意味があるでしょうか。

keywords　婚約・内縁　婚姻　離婚　有責配偶者

「ずっと一緒だよ」って、まるでプロポーズみたいですね。レンとナナミは、将来、もしかすると本当に「結婚」するかもしれません。結婚のことを民法では「婚姻」とよび、他の社会関係とは異なる、特別な関係として規定しています。もちろん、結婚生活がいつもうまくいくとは限りません。時には結婚を解消して、新しい人生を選択するほうが、当事者にとって幸せな場合もあります。民法は、結婚をやめて、夫婦が他人に戻るための制度として「離婚」を置いています。

「結婚」や「離婚」は、私たちにとって身近な制度のひとつですが、法的に見た「結婚」「離婚」というのはどのような制度なのでしょうか。この章では、「結婚」「離婚」を中心に、男女に関する法制度を学んでいきます。

Mini **column**……すべての人のための結婚制度を求めて

> 日本法は、男性と女性という異性間の結婚しか認めていません。しかし、世界に目を向けると、2001年に**同性婚**を認めたオランダをはじめとして、同性間の結婚を法的に認める国が増えています。日本でも、2015年に東京都渋谷区が**パートナーシップ証明書**を発行するなど、自治体レベルで同性カップルを承認する動きが見られます。さらに、2019年2月には、同性婚を認めていない日本の民法や戸籍法が憲法違反であるとして集団訴訟が提起されるなど、同性カップルを含む"**すべての人の結婚の自由**"を求める声もあがっています。

1 結 婚

1 結婚の成立

結婚が成立するためには、法律上の要件を満たす必要があります。それでは、どのような要件をみたせば、法的に結婚が成立したと言えるのでしょうか。結婚式を挙げる必要はあるのでしょうか。契約のような意思が要求されるのでしょうか。婚姻届は必ず本人が提出しなければいけないのでしょうか。

民法は、結婚の具体的な成立要件として、①**結婚の届出**があること、②当事者間に**結婚をする意思**（婚姻意思）があること、③**結婚が法律上禁止されている場合**（婚姻障害）に該当しないことを要求しています。これらの要件を詳しく見てみましょう。

(1) 結婚の届出

民法は、結婚の届出があってはじめて結婚が成立するという立場（**届出婚主義**）をとっています（739条1項）。逆に当事者がいくら夫婦のような生活をしていて、

周囲に夫婦と認められていても、届出がなければ、法律上は結婚している夫婦にはなりません。

結婚の届出は、結婚する当事者双方と成年の証人2人以上が署名した婚姻届を市区町村の戸籍事務担当者に提出して行うのが一般的です[＊1]。婚姻届は、郵送することや、当事者から依頼を受けた第三者が提出することもできます。

(2) 結婚をする意思があること

(a) 結婚をする意思とはなにか　当事者間に結婚をする意思がないときには、結婚は成立しません（742条1号）。ここで要求される「結婚をする意思」とは、具体的にどのような意思なのでしょうか。

まず、先ほど見たように、届出によって結婚が成立することに関連して、当事者に**婚姻届を提出する意思**（届出意思）のあることが必要になります。たとえば、レンがナナミへの抑えきれない愛情から勝手にナナミとの婚姻届を提出しても[＊2]、これを知らないナナミには届出意思がありませんから、結婚は成立しません[＊3]。

結婚をするとどのような法的結果が生じるのかは一般にも知られているので、届出意思以外の意思を当事者に要求する必要はないとも考えられます。しかし、夫婦としての実体を伴わないで、結婚制度の効力の一部だけを得ること（たとえば日本人の配偶者として在留資格を得ることや、子を嫡出子[＊4]にすること）を目的とする結婚（仮装婚）を防ぐためには、届出意思があることだけでは十分ではありません。判例は、結婚の成立には、届出意思だけでなく、**社会的に夫婦と認められる関係をつくろうとする意思**（実質意思）が必要であるとしています[＊5]。この判例の考え方を前提とすると、当事者に実質意思のない仮装婚は、無効になります。

(b) 結婚する意思はいつ必要か　結婚する意思は、結婚の届出時に存在していなければいけません。婚姻届を作成する際に結婚する意思があったとしても、提出までに気が変わって結婚する意思がなくなった場合や、提出前に当事者が死亡した場合には[＊6]、結婚は成立しません。

それでは、病気によって死期が迫った人が、パートナーと結婚することを決意して婚姻届を作成した後に意識不明になり、婚姻届が受理された後に死亡した場合であっても、結婚は有効に成立するのでしょうか。このような臨終婚について、判例は、当事者間に事実上の夫婦共同生活関係や継続的な性関係があり、婚姻届が受理される前に翻意するなど結婚の意思を失う特段の事情がない限り、結婚は有効に成立するとしています[＊7]。

(3) 法律上結婚が禁止されていないこと

結婚の届出があると、戸籍事務担当者は、届出が法令に違反していないことを審査した後に、届出を受理します（740条）。審査の対象となる、法律上結婚が禁止される場合を、民法は次のように規定します。

まず、一定の年齢に達しなければ、結婚をすることはできません。2021年現在、

152

民法は、**結婚できる下限年齢（婚姻適齢）**を、男性18歳、女性16歳と定めています（731条）[*8]。ストーリーの主人公であるレンとナナミは高校3年生ですが、もしレンが18歳になっていたら、2人とも結婚できる年齢に達しています。男女間で年齢差が設けられた理由は、精神的・肉体的成長の程度が男女で異なることにあるとされてきましたが、その合理性には疑問もありました。2018年に成立した民法改正法は、成年年齢を20歳から18歳に引き下げるとともに[*9]、婚姻適齢を**男女ともに18歳**に統一しました（2022年4月1日から施行予定です）。なお、結婚できる年齢に上限はなく、成年被後見人が結婚する場合に、成年後見人の同意は必要ありません（738条）[*10]。

配偶者のいる人は、重ねて別の人と結婚することはできません（732条）。この**重婚の禁止**によって、日本法は、一夫多妻や一妻多夫を認めず、一夫一婦制を採用することを明らかにしています。

女性が再婚する場合については、前の結婚（前婚）の解消（離婚・死別）または取消しの日から100日間は再婚することができません（733条1項）。女性についてのみ**再婚禁止期間**が設けられた理由は、父を決める民法のルールに関係しています[*11]。民法は、結婚の解消・取消後300日以内に生まれた子を《前婚の夫の子》と推定する一方で、再婚の日から200日経過後に生まれた子を《再婚の夫の子》と推定します（772条2項）。もし離婚当日に再婚した女性が、再婚後200日経過後300日以内に子を出産すると、子には2人の父（《前婚の夫》と《再婚の夫》）がいる状態になります（これを「父性の重複」といいます）。前婚と再婚とのあいだが100日以上空けば、このような父性の重複は起こらないため、再婚禁止期間が設定されているのです。再婚禁止期間の目的はあくまでも父性重複の回避にありますから、女性が妊娠していないことを証明した場合や、再婚禁止期間中に出産した後（この場合に生まれた子は《前婚の夫の子》と推定されます）には、婚姻の解消・取消し後100日内であっても、女性の再婚は制限されません（733条2項）。

一定範囲の近親者間の結婚は、優生学的・倫理的な理由から、禁止されています。親と子、祖父母と孫のような**直系血族**間の結婚、兄弟姉妹間、おじと姪、おばと甥のような**三親等内の傍系血族**間の結婚は、認められていません（734条1項本文）。これに対して、いとこどうしは、四親等の傍系血族になるため、結婚を

✓ ここも CHECK

*6　当事者が婚姻届を郵送した後に死亡した場合には、当事者の死亡後であっても婚姻届は受理され、当事者の死亡時に届出があったものとして扱われます（戸籍法47条）。

*7　最判昭和44年4月3日、最判昭和45年4月21日。

🔍 ★ポイント★

*8　未成年者が結婚するためには、父母の同意を得なければいけません（737条1項）。2022年4月1日からは、成年年齢と婚姻適齢が18歳で一致するため、未成年者が結婚することや、結婚に対する父母の同意要件はなくなります。

*9　成年年齢の引き下げについては、第10章（p.144）を参照。

*10　成年被後見人および成年後見人については、第10章（p.146）を参照。

*11　父を決めるルールについて、詳しくは、第12章1③（p.164）を参照。

図11-1　再婚禁止期間

することができます。また、兄弟姉妹の関係であっても、養子が養親の実子と結婚することは法律上認められます（734条1項ただし書）。

直系姻族間（過去にその関係にあった者どうしを含む）の結婚も、禁止されています（735条）。したがって、離婚や死別した配偶者の親（直系姻族）との結婚はできませんが、離婚や死別した配偶者の兄弟姉妹（傍系姻族）との結婚は可能です。**養親子**間の結婚は、養親子関係が続いているあいだだけでなく、離縁によって養親子関係がなくなった後であっても、認められません（736条）。[*12]

婚姻障害に違反する婚姻届が誤って受理された場合には、結婚の当事者、その親族または検察官などの請求によって、結婚を取り消すことができます（744条）。[*13]

*12 離縁については、第12章（p.171）を参照。

✅ここも✅
CHECK
*13 検察官が犯罪を捜査したり、刑事裁判において被告人を起訴する権限を持つことはよく知られていますが、検察官の役割はこれだけではありません。民法でも、公益の代表者としての検察官にさまざまな請求（成年後見開始審判や親権喪失の請求など）の権限を認めています。

Mini **Column**……法的視点で見る親戚関係

近親婚の禁止でも触れたように、民法は、一般でいう親戚関係に法的な区別を設けています。その一つが血族と姻族の区別です。**血族**とは、実親子、養親子、兄弟姉妹など、自然的または擬制的な血のつながりのある者のことです。**姻族**は、自分の配偶者の血族（妻の父など）や自分の血族の配偶者（姉の夫など）のように、結婚を通じて結びついた関係のことです。

また、血筋がタテにつながる関係（自分の父母、祖父母、子、孫など）を**直系**といい、同一の祖先からヨコに分かれた血筋でつながる関係（兄弟姉妹、甥姪、おじおばなど）を**傍系**といいます。

これらの血縁関係の近さ・遠さを表す単位が**親等**です。親等は、直系の場合には相手までの世代の数によって、傍系の場合には共通の祖先までさかのぼってから、相手まで下った世代の数によって計算します。たとえば、自分より2世代上にあたる祖父母は、二親等の直系血族になり、いとこは、共通の祖先である自分の祖父母（いとこの祖父母）まで2世代さかのぼって、そこから2世代下がるので、四親等の傍系血族になります。

民法は、**六親等内の血族**、**配偶者**、**三親等内の姻族**を**親族**とすると定めています（725条）。

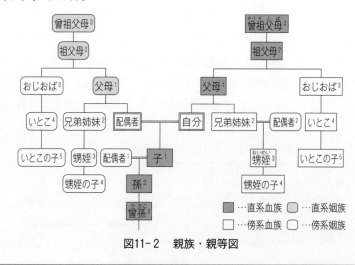

図11-2 親族・親等図

② 結婚の効果

(1) 夫 婦 の 氏

結婚が成立すると、夫婦のあいだにはさまざまな効果が発生します。その一つが、夫婦の**氏**（**名字**）[*14]に関するものです。日本は、夫婦が同じ氏を名乗るものとする**夫婦同氏制度**を採用しています（750条）。また、結婚している夫婦のあいだに生まれた子も、夫婦と同じ氏を名乗ります（790条1項本文）。夫婦は、結婚時の話し合いで、夫の氏または妻の氏のいずれかを夫婦の氏として選択しなければなりません（夫婦の氏を定めない結婚の届出は受理されません）。2018年の統計によると、夫婦の95.7％が夫の氏を夫婦の氏として選択しています。

一方で、女性の社会進出の進展や社会的意識の変化に伴って、結婚後も夫婦が別々の氏を名乗ることを選択できる**選択的夫婦別氏制度**を導入すべきとの主張も広がりつつあります。2015年の最高裁判所判決は、夫婦別氏を認めていない民法750条が憲法に違反しないと判断しましたが[*15]、この判決以降も複数の裁判が起こされるなど、選択的夫婦別氏制度を求める動きが続いています。

(2) 同居協力扶助義務

民法752条は、「夫婦は同居し、互いに協力し扶助しなければならない」と規定します。**同居協力扶助義務**とよばれるこれらの義務は、夫婦の本質的な義務であると理解されています。

夫婦が別居しているからといっても、単身赴任のように正当な理由に基づく別居は、同居義務違反になりません。夫婦の一方が正当な理由なく同居を拒んでいる場合に、裁判所が同居を命じることは可能ですが、強制的に同居をさせることまではできません。協力義務は、夫婦生活を営むために協力しあうことを、扶助義務は、夫婦がお互いに金銭的に困窮しないようにすることを義務づけるものです。

(3) 貞 操 義 務

夫婦は互いに、配偶者以外の第三者と性的関係を持たず、貞操を守る義務（**貞操義務**）を負います。貞操義務を直接定めた規定はありませんが、後に見るように不貞行為（配偶者以外の第二者と性的関係を持つこと）が離婚の原因となること（770条1項1号）などから、夫婦間の義務として認められています。ストーリーでは、女優Aによる浮気が夫との離婚騒動に発展していました。Aの夫は、貞操義務に反して浮気をしたAに対して、損害賠償を請求することができます。

それでは、Aの夫は、Aの浮気相手（不貞行為の相手方）に対しても損害賠償を請求できるでしょうか。判例によれば、夫婦の一方と第三者が性的関係を持った場合に、夫婦の他方は、不貞行為の相手方である第三者に対しても不法行為[*16]に基づく損害賠償（慰謝料）を請求することができます[*17]。このように不貞行為が不法

🔍 ★ポイント★

*14 「氏」は、かつては「家」の名称であるとされていましたが、現在の判例では、ある人物の「個人」としての名称であり、その人物の人格権の一部を構成するものとして理解されています（最判昭和63年2月16日）。

*15 最大判平成27年12月16日。

*16 不法行為については、第8章（p.112〜）を参照。

*17 最判昭和54年3月30日など。

155

行為となる理由は、「婚姻共同生活の平和」という法的な利益が不貞行為によって侵害されるためです。そのため、不貞行為のときにすでに夫婦関係が破綻していた場合には、法的に保護されるべき「婚姻共同生活の平和」が失われているため、不貞行為の相手方は不法行為責任を負わないとされています[*18]。Aの浮気相手が不法行為責任を負うかは、Aとの浮気が夫婦関係の破綻前に行われたか、破綻後に行われたかで結論が変わることになります。

(4)　夫婦の財産関係

　夫婦は、結婚前に**夫婦財産契約**を結ぶことで、結婚後の夫婦の財産関係を自由に決めることができます（755条）。ところが、夫婦財産契約は、結婚前に登録しなければ夫婦以外の第三者に契約内容を主張することができず（756条）、結婚後に内容を変更することができない（758条1項）など、結婚の当事者にとって必ずしも使い勝手がいいわけではありません。また、夫婦財産契約が意味を持つのは、夫婦の一方の死亡や離婚によって結婚を解消する場面であり、結婚時にこのような取り決めをしておく人はほとんどいません。夫婦財産契約を結ぶことなく結婚した場合に、夫婦の財産関係は、以下のような民法の定める**法定財産制**に従うことになります。

　結婚した夫婦は一心同体なので、夫婦の財産は夫婦2人のものであると考える人もいるかもしれません。しかし、民法は、結婚後であっても夫婦が財産的に独立したものとする**夫婦別産制**を基本に置いています（762条1項）。たとえば、夫が結婚前に相続によって引き継いだ財産は、結婚後も夫の財産のままですし、妻が結婚後に自分で働いて稼いだ金銭は、妻の財産になるわけです。ところが、夫婦が共同生活をしていると、どちらに属するのかわからない財産も発生します。このような帰属先の明らかでない財産は、夫婦の共有財産[*19]と推定されます（762条2項）。

　結婚生活を維持するためには、生活費や子の養育費などの費用（**婚姻費用**）が必要になります。夫婦は、その資産や収入その他一切の事情を考慮して、この婚姻費用を分担するものとされています（760条）。婚姻費用の分担額は、まず夫婦間の話し合いで決定し、話し合いがまとまらない場合には、家庭裁判所の判断を求めることができます。

　また、夫婦の一方が第三者とのあいだで日常の結婚生活を送るために必要な契約をした場合には、夫婦の他方も、その契約から生じる債務（日常家事債務）について、第三者に対して連帯して責任を負うことになります（761条）。なにが日常の結婚生活を送るために必要な契約といえるのかは、それぞれの夫婦の生活状況や契約の目的によって個別に決められますが、日用品の購入契約、水道・電気・ガスの契約、子の教育に関する契約などがこれに含まれます。

Mini **Column**……結婚以外のカップル関係

　　結婚した夫婦以外のカップル関係は、法的にはどのように扱われるのでしょうか。たとえば、婚姻届を提出していないが、夫婦といっていい生活を続けている**内縁**（**事実婚**）カップルの関係について考えてみましょう。民法は、内縁についての規定を置いていません。しかし、判例は、社会的に夫婦と同視できる内縁関係を、**結婚に準ずる関係**（**準婚**）として、結婚や離婚に関する民法の規定の類推適用によって保護しています。[20] また、将来結婚をする約束である**婚約**についても、判例は、正当な理由なく一方的に婚約を破棄した当事者が損害賠償責任を負うことを認めています。[21] このように、結婚以外のカップルも、一定の法的な保護を受ける場合があるのです。

*20　最判昭和33年4月11日。

*21　最判昭和38年9月5日。

2　離　　婚

① 結婚が終わるとき──日本の離婚制度の概要

(1)　離婚制度の歴史

　たとえ永遠の愛を誓いあって結婚したとしても、法律上、結婚には必ず終わりが訪れます。そのひとつが**夫婦の一方の死亡**であり、もうひとつがこれから詳しく見ていく**離婚**です。「死」という事実による結婚の終了に対して、「離婚」は、夫婦の双方または一方の希望がある場合に、結婚を終わらせる制度です。

　離婚制度は、それぞれの時代や地域によって、その様相がかなり異なります。たとえば、10世紀ごろのヨーロッパでは、中世キリスト教の影響を受けて、一度結ばれた結婚は離婚によって解消することができないとする**婚姻非解消主義**がとられていました。その後、この考えは緩和され、不倫、虐待、重大な侮辱のように、夫婦の一方による有責行為がある場合に離婚を認める立場（**有責主義**）が採用されます。さらに、1960年代末以降のヨーロッパ諸国は、有責行為があるかどうかを問題とすることなく、夫婦関係が破綻していれば離婚を認める立場（**破綻主義**）を採用するようになりました。[22]

　日本は、**大宝律令**（701年）のなかにも離婚に関する定めがあるなど、歴史的に見ても離婚に対して寛容であったといわれていますが、夫婦に等しく離婚をする権限が認められていたわけではありません。近世には、夫から妻に対して離縁状（**三行半**）を渡すことで離婚ができましたが、妻が夫に対して離婚を申し渡すことはできなかったのです。女性が離婚を求めるためには、ストーリーでレンたちが訪れた縁切寺に駆け込んで、夫からの離縁状を手に入れる方法が残されていました。明治時代になって、ようやく女性が離婚を求めて裁判を起こすことが認め

CHECK
*22　有責主義のもとでは、相手に有責理由がない限り夫婦関係が破綻していても離婚が認められず、裁判所で相手の有責性を明らかにするために夫婦のプライバシーが暴露されることが問題となっていました。破綻主義は、このような有責主義の問題を解決するものとして、各国の離婚制度で採用されるようになります。

られるようになります。

(2)　離婚の方法

現在の日本では、複数の方法で離婚をすることができます。実際にどのような方法があるのか、離婚の手続に注目しながら確認しましょう。

夫婦間で離婚について合意ができれば、裁判所に行くことなく、市区町村の戸籍事務担当者に離婚届を提出することで離婚ができます（763条・764条）。このような離婚の方法を**協議離婚**といいます。[*23]

夫婦の話し合いでは離婚の合意に至らない場合や、夫婦間で話し合いができない場合に、当事者は、家庭裁判所に離婚調停（夫婦関係調整の調停）を申し立てることができます。調停による離婚を**調停離婚**といいます。離婚調停では、裁判官と2人以上の調停委員からなる調停委員会が夫婦双方から話を聞き、離婚をするかしないかについて夫婦の合意が形成できるように調整をします。[*24]

調停が成立しない場合であっても、家庭裁判所が相当と認めるときには、裁判所の判断（職権）で、離婚を命じる審判をすることができます。審判による離婚が**審判離婚**です。しかし、この審判に対して当事者が異議申立てをすると、審判の効力がなくなるため、あまり積極的に利用されていません。

最後に、ドラマなどでもおなじみの**裁判による離婚**（**離婚訴訟**）があります。当事者は、原則として離婚調停の申立てをしなければ、離婚訴訟を提起することはできないとされています（調停前置主義）。裁判所が離婚請求を認容する判決によって成立する離婚を**判決離婚**といいます。このほかに、離婚訴訟中に当事者間で離婚の合意が成立する場合（**和解離婚**）や、被告が原告の請求を認めた場合（**認諾離婚**）にも、離婚が成立することになります。

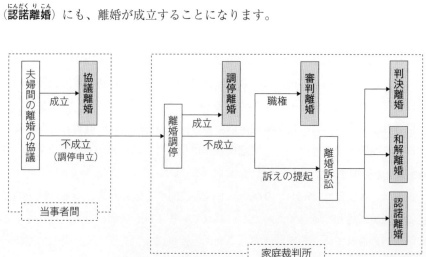

図11-3　離婚の方法と手続の流れ

表11-1　種類別にみた離婚件数（2018年）

協議離婚	調停離婚	審判離婚	判決離婚	和解離婚	認諾離婚
181,998（87.4）	19,882（9.5）	1,096（0.5）	1,992（1.0）	3,354（1.6）	11（0.0）

注：カッコ内は全離婚件数に占める割合（％）
出所：厚生労働省『平成30年人口動態統計』

　2018年の離婚件数に関する統計によれば、協議離婚が全体の87.4％を占めており、次に多いのが調停離婚の9.5％です。このように全離婚件数の約97％は、裁判によることなく当事者の合意によって離婚が成立しています。意外かもしれませんが、裁判所の判決による離婚は、わずか１％にすぎません。離婚訴訟が提起されても、和解で離婚するケース（1.6％）のほうが、判決による離婚よりも多いのが現状です。

② 裁判離婚原因

　協議離婚や調停離婚では、当事者間で合意できれば離婚が成立し、なにが離婚の原因かは問題になりません。しかし、当事者の一方が離婚を拒絶している裁判離婚では、裁判所が当事者に離婚を強制するだけの理由のあることが要求されます。

　民法770条１項は、裁判離婚原因として、次の５つを定めています。①配偶者に不貞行為があったとき（１号）、②配偶者から悪意で遺棄されたとき（２号）、③配偶者の生死が３年以上明らかでないとき（３号）、④配偶者が強度の精神病にかかり、回復の見込みがないとき（４号）、⑤その他結婚を継続しがたい重大な事由があるとき（５号）。上記①〜④までの具体的離婚原因がある場合であっても、裁判所は、一切の事情を考慮して結婚の継続が相当であると判断すれば、離婚請求を棄却することができます（裁量棄却条項：770条２項）。

　①不貞行為は、夫婦間の貞操義務に反して、配偶者以外の者と性的関係を持つことです。②悪意の遺棄は、同居協力扶助義務に反して、配偶者のもとを去ったり、配偶者を自宅から追い出したりする行為のことです。いずれも夫婦としての義務を果たさない有責行為を離婚原因とするものです（有責主義的離婚原因）。

　これに対して、③３年以上の生死不明、④回復の見込みのない強度の精神病は、結婚生活の破綻を示す客観的な事実を離婚原因とするものです（破綻主義的離婚原因）。④精神病を理由とした離婚について、判例は、夫婦の一方が回復の見込みのない強度の精神病にかかっただけでは離婚を認めず、病者である配偶者の離婚後の療養や生活について具体的な対策を講じなければ、離婚請求を許さないと判断しています。[25]

*25　最判昭和33年7月25日、最判昭和45年11月24日。

⑤その他結婚を継続しがたい重大な事由は、夫婦関係がすでに破綻していることを離婚原因とするものです。具体的には、上記①～④の離婚原因には該当しないような、夫婦の性格の不一致、夫婦間の暴力、配偶者が行った犯罪行為などが該当します。

③　有責配偶者からの離婚請求は認められるか

　ストーリーのなかで話題になっていた女優Aの離婚騒動では、浮気をしたA自身が夫に離婚を求めていました。夫が離婚に同意すれば協議離婚ができますが、夫が離婚を拒否した場合に、離婚の原因をつくった配偶者（有責配偶者）であるAは、裁判所に離婚を認めてもらうことができるでしょうか。

　まず、①不貞行為を理由とした離婚請求は、請求の相手方に不貞行為がある場合なので、不貞行為をしたA自身がこれを理由に離婚請求をすることはできません。また、②～④までの具体的な離婚原因にも該当しません。したがって、Aが離婚請求をするとすれば、⑤その他結婚を継続しがたい重大な事由の存在を理由として、離婚請求をすることになります。⑤の離婚原因は、文言上、有責配偶者からの離婚請求を制限していません。さらに、上記のように、①～④までの離婚原因と異なり、⑤の離婚原因については、裁判官の裁量で請求を棄却することができません(770条2項参照)。これらのことを考えると、Aの結婚が破綻していれば、有責配偶者であるAからの離婚請求も認められそうです。

　ところが最高裁判所は、当初、有責配偶者からの離婚請求を認めない立場（**消極的破綻主義**）をとりました。[*26]消極的破綻主義は、有責配偶者からの離婚請求が信義誠実の原則（1条2項）に反して許されるべきではないこと、経済的・社会的に弱い配偶者を追い出すことを認めるべきではないことなどを、離婚を認めない理由にあげます。しかし、この立場に対しては、形骸化した結婚を続けさせることが無意味である、経済的な問題は、後述する財産分与（768条）によって解決可能であるなどの批判があり、有責配偶者からの離婚請求を認める立場（**積極的破綻主義**）も有力に主張されていました。

　その後1987年に、最高裁判所は、それまでの判例を変更して、①夫婦の別居が両当事者の年齢および同居期間と比べて相当の長期間に及ぶこと、②夫婦のあいだに未成熟の子がいないこと、③相手方配偶者が離婚によって精神的・社会的・経済的にきわめて苛酷(かこく)な状態におかれるなど離婚請求を認容することが著しく社会正義に反するといえるような特段の事情の認められないことの3つの判断基準から、離婚請求の可否を総合的に判断することを明らかにしました。[*27]Aの離婚請求も、上記判例の判断基準から、裁判所が離婚を相当であると判断すれば、認められることになります。

*26　最判昭和27年2月19日（いわゆる「踏んだり蹴ったり判決」）。

*27　最大判昭和62年9月2日。

④　離婚の効果

(1)　身分上の効果

　離婚が成立すると、夫婦の関係が解消されるだけでなく、結婚を通じて結びついていた姻族関係も解消されます（728条1項）。[*28]

　結婚時に氏を変更した夫婦の一方は、離婚によって結婚前の氏に戻ります（**離婚復氏**：767条1項）。もし、離婚後も引き続き結婚時の氏を名乗りたい場合には、離婚の日から3か月以内に届出をすることで、婚姻中の氏を名乗ることができます（**婚氏続称**：民法767条2項、戸籍法77条の2）。

　夫婦のあいだに生まれた子の氏は、夫婦の離婚による影響を受けません。したがって、離婚によって復氏した親と子の氏が異なることがあります。この場合に、復氏した親の氏を子が名乗るためには、家庭裁判所の許可を得て、子の氏の変更手続を行う必要があります（791条1項）。

(2)　財産分与

　夫婦が離婚するときには、その財産的な問題を解決する必要があります。たとえば、夫婦が共有しているマンションについて離婚後の所有者を決める場合（**夫婦財産の清算**）や、離婚によって経済的に困窮する配偶者に対して一定の生活費を援助する場合（**離婚後扶養**）もあります。さらに、夫婦の一方の有責行為が離婚の原因となる場合には、離婚による精神的苦痛に対する**慰謝料**が問題になります。

　民法は、離婚時の財産的給付に関する制度として、**財産分与**（768条）を用意しています。財産分与は、当事者間の話し合いで行うこともできますが、話し合いがまとまらない場合には、家庭裁判所の判断を求めることになります。財産分与請求については、離婚の時から2年までの期間制限が設けられています。

　離婚時に、夫婦の一方が他方に対して財産の給付を求めることを、一般に「慰謝料」とよぶことがありますが、財産の清算や離婚後の扶養を含む場合には、「財産分与」というほうが正確であると言えます。

(3)　離婚と子ども

　夫婦のあいだに未成年の子がいる場合に、結婚中は、夫婦（子の父母）の共同親権になりますが（818条3項本文）、離婚時に、夫婦いずれか一方を**単独親権者**に[*29]定めなければいけません（819条1項・2項）。また、親権者とは別に、離婚後に親権者にならなかった父母を**監護者**に指定することも可能です（766条1項・2項）。[*30]

　夫婦は離婚によって他人になりますが、法的な親子関係は父母の離婚によっても消滅しません。親権者や監護者にならなかった親と子との交流は、子の成長・発達に有用な場合があるだけでなく、親自身にとっても重大な関心事です。離婚後も親子が直接面会したり、手紙のやり取りなどを通じて交流したりすることを

面会交流といいます。面会交流は、離婚時または離婚後に、当事者間で取り決めることができますが、話し合いがまとまらない場合には、家庭裁判所の審判で定めることもできます（766条1項・2項）。家庭裁判所は、面会交流が**子の福祉**にかなうか否かを基準に判断します。

離婚後に子を監護していない親（非監護親）も、子に対する養育責任を免れることはできません。非監護親の養育責任は、非監護親から監護親に対して**養育費**を支払うかたちで実現されます。養育費の金額について、現在の調停や裁判では、標準算定表[31]を基準に決定されています。

親の離婚は、子に対して多かれ少なかれ影響を与えることになります。その影響を最小限にとどめ、離婚後も良好な親子関係が継続できることが実務上の課題となっています。

✓✅ここも CHECK
*31 最高裁判所は、2019年12月に新しい標準算定表を公表しました。その内容は、最高裁判所のホームページでも見ることができます。

⚖ まとめの問題 ‥‥‥‥‥‥‥‥‥‥‥‥‥‥‥‥‥‥‥‥‥‥‥

【○×問題】

① 結婚の成立のために要求される意思は、届出をする意思であり、その他の意思は必要ない。　□

② 女性は、前婚の解消または取消しの日から起算して100日を経過した後でなければ、再婚をすることができず、これに例外は認められない。　□

③ 最高裁判所の判例によれば、夫婦の一方が回復の見込みのない強度の精神病に罹患した場合にも、病者の今後の療養、生活等についてできるかぎりの具体的対策を講じなければ、離婚請求は認められない。　□

【演習問題】

結婚25周年を迎えたAB夫婦（いずれも50歳）は、Aの不倫をきっかけに3年前から別居しています。AB夫婦のあいだには子Cがいますが、すでに社会人として自立して働いています。Aは、Bに対して裁判上の離婚を請求することができるでしょうか。

ヒント　有責配偶者からの離婚請求が認められるかどうか、現在の判例（最大判昭和62年9月2日）の基準にしたがって、考えてみましょう。

親　　子

ストーリー

耳学問

　　　日曜の昼下がり、ナナミはカフェにいた。どうやら右隣は大学生のカップルらしい。

ユイ
「私、妊娠したみたい……」

　　えっ！　彼氏らしき子が声をあげた。だが、ナナミもびっくり。深刻な話を前にとても本のページをめくれそうにない。

ケン
「……そのこと、もうだれかに話した？」

　　沈黙を破った男の子。女の子は弱々しく首を横に振った。望まない妊娠というやつだろうか。そういえば一昨日、トイレで赤ん坊を産み捨てた女性が逮捕されたというニュースを見た。

ケン
「ちゃんと話し合おう、産むかどうかも含めて。お互いの両親とも」

　　コーヒーを飲みながら、ナナミもその提案にうなずいていた。彼らなら、周りがSOSに気づいて手を差し伸べてくれるような、そんな気がした。さて、本の続きを読まなくては……。

メグミ
「もう子ども、あきらめよう……」

　　えっ！　左隣で別の女性がふさぎ込んでいる。不妊治療を続けるべきか話し合っているようだ。親になりたくても子どもが授からない人たちもいるのか。さっきのカップルとは対照的だ。

マコト
「子育てするの、夢だったよね？　こういう制度があるんだ」

　　夫らしき人が1枚のパンフレットを取り出した。「特別養子制度」という文字が見える。

メグミ
「養子制度？　よく跡取りとかで使われる……？」

　　ナナミも同じようなことを思った。しかし、どうも違うみたいだ。

マコト
「そういう昔ながらの養子制度もあるよ。けれど、それとは別に、親に育ててもらえない子、ほら望まない妊娠とかで。そういう子どもたちと家族になれる制度もあるんだって」

　　冷めたコーヒーを飲み干して、ナナミはカフェを出た。夕焼けがまぶしい。読書は思うように進まなかったけど、いろいろ考えさせられた。パンフレットに映っていた、あの無垢な子どもの笑顔が忘れられない。

Question
① 望まない妊娠をした女性を救う制度として、どのようなものが用意されているのでしょうか。
② メグミとマコトが特別養子制度を利用するには、どのような要件を満たす必要がありますか。

keywords　実親子関係　生殖補助医療　普通養子制度　特別養子制度　親権　未成年後見

163

1 ▏実　親　子

❶　なぜ法は親子関係を定めるのか

　だれとだれのあいだに親子関係があるのかは、法的にも重要な意味を持ちます。たとえば、未成熟の子に対する親の養育責任が発生したり、親子の一方が死亡した場合に、他方が死亡した者を相続するなど、さまざまな法的効果が親子という関係から発生します。民法は、「実親子」と「養親子」を区別して、親子関係を規定します。まずは、「実親子」がどのようなルールによって規定されるのかについて、確認してみましょう。

❷　母と子との親子関係

(1)　母は常に確かである

　人は、妊娠・出産を経て、世界に送り出されます。人間の生殖のこのような特徴に注目して、「**子を出産（分娩）した人物**」が法的な「**母**」と考えられました。この考えを**分娩主義**といいます。「出産」という外からみて認識できる事実によって母が決まるために、「母は常に確かである（Mater semper certa est）」という法格言も生まれました。

　多くの人は、「出産した人物が母である」ことは当然のことだと考えるでしょう。「出産した者＝母」というルールは、民法のなかに直接定められてはいませんが、当然のこととして、これまで法的にも承認されてきました。

(2)　揺らぐ母子関係

　「卵子の由来者」と「妊娠・出産した者」が一致している自然生殖では、「母」がだれであるかは、法的に問題になっていませんでした。ところが、生殖補助医療技術の進歩によって、「卵子の由来者」と「妊娠・出産した者」が異なる事態も発生し、法的な「母」とはだれかが問題となっています。[*1]

*1　この問題については、本節④（p.168）で詳しく見ます。

❸　父と子との親子関係

(1)　結婚している夫婦間の子（嫡出子）

　(a)　父を推定する　　父と子との血縁関係の存在は、現実に子を妊娠・出産する母と比べると、外部から見て知ることは簡単ではありません。「母は常に確かである」のに対して、「父は常に不確かな存在」なのです。

　父を決めるルールをつくるためには、父と子を結びつける「手がかり」が必要に

なります。その「手がかり」となるのが、子の母の「結婚」です。「父は結婚の示す者である（Pater est quem nuptiae demonstrant）」という法格言があるように、結婚している夫婦については、**母と結婚している人物（母の夫）**を「父」として推定することが合理的であると考えられました。民法772条1項では、「**妻が結婚中に妊娠（懐胎）した子は、夫の子と推定する**」と規定し、「結婚」と「妻の妊娠」を手がかりに「父」を推定するルールを採用しています（ルール①：父の推定）。

　ここでひとつの問題が生じます。それは、どのようにして「結婚中に妊娠した」ことを確定するのかという問題です。現在でこそ、かなり正確に妊娠時期を推測できますが、日本民法が編纂された明治時代には、いつ妊娠したのかを正確に知ることはむずかしかったのです。そこで民法の立法者は、「妊娠時期」を推定するために民法772条2項を定め、**結婚の成立日から200日経過後に生まれた子、結婚の解消日から300日以内に生まれた子**を[*2]、「妻が結婚中に妊娠した」ものと推定することにしました（ルール②：妊娠時期の推定）。これは、「妊娠時期」という外から容易に認識できない事柄を、「結婚の成立日・解消日」と「出産」という客観的事実によって推測する工夫なのです。上記期間に生まれたことで、ルール②により「妻が結婚中に妊娠した」と推定される子は、ルール①にしたがって、「夫の子」として推定されます。

　上記2つのルールを定める民法772条は、父を推定するだけでなく、子が「嫡出子」であることも推定します（**嫡出推定**）。同条によって「嫡出子」と推定される子のことを「**推定される嫡出子**」といいます。

☑️CHECK　＼ここも／
*2　ここでの「結婚の解消」は、離婚だけでなく、夫の死亡による結婚の解消も含まれます。

【ルール①】父の推定（民法772条1項）
　　　　　結婚中に妻が妊娠した子＝「夫の子」と推定

　　　　　　　200日　　　　　　　　　　　300日
　　　　結婚　　　　　　　　　結婚解消

【ルール②】妊娠時期の推定（民法772条2項）
　結婚後200日経過後、結婚解消後300日以内に生まれた子＝「結婚中に妻が妊娠した」と推定
　　　　　　　　→ルール①によって「夫の子」と推定

　　　　　　　200日　　　　　　　　　　　300日
　　　　結婚　　　　　　　　　結婚解消

図12-1　嫡出推定（民法772条）の構造

Mini **Column**……推定を受けない嫡出子

　　ストーリーの大学生カップルは、双方の親を交えて将来のことについて話し合うようです。彼女の出産前に結婚して、2人で子どもを育てていくことを選択するかもしれません。結婚から200日経過後に子が生まれると、子は民法772条によって「推定される嫡出子」になりますが、結婚から200日以内に子が生まれた場合には、子は嫡出推定を受けないことになります。

　　しかし、一般の社会感情からすれば、結婚後200日以内に生まれた子も、200日経過後に生まれた子と同じく、夫婦間の「嫡出子」と考えるでしょう。そこで、現在の戸籍実務では、結婚後200日以内に生まれた子について、夫婦の嫡出子としての出生届が提出された場合には、「嫡出子」として戸籍に記載するように取り扱われています。このように民法772条による嫡出推定は受けませんが、法的に嫡出子として扱われる子のことを**推定を受けない嫡出子**、**推定されない嫡出子**といいます。

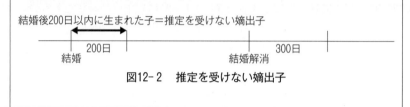

結婚後200日以内に生まれた子＝推定を受けない嫡出子

図12-2　推定を受けない嫡出子

　(b)　**推定を覆すためには**　　民法772条の嫡出推定は、あくまでも法的に父を「推定」する制度なので、現実の血縁関係と一致しない場面も生じます。たとえば、結婚中に妻Aが妊娠した子が夫Bの子ではなく、第三者である男性Cとのあいだの子である場合にも、子は夫Bの子として法的に推定されることになります。真実とは異なる嫡出推定を訂正する方法はあるのでしょうか。

　事実に反する嫡出推定を覆すために用意されたのが、**嫡出否認**です（774条）。嫡出否認は裁判によって行いますが、訴えを提起できるのは、「（父として推定されている）夫」に限られます。また、夫が訴えを提起できる期間（出訴期間）は、「子の出生を知った時から1年以内」という短期間に制限されます（777条）。これらの制限は、法的父子関係がいつまでも争えることは望ましいことでなく、早期に確定されるべきとの考えによるものです。

　妻の生んだ子が自分の子でないことを夫が知りながら嫡出否認の出訴期間を経過した場合や、夫が生まれた子を自己の嫡出子として承認した場合（776条：嫡出承認）には、真実ではない父子関係が法的な父子関係として確定します。このことに違和感を覚えるかもしれませんが、「法的な父子関係」を「生物的な父子関係」と常に一致させる必要はないことを民法自体が容認していると見ることもできるのです。

　(c)　**推定の及ばない子**　　嫡出否認の権利者と出訴期間を制限したことによっ

て、母や子だけでなく、出訴期間が過ぎた後に自分の子でないことを知った夫も、真実に反する嫡出推定を訂正できないという問題が生じます。他方、いつでもだれでも父子関係の不存在を争えるとすると、民法が嫡出否認制度を規定した意味自体が失われる恐れもあります（これを「嫡出否認の空洞化」といいます）。

このジレンマを克服するために、学説・判例は、形式的に嫡出推定を受ける子のなかに「**推定の及ばない子**」というカテゴリーを設けて、母や子を含む利害関係人が父子関係の不存在を裁判で確認することを認めます。具体的には、妻が子を妊娠した時期に、夫が刑務所に入所していたり、長期別居中で夫婦が性的関係を持つことがなかったなど、外部から見ても夫の子ではありえないことが明白である場合に、嫡出推定が排除されるのです[*3]。この場合には、嫡出否認ではなく、親子関係不存在確認請求[*4]によって、父子関係の不存在を確認することになります。

[*3]　最判昭和44年5月29日など。

用語解説

[*4]　親子関係不存在確認請求
人事訴訟法が定める親子関係の不存在を争う方法のことで、親子関係の不存在を確認する利益がある者であればだれでも、いつでも、請求をすることができます。

Mini **Column**……嫡出推定・嫡出否認制度の見直しに向けて

離婚後300日以内に生まれた子について、嫡出推定によって元夫の子と扱われることを避けるために、母が子の出生届を提出せず、子が無戸籍者となることが社会問題となりました（いわゆる「**300日問題**」）。背景には、元夫から家庭内暴力（DV）を受けていた母が、元夫との接点を断つために、出生届を提出しないなどの事情があります。

2007年5月に、法務省は、子の妊娠時期が結婚の解消後であることが医師によって証明される場合には、民法772条の嫡出推定が及ばないものとして扱う内容の通知を出しましたが、完全な解決には至っていません。

立法論としては、嫡出推定を「妻が結婚中に出産した子」を夫の子とする内容に変更することや、子や母にも嫡出否認権を認めることなど、より根本的な制度改革も主張されています。法務省法制審議会においても、2019年7月から、嫡出推定・嫡出否認制度の見直しに向けての議論が始まりました。今後どのような制度が構築されるのか注目されます。

(2)　結婚していない男女間の子──婚外子

(a)　**認知がないと父は決まらない**　　ストーリーの大学生カップルは、結婚することなく、彼女が1人で子を養育する選択をするかもしれません。結婚外で生まれた子と母との法的親子関係も、「出産の事実」によって発生します[*5]。これに対して、結婚外の父子関係には、父と子を結びつける手がかりがありません。どうすればいいのでしょうか。

結婚していない男女間に生まれた子の父子関係は、**認知**によって発生します。認知には、①父が自分の意思で子を認知する**任意認知**と、②裁判所の判決によって認知をする**裁判認知**（**強制認知**）の2種類があります。

(b)　**任意認知**　　任意認知は、認知届を市区町村長の戸籍事務担当者に提出する

★ポイント★

[*5]　結婚外で生まれた子の母子関係は、条文上「認知」によって発生すると規定されています（779条以下参照）。しかし判例は、法的母子関係が「出産の事実」によって発生し、母の認知は必要ないとする立場をとっています（最判昭和37年4月27日）。

*6　遺言については、第13章（p.186）を参照。

*7　成年被後見人については、第10章（p.146）を参照。

用語解説

*8　尊属と卑属
　子や孫など自分よりも後の世代に属する血族のことを「卑属」といい、父母や祖父母など自分よりも先の世代に属する血族のことを「尊属」といいます。血族については、第11章のミニコラム(p.154)も参照。

ここも CHECK

*9　子や直系卑属に法定代理人（第2章の注28を参照）がいる場合には、法定代理人も訴えを提起することができます。

ポイント

*10　父が生存していれば、父が被告になり、父が死亡した後は、検察官が被告になります。

用語解説

*11　生殖補助医療
　ストーリーに出てきたように、一般には「不妊治療」とよばれています。

*12　大阪地判平成10年12月18日、東京高判平成10年9月16日。

*13　最決平成19年3月23日。

か、遺言によって行います（781条）。認知をしようとする父が未成年者や成年被後見人である場合にも、親権者や成年後見人の同意を得る必要はありません（780条）。成年である子を認知する場合には、**子本人の承諾**が必要になり（782条）、胎児を認知する場合には、**母の承諾**が必要になります（783条1項）。死亡した子を認知することは、その子に直系卑属がいる場合に限って認められます（783条2項）。認知した者と子とのあいだに血縁関係がない場合に、子や利害関係人は、裁判で認知無効の訴えを提起することができます（786条）。

　(c)　裁判認知　父が認知をしようとしない場合、父が認知をすることなく死亡した場合に、子および子の直系卑属は、裁判所に認知の訴えを提起することができます（787条本文）。訴えを提起できる期間は、父の死後3年以内に制限されています（787条ただし書）。

4　生殖補助医療と親子関係

(1)　生殖革命

　科学技術の進歩によって、人類は、自然に委ねられていた生殖をコントロールする手段（生殖補助医療）を手に入れました。この医療技術には、①人工的に精子を女性の子宮内に注入して受精させる**人工授精**と、②卵巣から採取した卵子を女性の体外で受精させ、受精卵を女性の子宮内に移植する**体外受精**の2つがあります。自然生殖を前提とした民法は、生殖補助医療にどのように対応しているのでしょうか。

(2)　人工授精で生まれた子

　人工授精では、「卵子由来者」「妊娠・出産者」がともに妻であるために、母子関係は問題になりません。父子関係についても、夫の精子を用いる配偶者間人工授精（AIH）の場合には、「精子由来者＝夫」になるために、民法772条の嫡出推定によって、夫を父とすることに問題はありません。

　ところが、ドナーの精子を用いる非配偶者間人工授精（AID）では、「精子由来者≠夫」であるため、子の父がだれなのかが問題になります。判例は、AIDが夫の合意のもとで行われている限り、民法772条によって夫が子の父となることを承認しています。

(3)　代理出産

　体外受精では、母子関係も問題となります。特に、妻以外の女性に依頼して、子を代わりに妊娠・出産してもらう**代理出産**では、依頼者である妻と妊娠・出産した女性が一致しないため、だれが子の母なのかが問題となります。最高裁判所は、依頼者が卵子を提供した代理出産の場合であっても、子を妊娠・出産した女性（代理母）が母になると判断しています。

2 　養　親　子

1 　養子制度とは

(1) 　親子関係のもうひとつのかたち

　「養子縁組」という言葉を耳にすると、先祖代々の名字やお墓を受け継ぐといった場面を思い浮かべる人が多いのかもしれません。確かに、養子制度は古くから、一族繁栄のために用いられてきました。養子縁組を行うと、血のつながりがなくても、「養親」と「養子」というかたちで人為的に親子になることができます。また、**離縁**により、一度成立させた養親子関係を解消することもできます。[*14]

(2) 　何のために行われるの？

　(1)で述べたような、家系や家業などを継ぐために行われてきた養子縁組は、「家のための養子」とよばれています。このような目的のほか、老後の世話や相続税の節税対策などのために行われる「親のための養子」や、親に育ててもらえない子に親と家庭を与えるために行われる「子のための養子」[*15]というのもあります。養子制度の目的は、「家のための養子」→「親のための養子」→「子のための養子」という流れで変遷してきたといわれています。

(3) 　どのような種類があるの？

　養子制度には、2つの種類があります。ひとつが、**普通養子縁組**（契約型の養子制度）です。これは、養親となる者と養子となる者のあいだの**縁組意思の合致**によって成立します。[*16]もうひとつが、**特別養子縁組**（国家宣告型の養子制度）です。これは、「子のための養子」を実現するために1987年に導入されたもので、**家庭裁判所の審判**によって成立します。

2 　養子制度を利用するには

(1) 　それぞれの特色

　普通養子縁組については、大人どうしで利用する場合と未成年者を養子に迎える場合で、要件に違いが見られます。特別養子縁組については、普通養子縁組よりも厳格な要件が設けられています。[*17]普通養子縁組と大きく異なる点として、特別養子縁組が成立すると、実親子の法的関係（扶養・相続に関する権利義務関係）が終了するという重大な効果が発生します。また、養子縁組が成立すると、養子となった者は、養親の戸籍に入ることになりますが（戸籍法18条3項）、普通養子縁組と特別養子縁組では戸籍の記載方法にも違いがみられます。

*14　離縁については、本章（p.171）を参照。

✔CHECK　＼ここも／
*15　養子制度に類似した制度として、里親制度があります。里親委託は児童福祉法上の措置であり、里子を一時的に保護し、実親のもとに帰すことを目的に行われます。これに対して、養子縁組は民法上の制度であり、親子関係を法的に保障し、養親のもとで子の安定的な養育を図るために行われます。

🔍★ポイント★
*16　普通養子縁組はさまざまな目的で利用されています。たとえば、同性カップルがパートナーに財産を確実に残す方法として、普通養子縁組により相続権を取得するという場合があげられます（贈与や遺贈という方法もありますが、これについては、第13章を参照）。

✔CHECK　＼ここも／
*17　養子制度の利用状況については、毎年7～8万件で推移しています（2018年度は7万2,858件）。このうち、特別養子縁組の利用は、毎年500～600件となっています（2018年度は624件）。普通養子縁組のうち、成年養子の利用が圧倒的に多いとされています。

🔍★ポイント★
*18　養子縁組届を提出する必要があります。なお、離縁する場合は、養子離縁届を提出する必要があります。

169

表12-1　普通養子制度と特別養子制度の特色

	普通養子縁組		特別養子縁組
	成年養子	未成年養子	未成年養子
要件	①縁組意思の合致 ②養親：年長者 ③配偶者の同意	①養子：未成年者 ②養親：20歳以上、夫婦共同 ③法定代理人の代諾	①養子：15歳未満 ②養親：25歳以上、夫婦共同 ③実親の同意 ④子の利益のために必要か
手続		家庭裁判所の許可	試験養育＋家庭裁判所の審判
効果	ⓐ嫡出子の身分の取得 ⓑ法定血族関係の発生 ⓒ実親子関係の維持		ⓐ嫡出子の身分の取得 ⓑ法定血族関係の発生 ⓒ実親子関係の終了
戸籍	・実親と養親の氏名を記載 ・続柄欄：「養子」「養女」と記載		・養親の氏名のみを記載 ・続柄欄：「長男」「長女」「二男」「二女」と記載

★ポイント★

*19　尊属以外（たとえば、孫、弟妹）であれば、養子とすることができます。

ここも
CHECK
*20　養子となる者が既婚者の場合、夫婦同氏の規定（750条）との関係で、夫婦の名字と養親の名字のどちらを名乗ることになるのでしょうか。たとえば、DとEが、婚姻により、夫婦の名字としてDの名字を名乗ることにしたとします。①DがFの養子となった場合は、Dだけではなく、EもFの名字を名乗ることになります。②EがFの養子となった場合は、Fの名字ではなく、夫婦の名字を名乗ることになります（810条ただし書）。

ここも
CHECK
*21　未成年後見人（本章4を参照）が未成年被後見人を養子とする場合も、家庭裁判所の許可を得る必要があります（794条）。

(2)　成年養子の場合の要件

　たとえば、A（40歳）とB（41歳）が、養子縁組の利用を検討しているとします。

　普通養子縁組を成立させるには、AとBの縁組意思（社会観念上、真に親子関係を形成する意思）が合致している必要があると解されています（802条1号）。

　また、養親となる者は、養子となる者よりも年上である必要があります。したがって、Bが養親、Aが養子という関係になります。なお、自分の尊属（たとえば、父母、おじおば、祖父母）を養子とすることはできません（793条）[*19]。

　配偶者がいる場合でも、単独で養子縁組を行うことができます。しかし、養子縁組が成立すると、名字[*20]や扶養・相続等の面で影響が生じるため、配偶者の同意を得る必要があります（796条）。したがって、AとBが既婚者である場合に養子縁組を行うには、Aの配偶者とBの配偶者からそれぞれ同意を得ておく必要があります。

　なお、成年被後見人が成年後見人の養子となる場合は、成年後見人による不正を防止するために、家庭裁判所の許可を得る必要があります（794条）[*21]。

(3)　未成年養子の場合の要件

　(a)　普通養子縁組の場合　　今度は、A（30歳）がB（10歳）と養子縁組を行う場合について考えてみましょう。

　この場合に普通養子縁組を成立させるには、原則として、夫婦そろって養親となる必要があります（795条本文）。父母のいる家庭環境が望ましいとされているためです。つまり、Aだけではなく、Aの配偶者Cも養親となる必要があります。例外として、養子に迎える子が配偶者の嫡出子（たとえばBがCの前婚の子、いわゆる連れ子）である場合は、Aのみが養親となります（795条ただし書）。

　また、15歳未満の子と普通養子縁組を行う場合は、子の法定代理人（つまり、

親権者または未成年後見人）の代諾[*22]が必要となります（797条1項）。

　そのうえで、未成年者にとって不利益となる普通養子縁組の成立を防止するために、**家庭裁判所の許可**を得なければなりません（798条本文）。例外として、自分の直系卑属（たとえば、Aの孫）や配偶者の直系卑属（たとえば、Cの連れ子）を養子に迎える場合は、家庭裁判所の許可は不要とされています（798条ただし書）。

　(b)　特別養子縁組の場合　　養子となる者は、原則として、15歳未満でなければなりません（817条の5第1項前段）。養親となる者については、夫婦のどちらかが25歳に達している必要があります（817条の4）。また、夫婦そろって養親となる必要があります（817条の3第2項本文）。例外として、配偶者の嫡出子（たとえば、Cの連れ子）を養子に迎える場合は、Aのみが養親となります（817条の3第2項ただし書）[*23]。

　特別養子縁組を成立させるには、親権者であるかどうかに関係なく、実親の同意が必要となります（817条の6本文）[*24]。実親子関係が終了するという重大な効果が発生するためです。

　特別養子縁組は、養親となる者が申立てを行い、家庭裁判所の審判により成立します（817条の2第1項）。家庭裁判所は、子の利益の観点から、実親子関係を終了させるべき事情があるのか（たとえば、Bの実親がBに虐待やネグレクトを行ってきたのかどうか）、および、特別養子縁組により子の福祉が格段に向上するのかを判断します（817条の7）。その際、養親となる者による6か月以上の試験養育の状況が考慮されます（817条の8）[*25]。

(4)　効　　果

　養子縁組が成立すると、養子は、養親の嫡出子として扱われます（809条）。したがって、養親の名字を名乗ることになり（810条本文）、養親子は互いに、扶養義務を負い（877条1項）、相続権を有することになります（887条1項）。また、養子と、養親や養親の血族とのあいだに、法定血族関係が発生します（727条）[*26]。このほか、普通養子縁組が成立すると、養子は、実親と養親という二組の法律上の親を持つことになります[*27]。これに対して、特別養子縁組が成立すると、養子の法律上の親は養親のみとなります（817条の9）。

3　離　　縁

(1)　普通養子縁組の場合

　普通養子縁組の場合は、養親と養子の合意により、離縁することができます（協議離縁：811条1項）。協議がととのわない場合は、調停離縁、審判離縁、そして最終的には、裁判離縁によることになります。裁判により離縁を認めてもらうには、離婚の場合と同じように、離縁原因（たとえば、養子が養親に暴力をふるう、3年

用語解説

*22　代諾
　代諾とは、本人に代わり承諾することをいいます。15歳以上の未成年者については、自分の意思で単独で養子縁組を行うことができます。

★ポイント★

*23　連れ子養子の場合は、特別養子縁組の効果の面でも、例外的な取扱いがなされることになります。たとえば、AがCの前婚の子であるBと特別養子縁組を行った場合、AとBのあいだに養親子関係が成立するとともに、BとCのあいだの実親子関係も維持されることになります（817条の9ただし書）。

CHECK

*24　たとえば、実親が行方不明の場合や、虐待を行ってきたにもかかわらず特別養子縁組に反対している場合はどうなるのでしょうか。この場合は、家庭裁判所が実親の同意を不要とすべきかどうかを判断します（817条の6ただし書）。

★ポイント★

*25　試験養育期間は、養親としての適性や養親子の相性を確認するために設けられています。

★ポイント★

*26　血族には、自然血族（血のつながりのある関係）と、法定血族（法的に血のつながりがあると取り扱われる関係）の2つがあります。法定血族関係は、養子縁組により発生します。

★ポイント★

*27　養子が未成年者の場合は、養親の親権に服することになります（818条2項）。連れ子養子の場合の親権については、次の3②(3)(p.173)を参照。なお、法定血族関係は、実親と養親のあいだには発生しません。

✓ここも✓ CHECK

*28　特別養子縁組の離縁は、養子、養子の実親または検察官が請求し、家庭裁判所の審判によって成立します（817条の10）。離縁が認められると、実親子関係が復活することになります（817条の11）。

以上生死不明であるといった理由）が必要となります（814条1項）。

(2)　特別養子縁組の場合

　特別養子縁組の場合、原則として、離縁は認められていません。例外として、養親が虐待やネグレクトなどを行っており、実親が子の養育にあたることができる場合で、養子の利益のため特に必要があると認められるとき、家庭裁判所は離縁させることができます（817条の10）。[*28]

Mini Column……特別養子制度の法改正

　特別養子制度は、望まない妊娠により産まれた子や実親から虐待を受けてきた子に、新しい親と家庭を与える制度として導入されました。しかし、原則6歳未満という年齢制限があり、また、養親となる夫婦とのあいだで親子としての強いきずなが築かれていても実親の同意が得られないという場合が多くあり、利用が低迷していました。現在、実親に育ててもらえず、施設や里親に委託されている18歳未満の児童が、およそ3万3,000人いるとされています。さらに、児童虐待も増加・深刻化を遂げています。そこで、特別養子制度の利用促進を図るために、養子となる者の年齢、実親の同意や成立手続に関する法改正が行われることになりました（2020年4月1日から施行）。

3 | 親　　権

① 子どもに対する親の責任

　人間は、生まれた直後から、だれかのお世話にならなければ、生きていくことも、成長することもできません。ミルクをあげたり、オムツをかえたり、病気のときに病院に連れていくなど、子どもの世話をする大人を決めておく必要があります。

　子どもの世話に関する法的責任を特定の大人に負わせる制度として、**親権**が用意されています。この責任を負う特定の大人のことを**親権者**といいます。「親権」には「権利」の言葉が使われていますが、親の子に対する権利ではなく、実際は親の子に対する「義務」や「責任」であると理解されています。

② 親権者になるのはだれか

★ポイント★

*29　父母の一方が病気などによって親権を行使できない場合には、父母の他方が単独で親権を行使することになります。

(1)　嫡出子の親権者

　父母が結婚している場合は、**父母**が**共同親権者**になります（818条3項）。[*29]反対に、父母が結婚していない場合には、父母のいずれか一方が**単独親権者**になります。

父母が離婚する際には、父母いずれかを親権者に決定しなければ離婚できません[*30]（819条1項・2項）。

*30　離婚と子どもについては、第11章（p.161）を参照。

（2）　婚外子の親権者

　婚外子については、原則として**母**が単独親権者になります。認知を受けた子については、父母の話し合いまたは家庭裁判所の審判によって、父を親権者にすることも可能です（819条4項・5項）。

（3）　養子の親権者

　養子の親権者は、**養親**です（818条2項）。養親の結婚中は共同親権となり、養親の離婚時に単独親権となる点は、実親子の場合と同じです。配偶者の嫡出子を養子にする場合（いわゆる「連れ子養子[*31]」）には、実親と養親の共同親権になります。養親子関係が離縁によって解消された場合には、実親が再び親権者になります。

*31　連れ子養子については、本章（p.170）を参照。

（4）　親権者の変更

　単独親権者を変更するための手続も用意されています。家庭裁判所は、**子の利益**のために必要がある場合には、子の親族の請求によって、親権者を他方の父母に変更することができます（819条6項）。

3　親権の内容

　親権は、①子の現実の世話に関する**身上監護**（しんじょうかんご）と、②子の**財産管理**（ざいさんかんり）を内容としています。さらに、親権者は、未成年者の**法定代理人**[*32]になります。

*32　法定代理人については、第2章の注28（p.28）を参照。

　①身上監護の中心となるのは、子の監護および教育に関する権利義務です（**監護教育権**：820条）。さらに、親権者は、子の監護・教育のために子が住む場所を指定する権限（**居所指定権**（きょしょしていけん）：821条）や、子が職業を営むための許可をする権限（**職業許可権**：823条1項）を持っています。

　②子に財産がある場合には、親権者が子の財産を管理します（824条）。いくら親であるからといっても、子の財産を自由に処分できるわけではありません。親権者は、自分の財産を管理するのと同程度の注意をしながら、子の財産を管理しなければならないとされています（827条）。

4　児童虐待と親権の制限

（1）　「子の利益」の侵害

　親権者は、「子の利益」のために、親権を行使しなければいけません（820条）。しかし近年、親権者によって「子の利益」が害される**児童虐待**[*33]が大きな社会問題になっています。子が心身に深刻なダメージを受けるだけでなく、尊い命が奪われる恐れのある虐待や、その他の「子の利益」を侵害する行為から子どもを保護

☑CHECK　＼ここも／
*33　児童虐待防止法は、①身体的虐待、②性的虐待、③ネグレクト（監護懈怠）、④心理的虐待の4つを児童虐待として定義しています（同法2条）。

するために、親権者の親権行使を制限しなければならない場合もあります。

(2) 親権の停止・喪失

親権者による親権の行使が困難であったり、不適当であることによって「子の利益」を侵害する場合には、家庭裁判所は、2年以内の期間を定めて**親権の停止**を命じることができます（834条の2）。子の利益侵害がより著しいものであり、その原因が2年以内に消滅する見込みがない場合には、家庭裁判所は、**親権の喪失**を命じることができます（834条）。

親権者による財産管理権の行使が困難であったり、不適当である場合には、家庭裁判所は、財産管理権の喪失を命じることもできます（835条）。

家庭裁判所の上記命令を請求できる者には、子の親族や未成年後見人だけでなく、子本人も含まれています。[*34]

(3) 児童福祉法による子の保護

児童虐待などの子の利益侵害に対応し、子を保護する行政機関として**児童相談所**があります。児童相談所は、虐待などを受けた要保護児童を発見した人からの通告を受けて、児童の安全確認などの調査をします。児童相談所には、緊急に子を保護者から分離・保護しなければならない場合に、子を**一時保護**する権限が与えられています（児童福祉法33条）。保護した子を保護者のもとに帰すことができない場合には、**児童福祉施設への入所や里親への委託**の措置がとられることもあります（児童福祉法27条1項3号）。この措置には保護者の同意が必要ですが、家庭裁判所の許可を得れば、保護者の意に反して措置をとることも可能です（児童福祉法28条1項）。また、児童相談所長は、親権停止、親権喪失、管理権喪失の審判を申し立てることもできます（児童福祉法33条の7）。

4 未成年後見

1 親がいない

後見制度には、成年後見と未成年後見があります。[*35]このうち、未成年後見は、未成年者に対して親権を行う者がいない場合に利用されます（838条1項）。では、次のCASEをもとに考えてみましょう。

> **CASE** 携帯電話がほしい
> 冬を迎えました。小学5年生のミユキは、そろそろ自分名義の携帯電話を持ちたいと考えています。そこで、近所の携帯ショップに向かいました。しかし、店員さんから、契約の際に親権者の同意書が必要になるということを教えてもらいました。ミユキは、秋に起きた災害で両親を亡くし、現在は親戚の家で暮らしています。親権者のいないミユキは、携帯電話の利用契約を結ぶことができるのでしょうか。

未成年者であるミユキが契約などの法律行為を行うには、法定代理人の同意を得る必要があります（5条1項）。親権者がいる場合は、親権者が法定代理人となりますが、親権者がいない場合は、未成年後見人が法定代理人となります。

では、親権者がいない場合とは、どのようなケースをいうのでしょうか。たとえば、親権者が死亡した場合や行方不明の場合、虐待や子の財産を使い込むなどして親権が制限されている場合（834条・834条の2・835条）、親権者が重度の認知症や障がいにかかり後見が開始した場合（838条2号）があげられます。

② 未成年後見を利用するには

(1) 未成年後見人の指定・選任

最後に親権を行う者（たとえば、ミユキの両親が離婚していて、母親が単独親権者となっていた場合）は、自分が亡くなった後のことに備えて、遺言により、未成年後見人をあらかじめ指定しておくことができます（839条）。

遺言がない場合には、未成年後見人は、家庭裁判所の審判により選任されます。未成年被後見人（つまり、ミユキ本人）、その親族または利害関係人[*37]が、家庭裁判所に対して未成年後見人選任の申立てを行うことになります（840条1項）。

(2) 未成年後見人の職務

未成年後見人は、未成年被後見人の財産目録を作成し、家庭裁判所に提出する必要があります（853条1項）。また、親権者に代わり、身上監護、財産管理、契約などの法律行為を行う（867条1項）とともに、家庭裁判所に対して定期的に事務報告を行う必要があります（863条1項）。なお、未成年後見人は、家庭裁判所に対して報酬付与の申立てを行うことで、未成年被後見人の財産から報酬を受け取ることもできます（862条）。

未成年後見人が複数選任される場合もあります（840条2項）[*38]。たとえば、親族後見人（未成年被後見人の家族や親戚）が身上監護を行い、専門職後見人（弁護士や司法書士）が財産管理を行うという場合があげられます。しかし、近年、親族後見人や専門職後見人による横領事件が後を絶ちません[*39]。そのため、未成年後見人を監督する必要がある場合には、未成年後見監督人をつけることができます（848条・849条）。

(3) 未成年後見の終了

未成年後見は、未成年被後見人が成人した場合、婚姻した場合[*40]、実親の親権が回復した場合、養子縁組により養親を得た場合、または死亡した場合に終了します。また、未成年後見人が、高齢・病気・転居などを理由に辞任したり（844条）、横領などにより解任されたり（846条）、欠格事由に該当する場合（847条）、または死亡した場合には、その未成年後見人の任務が終了することになります。

✓ここも CHECK
*36 ミユキのように、親戚などの身近な大人が世話を行う場合でも、法定代理人の同意が求められる場面（たとえば、高校や大学の入学手続、パスポートや奨学金の申請、銀行口座の開設、養子縁組や相続など）に備えて、未成年後見人を選任してもらう必要があります。

🔍★ポイント★
*37 たとえば、ミユキが親戚の家ではなく、児童福祉施設や里親に委託されている場合は、利害関係人として、児童相談所長が未成年後見人選任の申立てを行うことが認められています（児童福祉法33条の8第1項）。

🔍★ポイント★
*38 児童虐待を防止し、子の利益を保護するという観点から、2011年に民法が改正されました。それにより、親権の停止制度が導入されるとともに、法人（たとえば、社会福祉法人）または複数の未成年後見人を選任することが可能になりました。

*39 これについては、第10章（p.149）も参照。

✓ここも CHECK
*40 現行民法では、婚姻した未成年者は成年として扱われます（成年擬制：753条、第10章も参照）。しかし、2018年の民法改正により、成年年齢が20歳から18歳に引き下げられ、男女が婚姻できる年齢も18歳に統一されることになりました（2022年4月施行）。それにより、成年擬制の規定は削除されました。

民法847条

次に掲げる者は、後見人となることができない。

一　未成年者

二　家庭裁判所で免ぜられた法定代理人、保佐人又は補助人

三　破産者

四　被後見人に対して訴訟をし、又はした者並びにその配偶者及び直系血族

五　行方の知れない者

まとめの問題 ·

【○×問題】

① 結婚している夫婦について、妻が結婚中に妊娠した子は、夫の子として推定される。　☐

② 父が子を認知する場合に、子の母や子本人の承諾を得る必要はない。　☐

③ 最高裁判所の判例によれば、代理出産によって生まれた子については、子を妊娠・出産した代理母が法律上の母となる。　☐

【演習問題】

　ユキエ・テツオ夫婦の間に、ミカが生まれました。ある日、夫婦は離婚することになり、話し合いの結果、ユキエがミカの単独親権者となりました。それから数年が過ぎ、ユキエはマサルという新しいパートナーに出会いました。ミカは、マサルのことを「パパ」と呼んでなついています。ミカが10歳の誕生日を迎えた日、ユキエとマサルは婚姻届を出しました。マサルは、たとえ血のつながりはなくても、ミカの親として接していきたいと考えています。そこで、養子制度の利用を検討しています。どのような要件を満たす必要があるのでしょうか。

　ヒント　ユキエとテツオの夫婦関係は離婚により解消されますが、テツオとミカの親子関係は継続します。ユキエの再婚相手であるマサルとミカが養子縁組を利用するにあたり、ミカが、①未成年者であり、②ユキエの前婚の子（つまり連れ子）であるという点に着目してみてください。

第 **13** 章　相 続 ・ 遺 言

ストーリー

争 族

　　レンとナナミが結婚式を挙げてから20年。一人息子のタケルも18歳になり、この４月から大学生になる。子育てもようやく一段落。だが、ナナミはとても憂鬱だ。レンの親の介護がふってきたのだ。２人とも70代後半で、なんといっても口うるさい。

ナナミ
「はぁ……。私に介護なんて務まるのかしら？」

レン
「ふふ、あの二人は頑固で気難しいからねぇ」

ナナミ
「笑い事じゃないわ。嫁の私なんかより、妹さんのほうが適任よ」

レン
「わがままなサクラにはとても無理だよ。長男の嫁として、とりあえず今だけお願い！」

　　それから10年が過ぎた。介護は決して楽ではなかったが、クセの強いレンの両親の冗談にもつき合えるようになっていた。しかし、ある冬の朝、風邪をこじらせていたレンのお父さんが肺炎で息を引き取った。長年連れ添ってきたレンのお母さんの後ろ姿は、とても哀しそうだ。

サクラ
「ちょっと！　これ、どういうことよ！！」

　　突然、サクラの甲高い声が聞こえてきた。慌ててかけつけると、ものすごい顔でにらまれた。

サクラ
「あんた、無理やり遺言書を書かせたわね！　よく見なさいよ、これ！」

　　とても怖い目つきで紙を突きつけられた。そこにはよぼよぼの震えた文字で、「私の唯一の財産である甲土地をナナミに遺贈する」とある。えっ、あの6,000万円もする甲土地を私に！？

サクラ
「遺産目的でわざと父さんに親切に接して！　こんなもの無効よ！！」

　　ヒステリックなサクラの怒りは収まりそうにない。お金なんかより、楽しくて自由な時間がほしい。ナナミは数年ぶりに深いため息をついた。

Question

① 登場人物のなかで、だれがレンのお父さんの相続人となるのでしょうか。

② サクラは、レンのお父さんの遺産を一切もらえないのでしょうか。

keywords 　相続人の範囲　法定相続分　寄与分　特定遺贈　遺留分

1 相　　続

① 死者の財産はどこへいく

(1) 終活にむけて

「終活」とは、自分らしい最期を迎えるための準備をいいます。たとえば、介護や延命治療の計画を立てたり、身のまわりの整理をしたり、葬儀の段取りやお墓について決めておくといったことがあげられます。終活においては、自分がこれまでに築き上げてきた財産を「誰に」「どのように」譲るのかを決めておくことも、とても重要になります。その意思決定を支えるために、民法には、**遺言**という制度が用意されています。

(2) 遺言がない場合

遺言がある場合は、その内容に従い、遺産（**相続財産**ともいいます）を分配します。遺言がない場合は、民法の定める方法に従い、近親者（相続人）が相続します（これを、**法定相続**といいます）。相続人が複数いる場合は、遺産を「どの相続人が」「どのくらいの割合で」「どのような方法で」相続するのかを、相続人全員で話し合うことになります（これを、**遺産分割協議**といいます）[*1]。

② 私は相続人？

(1) 相続人の範囲

相続は、人の死亡により開始します（882条）[*2]。相続においては、亡くなった人のことを**被相続人**といい、被相続人の遺産に関する権利・義務を承継する近親者のことを**相続人**といいます。なお、相続人となるには、被相続人が亡くなったときに生存している必要があります。これを、**同時存在の原則**といいます。

(a) 配偶者と子　被相続人の配偶者は、常に相続人となります（890条）[*3]。被相続人に子がいる場合は、子も相続人となります（887条1項）[*4]。たとえば、レンが死亡した場合は、ナナミ（配偶者）とタケル（子）が相続人となります（図13-1）。

(b) 子がいない場合（889条1項）　被相続人に子がいない場合は、配偶者と被相続人の直系尊属が相続します。被相続人に子も直系尊属もいない場合は、配偶者と被相続人の兄弟姉妹が相続します。たとえば、レンに子がいない場合は、ナナミ（配偶者）とレンの両親（直系尊属）が相続人となります。レンの両親がすでに死亡している場合は、ナナミ（配偶者）とサクラ（妹）が相続人となります（図13-1）。

(c) 子も親もいる場合　(b)で、被相続人に子がいない場合は直系尊属が相続

*1　遺産分割協議について、詳しくは、本章（p.185）を参照。

CHECK
*2　生死不明となり失踪宣告（第10章を参照）を受けた人は、法律上死亡したものとみなされます（31条）。したがって、この場合も相続が開始することになります。

用語解説
*3　配偶者
ここでの配偶者とは、法律上の配偶者をいいます。したがって、内縁や事実婚のパートナーは、相続人になることができません。

CHECK
*4　同時存在の原則の例外として、胎児（つまり、出生前の子）については、すでに生まれたものとみなされます（886条1項）。相続権が認められるかどうかが出生時期によって左右されるとなると、不公平が生じるためです（第10章を参照）。ただし、死産の場合は、相続人になることができません（886条2項）。

人になると説明しました。では、被相続人に子も直系尊属もいる場合はどうなるのでしょうか。この場合は、優先順位の高い血族が相続人となります。優先順位については、第1順位が直系卑属（たとえば、子、孫）、第2順位が直系尊属、第3順位が兄弟姉妹となっています（図13-1）。たとえば、レンに子（第1順位の血族相続人）がいる場合に、レンの両親（第2順位の血族相続人）が相続することはできません。したがって、この場合は、ナナミ（配偶者）とタケル（第1順位の血族相続人）の2人だけが相続人となります。

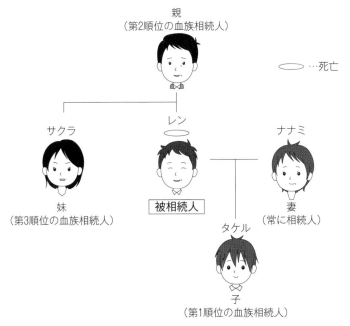

図13-1　相続人の範囲

（d）　孫がいる場合（887条2項）　　（a）の復習となりますが、今度は、レンのお父さんが死亡した場合について考えてみましょう。この場合は、レンのお母さん（配偶者）、レンとサクラ（第1順位の血族相続人）の3人が相続人となります。では、レンのお父さんより先にレンが死亡していた場合はどうなるのでしょうか。この場合は、レン（子）に代わり、タケル（孫）が相続人となります（図13-2）。これを、**代襲相続**といいます[*5]。代襲相続は、本来相続人となる人（ここでは、被代襲者といいます）が、被相続人より先に死亡した場合や、相続権を剥奪された場合（つまり、相続欠格や相続廃除の場合[*6]）に生じます。

★ポイント★

*5　被相続人であるレンのお父さんの相続が開始する前に、レン（子）もタケル（孫）も死亡していた場合はどうなるのでしょうか。この場合は、タケルの子（ひ孫）が相続人となります。これを、**再代襲相続**といいます（887条3項）。再代襲相続は、第1順位の血族相続人である直系卑属についてのみ認められています。したがって、ひ孫、玄孫……と、直系卑属が存在するかぎり続きます。

*6　相続欠格や相続廃除については、本章（p.181）を参照。なお、代襲相続は、相続放棄をした場合には生じません。相続放棄については、本章（p.182）を参照。

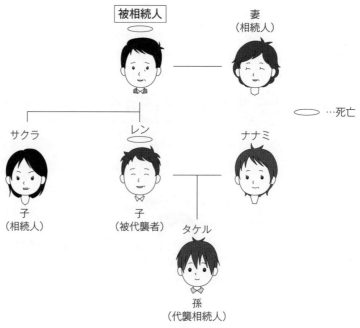

図13-2　孫が相続人となる場合

　(e)　子も親も兄弟姉妹もいない場合（889条2項・887条2項）　　(a)～(d)の復習と
なりますが、被相続人に直系卑属（第1順位の血族相続人）がいない場合は、直
系尊属（第2順位の血族相続人）が相続することになります。そして、直系卑属
も直系尊属もいない場合は、兄弟姉妹（第3順位の血族相続人）が相続すること

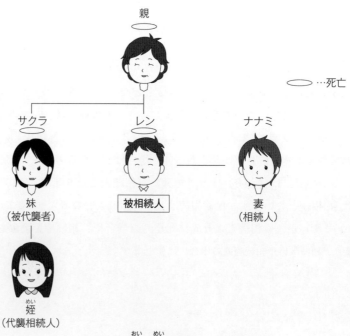

図13-3　甥・姪が相続人となる場合

になります。では、兄弟姉妹も死亡していた場合はどうなるのでしょうか。この場合に、兄弟姉妹に子がいるときは、代襲相続が生じます。たとえば、図13-3のように、被相続人であるレンより先にレンの両親（第2順位の血族相続人）もサクラ（第3順位の血族相続人）も死亡していた場合は、代襲相続により、サクラ（妹）に代わり、サクラの子（甥・姪）が相続することになります。[*7]

(2) 相続人になれない

(a) 相続欠格（891条）　**相続欠格**とは、本来相続人となる人が重大な非行を行った場合に、公益的な観点により、相続権を剥奪する制度をいいます。たとえば本来相続人となる人が遺産を独り占めしようと企み、被相続人や、自分より優先順位の高い相続人または自分と同じ順位の相続人を、故意に殺害しようとしたりまたは殺害したりして、刑に処せられた場合が当てはまります。また、たとえば本来相続人となる人が自分に有利になるように、詐欺や強迫によって遺言書を被相続人に作成・撤回させたり、被相続人の遺言書を偽造、変造[*8]、破棄、隠匿したりした場合にも、相続権を失うことになります。[*9]

(b) 相続廃除（892条〜894条）　**相続廃除**とは、被相続人の意思により、相続権を剥奪する制度をいいます。たとえば、レンのお父さんが、娘のサクラから虐待やひどい侮辱を受けていたとします。この場合に、レンのお父さんは、家庭裁判所に対してまたは遺言により、サクラを相続人に含めたくないという意思を表明することができます。サクラの相続権を剥奪すべきかどうかは、家庭裁判所が判断します。なお、被相続人は、いつでも廃除の取消しを家庭裁判所に請求することができます。

(3) 相続人になりたくない

(a) 熟慮期間（915条1項）　相続人は、被相続人の死亡と同時に、被相続人のプラスとマイナスの遺産の両方を受け継ぐことになります。これを、**包括承継の原則**といいます（896条本文）。しかし、被相続人が多額の借金を残して死亡したような場合にそれを相続することは、相続人にとって大きな負担となります。そのため、相続人には、自分が相続人になったと知った時から3か月のあいだ（これを、熟慮期間といいます）に、次の3つのなかから1つを選択することが認められています。

(b) 選択肢①：単純承認（920条・921条）　**単純承認**とは、被相続人のプラスとマイナスの遺産のすべてを相続することをいいます。特別な手続を経なくても、次の場合に該当すると、単純承認したものとみなされます。すなわち、相続人が、①被相続人の不動産を売却するなどして処分した場合、②3か月の熟慮期間内に限定承認や相続放棄の手続を行わなかった場合、または、③限定承認や相続放棄をした後に、隠し持っていた被相続人の預金などを自分のために使用した場合が該当します。

　(c)　選択肢②：限定承認（922条）　　**限定承認**とは、プラスの遺産の範囲内でマイナスの遺産を相続することをいいます。たとえば、被相続人がプラスの遺産（甲土地6,000万円）を残して死亡した後に、マイナスの遺産（借金1億円）の存在が発覚したとします。(b)の単純承認を行うと、マイナスの遺産に関する責任についてもすべて引き受けなくてはなりません。これに対して、限定承認を行うと、6,000万円を限度とする弁済義務を負えばよいということになります。限定承認は、被相続人のプラスとマイナスの遺産の内訳を把握することが困難な場合に有用といえます。

　(d)　選択肢③：相続放棄（938条）　　**相続放棄**とは、被相続人のプラスとマイナスの遺産のすべてを相続しないことをいいます。マイナスの遺産がプラスの遺産を上回っている場合は、相続放棄を選択したほうがよいといえます。[*10]

(4)　相続人がいない

　被相続人の遺産に関する権利義務は、相続の開始により相続人に承継され、相続人が遺産の管理を行うことになります。相続人がいることが明らかでない場合[*11]には、遺産は、法人（これを、**相続財産法人**といいます）となります（951条）。この場合は、法人となった遺産を管理し、被相続人の債権者や受遺者[*12]への弁済といった清算を行う存在が必要になるため、家庭裁判所により相続財産管理人が選任されます（952条1項）。

　清算後も遺産が余る場合は、被相続人と特別な関係にあった人（これを、**特別縁故者**といいます）に分け与えることが認められています（958条の3）。特別縁故者とは、被相続人と生計を同じくしていた者や、被相続人の療養看護に努めていた者などをいいます。自分が特別縁故者に該当すると思う人は、相続人がいないことが確定した時から3か月以内に、家庭裁判所に対して財産分与の請求を行う必要があります。特別縁故者がいない場合や、特別縁故者に財産分与を行ってもなお遺産が余る場合は、国庫に帰属することになります（959条）。

3　どのくらいの割合で？

(1)　法定相続分

　(a)　配偶者と血族相続人の場合（900条1号〜3号）　　民法は、各相続人がどのくらいの割合で相続するのかを定めています。これを、**法定相続分**といいます。配偶者と子（第1順位の血族相続人）が相続する場合の法定相続分は、配偶者が2分の1、子が2分の1となります。配偶者と直系尊属（第2順位の血族相続人）の場合は、配偶者が3分の2、直系尊属が3分の1となります。配偶者と兄弟姉妹（第3順位の血族相続人）の場合は、配偶者が4分の3、兄弟姉妹が4分の1となります。

(b) 同順位の血族相続人が複数いる場合（900条4号）　同じ順位の血族相続人が複数いる場合は、相続分を均等に分けることになります。これを、**均分相続の原則**といいます。たとえば、レンのお父さんが死亡した場合について考えてみましょう。この場合の各相続人の法定相続分は、レンのお母さん（配偶者）が2分の1、レンとサクラ（第1順位の血族相続人）がそれぞれ4分の1となります。

　なお、2013年までは、子の法定相続分について、「嫡出でない子の相続分は嫡出子の2分の1とする」という内容の規定（旧900条4号ただし書の前半部分）がおかれていました。この規定に従うと、たとえば、サクラが、レンのお父さんが以前つき合っていた女性とのあいだに生まれた嫡出でない子（婚外子ともいいます）であった場合、各自の法定相続分は、レンのお母さん（配偶者）が2分の1、レン（嫡出子）が6分の2、サクラ（嫡出でない子）が6分の1となります。しかし、この差別規定は削除され、現在、子の法定相続分は嫡出子であるかどうかに関係なく平等に扱われています。[*13]

　(c) 代襲相続人の場合（901条）　代襲相続人は、被代襲者が受け取るはずであった相続分をそのまま引き継ぐことになります。代襲相続人が複数いる場合は、被代襲者の相続分を均分することになります。

(2)　指定相続分

　被相続人は、遺言により、どの相続人がどのくらいの割合で相続するのかをあらかじめ定めておくことができます（902条）。たとえば、レンのお父さんが「遺産を、妻、レン、サクラに3分の1ずつ相続させる」という内容の遺言を残していたとします。この場合、各相続人は、法定相続分ではなく、遺言によって指定された割合（これを、**指定相続分**といいます）に従い、遺産の分け方を話し合うことになります。

(3)　具体的相続分

　法定相続分は、遺言がない場合に相続の割合を決める際の基準となるものです。しかし、相続人のなかには、被相続人から特別な利益を受けた人や、被相続人に特別に寄与してきた人も存在します。このような個別の事情（つまり、特別受益や寄与分がある場合）を考慮し、相続人のあいだで不公平が生じないように、法定相続分を修正することが認められています。これを、**具体的相続分**といいます。

　(a) 特別受益（903条）　**特別受益**とは、ある相続人が被相続人から贈与（つまり、生前贈与や死因贈与）または遺贈を受けて得た財産をいいます。[*14] 特別受益を受けた相続人（これを、特別受益者といいます）の取り分は、**みなし相続財産×相続分−特別受益額**という計算式により算定します。

　たとえば、レンのお父さんの遺産である6,000万円の甲土地を相続する場合について考えてみましょう。法定相続分に従うと、レンのお母さんが3,000万円（6,000万円×1／2）、レンとサクラが1,500万円（6,000万円×1／4）ずつ相続すること

になります。では、サクラが、大学生のときに海外留学のための費用として、被相続人から400万円を受け取っていた場合はどうなるのでしょうか。この場合は、贈与に該当するため、特別受益を考慮する必要があります。その結果、各相続人の取り分は、下記の表の下線部のようになります。

---

① みなし相続財産＝相続開始時の財産額（6,000万円）＋特別受益額（400万円）
② 各相続人の具体的相続分
　　レンのお母さん：6,400万円×1／2＝<u>3,200万円</u>
　　　　　　レン：6,400万円×1／4＝<u>1,600万円</u>
　　　　サクラ：6,400万円×1／4－特別受益額（400万円）＝<u>1,200万円</u>

　(b)　寄与分（904条の2）　　**寄与分**とは、被相続人の財産の維持・増加に特に貢献した相続人の相続分を増加させる制度をいいます。寄与が認められた相続人の取り分は、**みなし相続財産×相続分＋寄与分額**という計算式により算定します。

　たとえば、レンが被相続人であるレンのお父さんの事業や生活に関する支援を行い、被相続人の財産の維持・増加に寄与してきたとします。その寄与が400万円相当と評価された場合、各相続人の取り分は、下記の表の下線部のようになります。

---

① みなし相続財産＝相続開始時の財産額（6,000万円）－寄与分額（400万円）
② 各相続人の具体的相続分
　　レンのお母さん：5,600万円×1／2＝<u>2,800万円</u>
　　　　　　レン：5,600万円×1／4＋寄与分額（400万円）＝<u>1,800万円</u>
　　　　サクラ：5,600万円×1／4＝<u>1,400万円</u>

---

④　どのように分け合うの？

(1)　相続できる財産

　相続人は、相続の開始により、被相続人の権利義務（たとえば、土地や建物の所有権、債権、債務）を承継することになります（896条本文）。ただし、被相続人の一身専属的な権利義務（たとえば、生活保護の受給権、ピアノを演奏する債務、夫婦間の同居協力扶助義務）は、相続の対象外となります（896条ただし書）。

(2)　遺産の共有

　(a)　共有となる遺産　　相続人が複数いる場合、遺産は、相続の開始と同時に「共有」という状態におかれます（898条）。遺産の共有状態を解消するには、**遺産分割**という手続を経る必要があります。遺産分割により、遺産の最終的な帰属先

が決定します。遺産分割が終了するまでのあいだ、相続人は共同で遺産を管理することになります（918条1項）。

「共有」とは、判例により[*15]、物権法（249条以下）の意味で理解されています。つまり、相続人は、共有となる遺産について、遺産分割の終了まで、各自の相続分に応じた共有持分を有しています[*16]。相続人は、自分の持分については、遺産分割の終了まで、第三者に譲渡するなど自由に処分することができます[*17]。しかし、自分の持分を超えて処分したい場合は、相続人全員の同意が必要となります（共有物の変更：251条）。また、第三者に賃貸したい場合は、各相続人の共有持分に基づく多数決で決定することになります（共有物の管理：252条本文）。なお、第三者に不法占拠された場合は単独で妨害排除請求権を行使することができ、修繕が必要な場合も単独で行うことができます（共有物の保存：252条ただし書）。

（b）　共有とならない遺産　　相続できる財産のなかには、共有とならないものもあります。可分債権[*19]や可分債務（たとえば、代金の支払いに関する債権や債務）がこれに該当します。このような共有とならない遺産については、判例により、遺産分割を経ることなく、相続の開始と同時に各相続人の相続分に応じて承継されるものと解されています。これを、分割承継といいます。もっとも、本来分割承継される遺産であっても、相続人全員の合意があれば、遺産分割の対象に含めることができます。

（3）　遺産の分け方

遺言がない場合は、相続人全員で遺産の分け方を話し合う必要があります[*20]。これを、**遺産分割協議**といいます。当事者の一部を欠く遺産分割協議は無効です。協議がととのわない場合は、家庭裁判所の調停や審判によって解決することになります（907条2項）。

被相続人は、遺言により、遺産の分け方をあらかじめ定めておくこともできます（**遺産分割方法の指定**：908条）。遺言がある場合は、その内容に従い遺産を取得することになるため、遺産分割協議は不要となります。

遺産の分け方については、次の3つの方法が考えられます（たとえば、レンの唯一の財産である5,000万円の乙建物を妻のナナミと息子のタケルの2人で分け合う場合について考えてみましょう）。①相続人が遺産をそのままのかたちで取得する（たとえば、ナナミが乙建物を取得する）方法を、**現物分割**といいます。②相続人が自分の相続分を超えて遺産を取得する代わりに他の相続人に金銭を支払う（たとえば、ナナミが乙建物を単独で取得する代わりにタケルに2,500万円を支払う）方法を、**代償分割**といいます。③遺産を売却しそれにより得た代金を配分する（たとえば、ナナミもタケルも乙建物の取得を希望していない場合に、乙建物を売却して得た5,000万円を2,500万円ずつ分け合う）方法を、**換価分割**といいます。

[*15]　最判昭和29年4月8日。

🔍★ポイント★
[*16]　たとえば、レンのお父さんが遺言を残さなかった場合、遺産である甲土地については、法定相続分に従い、レンのお母さんが2分の1、レンとサクラが4分の1ずつ共有持分を有していることになります。なお、持分については、第5章（p.71）を参照。

🔍★ポイント★
[*17]　遺産分割が終了すると、各相続人は相続した財産に関する権利を相続開始のときから取得していたものとして扱われます（遺産分割の遡及効：909条本文）。ただし、遺産分割終了前に遺産に関する権利を取得した第三者が存在する場合は、取引の安全の観点から、その第三者の権利を害することはできないとされています（909条ただし書）。

[*18]　妨害排除請求権については、第6章（p.85）を参照。

✓ここも CHECK
[*19]　2016年に行われた判例変更により、可分債権のうち、預貯金債権（銀行などの金融機関に対して、被相続人の預金・貯金の払戻しを請求する権利）については、その内容や性質を考慮し、分割承継されないと判示されました（最大決平成28年12月19日）。したがって、預貯金債権については遺産分割を経る必要があります。

2　遺　　言

1　遺言を残そう

(1)　遺言の原則

遺言とは、遺言者の最後の意思表示をいいます。そして、遺言書とは、自分の死後に法的効力を生じさせるために書面にしたものをいいます。

遺言は、15歳以上の意思能力のある人（961条・963条）であれば、いつでも単独で行うことができます。撤回も自由です（1022条）。ただし、遺言は、民法の定める厳格な方式に従って行う必要があります（960条）。遺言の効力は、遺言者の死亡の時点から生じます（985条1項）。

遺言書に記載することで法的効力が認められる事柄（これを、遺言事項といいます）については、民法などに規定があります。たとえば、子の認知[21]（781条2項）、未成年後見人・未成年後見監督人の指定（839条・848条）、相続人の廃除・取消し（893条・894条）、相続分の指定（902条）、遺産分割方法の指定（908条）、遺贈（964条）、遺言執行者の指定（1006条1項）などがあります。

(2)　遺言の種類

(a)　普通方式と特別方式　　遺言は、普通方式遺言（自筆証書遺言、公正証書遺言、秘密証書遺言）と特別方式遺言（死亡危急時の遺言、伝染病隔離者の遺言、在船者の遺言、船舶遭難者の遺言）に分けられます。ここでは、代表的な、自筆証書遺言と公正証書遺言の2つについて説明します。

(b)　自筆証書遺言　　**自筆証書遺言**は、最も一般的な遺言書と言えます。[22]自筆証書遺言を作成する場合は、遺言者自身が、①遺言の全文・日付・氏名を手書きし、②押印する必要があります（968条1項）。遺言書の保管者や遺言書を発見した相続人は、速やかに家庭裁判所に検認[23]を請求する必要があります（1004条1項）。

(c)　公正証書遺言　　**公正証書遺言**は、法律の専門家である公証人のもとで作成され、公証役場に原本が保管されます。[24]①証人2人以上の立会いのもと、②遺言者が遺言の趣旨を公証人に口授し、③これを公証人が筆記し、遺言者と証人に読み聞かせまたは閲覧させ、④遺言者と証人が筆記の正確なことを承認した後に、それぞれ署名・押印し、⑤公証人が署名・押印するという流れで作成されます（969条）。家庭裁判所による検認手続は不要となります（1004条2項）。

(3)　遺　　贈

(a)　受遺者と遺贈義務者　　**遺贈**とは、遺言により、自分の財産を他者に無償で譲渡することをいいます。[25]遺贈を受ける人（相続人でも、相続人以外でもよい）を、**受遺者**といいます。受遺者は、遺贈を放棄することもできます（986条1項）。遺

✓ここも CHECK

*20　相続人が、①行方不明の場合は、その相続人の財産を管理する不在者財産管理人を家庭裁判所に選任してもらいます。②7年以上生死不明の場合は、失踪宣告を申し立てることになります（第10章を参照）。③相続人の判断能力が低下している場合は、成年後見制度を利用します（第10章を参照）。④未成年者の場合は、本人に代わり法定代理人（必要に応じて特別代理人）が遺産分割協議に参加することになります。

*21　子の認知については、第12章（p.167）を参照。

🔍★ポイント★

*22　作成方法が簡単で費用もかかりません。しかし、遺言書の方式や内容に不備があると、遺言そのものが無効になるおそれがあります。また、遺言書が適切に保管されなかった場合に、紛失、変造、隠匿などが起こる可能性があります。

📝用語解説

*23　検認
検認とは、相続人に対して遺言の存在と内容を知らせるとともに、遺言書の内容を確認する手続をいいます。遺言書の偽造・変造を防止するための証拠保全手続であり、遺言書の有効性について判断するものではありません。

贈の履行義務を負う人（たとえば、相続人、包括受遺者、遺言執行者）を、**遺贈義務者**といい、遺贈の目的物の引渡しや登記移転手続などを行う義務を負います。

（b）**遺贈の種類** 遺贈には、特定遺贈と包括遺贈があります。

特定遺贈とは、特定の遺産を受遺者に与える（たとえば、レンのお父さんが「甲土地をナナミに遺贈する」と定める）場合をいいます。特定遺贈の場合は、遺産分割を経ることなく、遺言者の死亡によりただちに特定受遺者に権利が移転します。

包括遺贈とは、遺産の割合を示して受遺者に与える（たとえば、「全財産の4分の1をナナミに遺贈する」と定める）場合をいいます。包括受遺者は、相続人と同一の権利義務を有しています（990条）。したがって、包括受遺者も、他の相続人と同様に、3か月の熟慮期間のうちに、単純承認、限定承認または相続放棄のいずれかを選択することになります（915条〜940条）。[*26]

(4) 「相続させる」旨の遺言

「相続させる」旨の遺言とは、被相続人が、特定の遺産を特定の相続人に「相続させる」（たとえば、「甲土地を妻に相続させる」）と定める場合をいいます。このような遺言の仕方については、法律に規定がないため、「遺贈」なのか「相続」なのかという問題が生じます。これについては、判例により[*27]、相続における遺産分割方法の指定（908条）に該当すると解されています。

(5) 遺言の執行

遺言の執行とは、遺言の内容を実現させることをいいます。遺言の執行は、相続人が行うこともできますが、**遺言執行者**を選任することもできます。子の認知（781条2項）や相続人の廃除・取消し（893条・894条）については、遺言執行者をおく必要があるとされています。未成年者や破産者を除き、相続人も遺言執行者になることができます（1009条）。[*28]遺言執行者は、遺産の目録の作成や遺産の管理など、遺言を執行するうえで必要な権利義務を有しています（1012条1項）。

Mini Column ……相続法の大改正

2018年に、相続法は、1947年以来の大改正を迎えました。この改正により、配偶者居住権と特別寄与料という新しい制度が導入されました。

配偶者居住権とは、相続開始時に被相続人の所有する建物に配偶者が暮らしていた場合に、その建物を無償で使用・収益することができる権利をいいます。高齢化の進展を考慮し、残された配偶者の住環境と生計の両方を維持するために創設されました。[*29]

特別寄与料とは、相続人以外の親族が介護などを無償で引き受け、被相続人の財産の維持・増加に特に貢献した場合に、特別寄与者として、金銭の支払いを相続人に対して請求することができる制度をいいます。民法には、相続人に適用される寄与分の制度がありますが、「長男の嫁」といった相続人以外の親族の貢献を考慮するために、新しい仕組みが用意されました。

★ポイント★

*24 自筆証書遺言と比較すると、手間や費用はかかりますが、遺言書を確実に作成・保管できるという長所があります。

ここも CHECK

*25 遺贈に類似するものとして、生前贈与や死因贈与（贈与者の死亡によって効果が生じる贈与）があります。遺贈は単独行為であるため、相手方（受遺者）の承諾なく、自由に内容を決めることができます。これに対して、贈与は契約であるため、相手方（受贈者）の承諾がなければ成立しない（549条）という違いがあります。

★ポイント★

*26 承認した場合は、遺言者のマイナスの財産についても負担することになります。また、他の相続人と遺産を共有することになるため、遺産分割協議に参加する必要があります。

*27 最判平成3年4月19日。

用語解説

*28 破産者
破産者とは、借金などの債務の返済が不能となった場合に、裁判所により破産手続開始の決定を受けた債務者のことをいいます（破産法2条4項）。

★ポイント★

*29 たとえば、レンの遺産である乙建物（5,000万円）と預貯金（3,000万円）を、ナナミとタケルの2人で法定相続するとします。ナナミが乙建物の所有権（5,000万円相当）を取得する場合は、自分の相続分（8,000万円×1／2＝4,000万円）を超える部分となる1,000万円をタケルに支払わなければなりません。これに対して、ナナミが遺贈や遺産分割により配偶者居住権（仮に2,500万円相当とします）を取得する場合は、配偶者居住権とあわせて、生活費となる預貯金（1,500万円）を得ることが可能になります。

② 遺留分

　遺言者は、「自分の全財産を相続人以外の人に遺贈する」という内容の遺言書を作成することもできます。しかし、遺言は、遺留分による制約を受けます。**遺留分**とは、残された家族の生活のために、一定の相続人（配偶者、直系卑属［子またはその代襲相続人］、直系尊属）に保障されている最低限の相続分をいいます（表14-1）。したがって、遺留分を有する相続人（これを、**遺留分権利者**といいます）は、遺贈により遺留分を侵害している者（たとえば、受遺者、特別受益者）に対して、遺留分が侵害されている範囲で金銭の支払いを請求することができます（1031条）。これを、**遺留分侵害額請求権**といいます。遺留分侵害額請求権は、遺留分権利者が、相続の開始および遺留分を侵害する贈与・遺贈があったことを知った時から1年間行使しないときは、時効によって消滅します。相続の開始の時から10年を経過したときも同様です（1048条）。

表13-1　遺留分権利者と遺留分の割合（民法1042条）

遺留分権利者の組み合わせ		全財産に対する遺留分の割合
① 直系尊属のみ		3分の1
② 配偶者のみ	③ 直系卑属のみ	2分の1
④ 配偶者と直系卑属	⑤ 配偶者と直系尊属	

まとめの問題

【○×問題】
　① レンのお父さんの介護を行ってきたナナミには、寄与分が認められる。　☐
　②「サクラに一切の財産を相続させない」という内容の遺言書を作成することはできない。　☐
　③ 同性パートナーにも配偶者としての相続権が認められている。　☐

【演習問題】
　サクラは、レンのお父さんの遺品を整理していたときに、机の引出しのなかから遺言書を発見しました。そこには、唯一の財産である甲土地をナナミに特定遺贈する、と書かれてありました。自分に不利な内容の遺言と知ったサクラは、それを自分のかばんのなかにこっそりしまうことにしました。しかし、後日、サクラの子であるゲンキとユウキにより、遺言書がサクラの自宅にあることが発覚してしまいました。レンのお父さんの遺言によりナナミが6,000万円の甲土地を取得する場合、遺留分権利者の遺留分額はそれぞれいくらになるのでしょうか。

　ヒント　遺贈により相続人の取り分がゼロとなってしまうため、遺留分が侵害されているといえます。各自の遺留分額を算定するにあたり、まずは、遺留分権利者を特定する必要があります。サクラは相続人になることができるのかという点に着目して検討してください。

まとめの問題 解答

第1章

① ×　当事者が法的効果を付与した約束であり、形式にはとらわれません。

② ×　公序良俗違反など、一定の契約内容は禁止されます。

[演習・解答例]　最もなじみのある契約は売買契約でしょう。コンビニで商品を買ったとき、そこには売買契約が存在しています。お金を払わずに商品を持ち出そうとしたり、代金を受け取ったのに商品を渡そうとしなかったりしたときは、裁判所の介入があり得ます。

第2章

① ×　身体への障害による損害賠償請求権については、事故から20年で消滅時効にかかります。

② ×　相殺は一方的な意思表示によって行うことができるため、相手の同意は必要ではありません。

[演習・解答例]　まず、Cによる第三者弁済について考えます。AのBへの債務は金銭債務なので、性質上、Cにも弁済できます。さらに、Cが弁済することについてAもBも了承しているので、当事者による反対もありません。よって、第三者弁済が認められます。次に、代物弁済ですが、①金銭債権という債権が存在し、②CB間で代物弁済の合意があり、③絵画という本来の給付（金銭）とは異なる給付を行うことになっており、④実際に給付が行われていますので、代物弁済の要件を満たすことになります。第三者弁済と代物弁済の両方とも認められますので、Bの借金は消滅します。

第3章

① ×　債権者は、債務者が任意に債務を履行しない場合には、債務の履行を強制することもできます（414条）。

② ○　日本の民法では制限賠償主義が採用されていますので、債務者は、債務不履行から生じたすべての損害を賠償する必要はありません。

[演習・解答例]　AB間の売買契約において、売主Bは、買主であるAがきちんと住めるような家屋を提供するべき義務を負担していたはずです。ところが、実際にBから引き渡された家屋には欠陥があり、満足に住めるような状態ではなかったわけですから、BがAに引き渡した家屋は、契約の内容に適合しないものであったと言えます。このとき、Aは、Bに、家屋の修繕を求めたり（562条1項）、代金を減額するように求めたり（563条1項）、場合によっては損害賠償を請求したり、契約を解除したりすることができます（564条）。

第4章

① ×　意思主義の考え方に従えば、真意とは異なる意思表示は本来無効になりますが、表意者と相手の保護とのバランスをとるため、民法93条〜96条にそれぞれ効果を定めているので、常に無効になるとは限りません。

② ×　錯誤状態での意思表示は、1号錯誤、2号錯誤それぞれの要件が認められれば取り消すことができます（相手の善意・悪意は問いません）。ただし、重大な過失によって錯誤状態になっていた場合には、相手が錯誤状態にあることを知っているか（悪意）、少し注意すれば知ることができた（重過失）場合には取り消すことができます。

③ ×　民法96条3項によれば、詐欺による意思表示は善意・無過失の第三者に対しては取消しを主張することは許されません。しかし、強迫は詐欺よりも表意者に落ち度がないので、第三者に対しても取消しが主張できます。

[演習・解答例]　ケンタは、本心では回らないお寿司をおごることについて承諾していないにもかかわらず、口では「オッケー」と伝えました。これは真意ではない意思表示なので、民法93条の心裡留保にあたります。

民法93条1項では、このような意思表示も有効になります。

　他方、タケちゃんがケンタの言葉を信頼したかどうかを考えてみましょう。もし誰から見ても、冗談（軽いノリ）での発言だとわかる状況であれば、民法93条1項ただし書により、相手がその意思表示は表意者の真意ではないことを知り、または知りえたと考えられるので、ケンタは意思表示の無効を主張することができると考えられます（ここはストーリーからは読み取れないので、場合分けをして答える必要があります）。

第5章

① ×　債権者は、債務者が任意に債務を履行しない場合には、債務の履行を強制することもできます（414条）。

② ○　正しい説明です。

［演習・解答例］　Zが第三者として正当な利益を有する者なら、Yの登記のないことを主張して甲の所有者になりますが、そうでなければ、YはZ名義の登記を抹消してY名義への移転登記ができるようになります。ここでは、Zが背信的悪意者と判断されない限り、甲の明渡しを求めることができます。

第6章

① ×　盗品であっても、即時取得が成立する場合には買主は元の持ち主にその物を返さなくてもよくなります。ただし、盗まれてから2年の間は返還しなければなりません。

② ×　時効は援用しなければ効力を発生しません。時効期間経過後も、占有者が時効の利益を放棄して、所有者に物を返しても構いません。

［演習・解答例］　捕獲した動物については、その動物が通常家畜として飼われている動物か家畜として飼われていない動物かによって、捕まえた人が所有権を取得できるかどうかが異なってきます。猫に関しては、飼い猫も野良猫もいます。そこで、首輪をしていたり毛並みが良かったりして飼い猫であることをうかがわせる事情がある場合には家畜、そうでない場合は家畜以外の動物として扱われます。Aが「にゃんこ」に首輪をして毛並みを整えていたりした場合には家畜として、庭先でエサをやっていたけれども野良猫とあまり変わらない状態だった場合には家畜以外の動物として、ルールを当てはめていきます。家畜以外の動物だと、1か月回復の請求を受けていないので、拾ったBが「にゃんこ」の所有権権を取得します。その後生まれた子猫の所有権もBが取得し、所有者のBからCへと有効に譲渡されているので、Cが子猫の所有者となり、AはCに子猫の返還を求めることはできません。それに対して、「にゃんこ」が家畜であるということになれば、Bが1か月占有しても所有権を取得できません。遺失物として警察に届けて3か月を経過すれば所有権を取得できますが、本問ではAが2か月後に退院をして子猫の返還を求めていますので、「にゃんこ」も子猫もAが依然として所有者が返還を求めることができそうです。

　しかし、BがCに子猫を譲渡しており、Cが子猫の所有権を取得している可能性があります。Cが「にゃんこ」や子猫がAのものだということを知らず、知ることもできなかった場合には、即時取得が成立し得ますが、そもそもAがBに「にゃんこ」を預けていたわけではなく、歩いていた「にゃんこ」をBが捕まえているので、「にゃんこ」は遺失物に該当し、AはCから2年間回復を求めることができます。

第7章

① ×　抵当権は、抵当権設定契約によって設定することができ、この契約は諾成契約です。したがって、抵当権の設定に登記は求められません。ただし、この抵当権を第三者に対抗する場合に、登記が必要となります（対抗要件主義、177条）。

② ×　388条の要件を満たすと考えられるので、法定地上権の成立が認められます。そのため、建物収去・土地の明渡し請求はできません。

［演習・解答例］　1番抵当権者が共同抵当を取っている場合、各不動産の2番抵当権者は、1番抵当権者がどのように抵当権を実行するかによって優先弁済額が変わってしまいます。そうすると、不動産に共同抵当が付されている場合には、抵当権設定者に融資しないと判断する金融機関が増えてしまい、融資を受ける機会が減ってしまいます。そこで、異時配当が選択された場合も、2番抵当権者に不利益が生じないように民法

はルールを置いています（392条参照）。ただし、本件では異時配当ではあるが、問題は生じません。なぜなら、Aは甲について競売を申し立てているのであり、3,000万円での競落があれば、Aは2,000万円を取得し、2番抵当権者であるCは被担保債権額と残余額が同額だからです。民法392条2項後段は「代位できる」としているにすぎず、代位が必要ない場合にまで異時配当の処理をする必要はありません。

第8章

　　× 不法行為法による保護の対象となるのは、「権利又は法律上保護された利益」の侵害であり、厳密な意味での「権利」ではなくとも保護の対象となります。

［演習・解答例］ Aにはやはり過失があるので、責任を免れることはできません。現在では、過失とは「単なる不注意」ではなく、「予見できる結果を回避しないこと」と考えられています。人通りの多い商店街で自転車を猛スピードで走らせたら人にぶつかって危ないかもしれないということは予見できるし、予見できたのならそのような結果を回避するように努めるべきです（この場合は、商店街で自転車を猛スピードで走らせないようにするべきです）。この意味で、Aには過失があると言えるのです。

第9章

① × 判例により、監督義務者に準ずべき者も責任を負います。

② × 使用関係は、実質的な指揮・監督関係があればよいとされています。

③ × 外形標準説によれば、外形上、事業の執行と見られる行為であれば、使用者責任が生じます。

［演習・解答例］ まず、責任能力があるものと仮定して、未成年者本人の一般不法行為責任（709条）を追及することが考えられます。反対に、責任能力がないものと仮定して、監督義務者の特殊な不法行為責任（714条1項）を追及することも考えられます。さらに、未成年者に責任能力はあるものの無資力であると予想するときは、監督義務者の監督義務違反と損害とのあいだに相当因果関係があることを立証し、監督義務者に一般不法行為責任（709条）を追及していくことも考えられます。

第10章

① ○ 権利能力は出生によって備わるので、まだ生まれていない胎児には原則的には権利能力がありません。しかし、相続を受ける場合など、例外的に権利能力が認められる場合があります。

② ○ 意思無能力者のした行為は無効です。後に意思能力が回復した場合には、自分のした契約を無効にすることができます。

③ × 失踪宣告の取消しは、取消し前に善意で行われた行為には影響を及ぼしませんが、善意でした行為であるというためには、取引をした当事者双方が善意であることが必要とされます。

［演習・解答例］ 未成年者は制限行為能力者であり、すべての契約等の法律行為を行うためには、保護者の同意を得る必要があり、同意を得ないでした契約は取り消すことができます。しかし、未成年者が偽造した親の同意書を提示して契約した場合は「詐術」を行使したことになり、未成年者が契約をしたことを理由に取り消すことができなくなります。したがって、Aの保護者はスマートフォン購入の契約を取り消すことができません。

第11章

① × 判例では、婚姻届を提出する意思（届出意思）だけでなく、社会的に夫婦と認められる関係をつくろうとする意思（実質意思）が必要とされています（最判昭和44年10月31日）。

② × 結婚の解消後100日以内であっても、女性が前婚の解消時に妊娠していなかった場合、女性が前婚の解消後に出産した場合には、再婚をすることができます（733条2項）。

③ ○ 正しい説明です（最判昭和33年7月25日、最判昭和45年11月24日）。

［演習・解答例］ 有責配偶者であるAからの離婚請求が認められるかは、最高裁判所が示した3つの要素（①

相当長期の別居期間、②未成熟子の不存在、③相手方配偶者が離婚によって精神的・社会的・経済的にきわめて苛酷な状態におかれるなど離婚請求を認容することが著しく社会正義に反するといえるような特段の事情がないこと）から総合的に判断することになります（最大判昭和62年9月2日）。②AB夫婦のあいだに未成熟子はいません。③の要素については問題文からは明らかではありませんが、たとえばAからBに対する財産分与によって、Bが離婚によってこうむる不利益が緩和される可能性もあります。しかし、①3年の別居はABの年齢（いずれも50歳）および同居期間（22年）と比べて相当長期と評価することはむずかしく、この要素を重視すれば、Aからの離婚請求は認められないことになります。

第12章

① ○　民法772条1項は、妻が結婚中に妊娠した子を夫の子として推定します（嫡出推定）。

② ×　父が成年に達した子を認知する場合には子本人の承諾が必要になり（782条）、胎児を認知する場合には母の承諾が必要になります（783条1項）。

③ ○　正しい説明です。依頼者が卵子を提供した代理出産の場合にも、代理母を母とするのが判例の立場です（最決平成19年3月23日）。

［演習・解答例］　未成年養子縁組を行う場合は、普通養子縁組と特別養子縁組に分けて検討する必要があります。普通養子縁組を利用する場合は、家庭裁判所の許可が必要なのかどうか、という点が重要になります。特別養子縁組を利用する場合は、ミカの実父であるテツオの同意があるのかどうかという点が重要となります。（テツオがミカに暴力をふるうなど）テツオとミカの親子関係を終了させたほうがミカの利益になるという場合は、特別養子縁組を選択したほうがよいといえます。

第13章

① ×　相続人の配偶者であるナナミの貢献を考慮する場合は、寄与分制度ではなく、2018年に新設された特別寄与料制度によることになります。

② ×　遺留分を侵害する内容の遺言も有効です。なお、サクラに遺留分すら渡したくないという場合は、相続廃除を利用することになります。

③ ×　同性カップルは婚姻することができないため、配偶者としての相続権も認められていません。

［演習・解答例］　本来レンのお父さんの相続人となる人は、レンのお母さん、レン、サクラの3人です。しかし、遺言書を最初に発見したにもかかわらず、速やかに家庭裁判所に検認の請求をせず、遺言書を隠匿したサクラの行為は、相続欠格事由に該当します。それにより、サクラの代わりに、ゲンキとユウキが代襲相続することになります。したがって、遺留分権利者（レンのお母さん、レン、ゲンキ、ユウキ）は配偶者と直系卑属という組み合わせとなり、遺留分権利者全員の遺留分額は3,000万円（被相続人の全財産6,000万円×1／2）となります。これを、各自の法定相続分の割合で算定したものが各自の遺留分額となります。

索　引

【編著者紹介】

出 雲　孝（いずも　たかし）
日本大学法学部法律学科准教授
［主著］
・Takashi Izumo, Die Gesetzgebungslehre im Bereich des Privatrechts bei Christian Thomasius, Peter Lang Verlag, 2016〔単著〕
・出雲 孝『ボワソナードと近世自然法論における所有権論──所有者が二重売りをした場合に関するグロチウス、プーフェンドルフ、トマジウスおよびヴォルフの学説史』（国際書院、2016年）〔単著〕

梶 谷 康 久（かじたに　やすひさ）
朝日大学法学部法学科講師
［主著］
・田山輝明・澤野順彦・野澤正充編『新基本法コンメンタール　借地借家法〔第2版〕（別冊法学セミナー257号）』（日本評論社、2019年）〔共著〕
・梶谷康久「オーストリアにおける使用賃貸借法制と物権債権峻別論──物権債権峻別論検討の一素材として」『朝日法学論集』51号（2019年）〔単著〕
・梶谷康久「スイスにおける不動産賃借権の仮登記──日本における不動産賃借権に基づく登記請求権の否定との関係で」朝日大学法学部開設三〇周年記念論文集編集委員会編『朝日大学法学部開設三〇周年記念論文集』（成文堂、2018年）〔単著〕

内 田　暁（うちだ　あきら）
帝京大学法学部法律学科講師
［主著］
・内田暁「改正民法415条および542条の意義と課題──履行期前拒絶法理の導入という観点から」『帝京法学』32巻2号（2019年）〔単著〕
・内田暁「契約を維持する「正当な利益」とは」『帝京法学』31巻1・2号（2018年）〔単著〕
・大林啓吾・手塚崇聡編『ケースで学ぶ法学ナビ』（みらい、2018年）〔共著〕

ファーストステップ教養講座
ストーリーから学ぶ民法ナビ

2021年1月31日　初版第1刷発行

編　著　者　出　雲　　　孝
　　　　　　梶　谷　康　久
　　　　　　内　田　　　暁
発　行　者　竹　鼻　均　之
発　行　所　株式会社みらい
　　　　　　〒500-8137　岐阜市東興町40　第5澤田ビル
　　　　　　TEL　058-247-1227㈹
　　　　　　http://www.mirai-inc.jp/
印刷・製本　西濃印刷株式会社

ISBN978-4-86015-540-7　C3032
Printed in Japan　　乱丁本・落丁本はお取替え致します。